# 臺灣歷史與文化 研究輯刊

## 二 編

## 第 16 冊

### 「歌仔冊」中的臺灣歷史詮釋
#### ——以張丙、戴潮春起義事件敘事歌為研究對象（第一冊）

丁鳳珍 著

花木蘭文化出版社

國家圖書館出版品預行編目資料

「歌仔冊」中的臺灣歷史詮釋——以張丙、戴潮春起義事件敘
事歌為研究對象（第一冊）／丁鳳珍 著 — 初版 — 新北市：
花木蘭文化出版社，2013〔民 102〕
目 4+160 面：19×26 公分
（臺灣歷史與文化研究輯刊 二編；第 16 冊）
ISBN：978-986-322-240-8（精裝）
1. 臺灣文學　2. 說唱文學　3. 文學評論
733.08　　　　　　　　　　　　　　　　　102002852

ISBN-978-986-322-240-8

9 789863 222408

臺灣歷史與文化研究輯刊
二 編　第十六冊　　　　　　　ISBN：978-986-322-240-8

「歌仔冊」中的臺灣歷史詮釋
——以張丙、戴潮春起義事件敘事歌爲研究對象（第一冊）

作　　者　丁鳳珍
總 編 輯　杜潔祥
出　　版　花木蘭文化出版社
發 行 所　花木蘭文化出版社
發 行 人　高小娟
聯絡地址　235 新北市中和區中安街七二號十三樓
　　　　　電話：02-2923-1455 ／傳眞：02-2923-1452
網　　址　http://www.huamulan.tw 信箱 sut81518@gmail.com
印　　刷　普羅文化出版廣告事業
初　　版　2013 年 3 月
定　　價　二編　28 冊（精裝）新臺幣 56,000 元　　　　版權所有·請勿翻印

# 「歌仔冊」中的臺灣歷史詮釋

## ——以張丙、戴潮春起義事件敘事歌爲研究對象

（第一冊）

丁鳳珍　著

## 作者簡介

丁鳳珍，Teng Hongtin，女性，1970 年出生於彰化縣埔鹽鄉，現住臺中市，任教臺中教育大學臺灣語文學系。東海大學中文系博士（2005），論文為《「歌仔冊」中的臺灣歷史詮釋——以張丙、戴潮春起義事件敘事歌為研究對象》（指導教授：施炳華、洪銘水），成功大學中文系碩士（1996），論文為《臺灣日據時期短篇小說中的女性角色》（指導教授：林瑞明、吳達芸），成功大學中國文學系四年級肄業（1993），臺中商專五專部會計統計科畢業（1990）。

## 提　　要

　　本論文以臺灣清領時期「歌仔冊」中的張丙、戴潮春起義事件敘事歌為研究對象，包含《新刊臺灣陳辦歌》、《辛酉年一歌詩》與《相龍年一歌詩》，探討「臺灣歌仔」對臺灣歷史所採取的詮釋觀點及論述內容。第二章先探討「臺灣歌仔」的歷史回顧與現況。第三章綜合介紹臺灣歌仔冊中的臺灣政治史敘事歌。第四章及第五章，討論一首論述「張丙起義事件」（1832-1833）的《新刊臺灣陳辦歌》。第六、七、八章討論兩首論述「戴潮春起義事件」（1861-1865）的歌仔：《辛酉年一歌詩》與《相龍年一歌詩》。第章綜合探討三首「歌仔」的歷史詮釋與文學特色。這三種「歌仔冊」都以「被統治者」與「起義者」的語言（Holo臺語）來書寫，屬於口語白話的臺語文學，有別於清國時大量以「統治者」的官話文言書寫的統治論述；為清領時期臺灣的「被統治者」與「起義者」取得解釋自身歷史的主導權，是臺灣人珍貴的文學遺產。

# 目

# 次

**第一冊**

第一章 緒 論 ····································· 1
  第一節 研究動機 ······························· 1
  第二節 研究範圍與對象 ···················· 3
  第三節 研究文獻回顧 ························· 8
  第四節 研究目的 ····························· 14
  第五節 研究方法 ····························· 15
  第六節 論文架構 ····························· 17
第二章 「臺灣歌仔」研究的歷史與現況 ········· 19
  第一節 「臺灣歌仔」的名稱與內涵 ········· 19
  第二節 「臺灣歌仔」與臺灣說唱 ········· 47
  第三節 「臺灣歌仔」現存文獻及研究現況 ····· 57
第三章 「歌仔冊」中的臺灣政治敘事歌及其研究
      ····································· 99
  第一節 清領時期的臺灣政治史敘事歌 ········· 99
  第二節 日治時期的臺歷史敘事歌 ············ 101
  第三節 中華民國統治時期的臺政治史敘事歌 ··· 107

第四節 「臺灣史詩」類型的臺灣政治史敘事歌 108
第四章 張丙武裝抗清事件與《新刊臺灣陳辦歌》
　　　 內容解析 ……………………………………… 115
　第一節 統治論述中的張丙武裝抗清事件 ……… 116
　第二節 《新刊臺灣陳辦歌》版本比較與文字校對
　　　　 …………………………………………… 133
　第三節 《新刊臺灣陳辦歌》的內容解析 ……… 144

**第二冊**
第五章 《新刊臺灣陳辦歌》 的歷史詮釋 ……… 161
　第一節 《新刊臺灣陳辦歌》對起義者的詮釋 … 161
　第二節 《新刊臺灣陳辦歌》對客家人的詮釋 … 180
　第三節 《新刊臺灣陳辦歌》對官兵的詮釋 …… 184
　第四節 《新刊臺灣陳辦歌》對義民、民壯的詮釋
　　　　 …………………………………………… 194
　第五節 《新刊臺灣陳辦歌》對百姓的詮釋 …… 199
　第六節 小結 …………………………………… 204
第六章 戴潮春起義事件與《辛酉一歌詩》內容解
　　　 析 ……………………………………………… 207
　第一節 統治論述中的戴潮春起義事件 ………… 207
　第二節 《辛酉一歌詩》的版本與研究 ………… 231
　第三節 《辛酉一歌詩》的內容解析 …………… 235
第七章 《相龍年一歌詩》文字校對與內容解析 · 303
　第一節 《相龍年一歌詩》的文字校注 ………… 306
　第二節 《相龍年一歌詩》的內容解析 ………… 321

**第三冊**
第八章 《辛酉一歌詩》與《相龍年一歌詩》的歷
　　　 史詮釋 ………………………………………… 357
　第一節 《辛酉一歌詩》與《相龍年一歌詩》的比
　　　　 較 ………………………………………… 358
　第二節 《辛酉一歌詩》與《相龍年一歌詩》對戴
　　　　 軍人物的詮釋 ………………………… 361
　第三節 《辛酉一歌詩》與《相龍年一歌詩》對官
　　　　 兵的詮釋 …………………………………… 404

第四節　《辛酉一歌詩》與《相龍年一歌詩》對「義
　　　　民」、「台勇」的詮釋 …………………… 441

第五節　《辛酉一歌詩》與《相龍年一歌詩》對無
　　　　辜百姓的詮釋 ……………………………… 451

第六節　小結 …………………………………………… 457

第九章　《臺灣陳辦歌》、《辛酉一歌詩》與《相龍
　　　　年一歌詩》的歷史詮釋與文學特色 ……… 461

第一節　臺灣庶民的歷史觀 V.S.清國統治者的歷
　　　　史觀 ……………………………………………… 461

第二節　臺灣庶民的「土著化」V.S. 臺灣知識份
　　　　子的「內地化」 ……………………………… 482

第三節　「歌仔冊」的文學特色 …………………… 486

第十章　結　論 …………………………………………… 497

參考資料 ……………………………………………………… 501


下　冊

附錄一　台語文字及音標轉換對照表 …………… 527

附錄二　清領時期臺灣漢人起義事件敘事歌 …… 531

附錄三　清領時期臺灣漢人起義事件敘事歌唱本
　　　　──「歌仔冊」書影 ……………………… 585

附錄四　「歌仔冊」中的臺灣敘事歌作品清單與收
　　　　藏地點 ……………………………………… 647

附錄五　「歌仔冊」相關大事年表 ……………… 667

附錄六　相關臺灣歷史表格 ……………………… 735

附錄七　相關臺灣地圖 …………………………… 745

附錄八　臺灣客語「歌子」《新編戴萬生作反歌》
　　　　（連慧珠重新打字版） ………………… 777

# 第一章 緒 論

## 第一節 研究動機

　　身爲臺灣人與文學研究者，自當投身臺灣文學研究的薪傳行列貢獻一己之力。期盼臺灣故事與臺灣觀點能得到更多的研究與了解；從理解中產生感情，在傳承中予以創新。回溯祖先的歷史，發覺家人的容顏越來越像是平埔族群巴布薩（Babuza）族的子孫，究竟「我」是誰的子孫？而「我」的子孫又將要如何活出臺灣人的未來？筆者時常思索著這些問題，也促使筆者對臺灣的文化與歷史有著持續性的關注。從 1991 年開始，筆者開始關注臺灣語言、文化的傳承與創新的問題，長期參與「臺灣 Holo 話」（臺灣福佬話、簡稱：台語）文字化運動，並投入台語文學的創作。

　　「臺灣歌仔」就是使用臺灣 Holo 日常白話來說唱的藝術。已有近兩百年歷史的「歌仔冊」，成爲以漢字書寫臺灣 Holo 話文字的重要文獻；爲台語研究與台語文字書寫提供了重要的參考。「歌仔冊」是台語研究者應當關心的重點，筆者的台語入門導師施師炳華教授也長期致力於此。施教授很早就鼓勵筆者從事「歌仔冊」的研究，並慷慨將他所蒐藏的「歌仔冊」全數借給筆者。筆者與夫婿幾年前也開始收集「歌仔冊」。這些「歌仔冊」不但爲台語文字化提供了豐富的寶庫，也爲臺灣人的歷史留下見證。

　　臺灣「唸歌」藝術是常民文化中的珍貴的傳統藝術。童年聽藝人「唸歌」，至今仍迴盪在腦中，因爲這種音樂在昔日的臺灣，總是擔負著紓解勞苦大眾疲累生活的重責大任。人們因爲沉迷於「唸歌」藝人的故事之中，從現實的

勞累中超脫出來。從小隨著長輩聆賞「唸歌」，「唸歌」不只是藝術的欣賞而已。每當重溫「唸歌」藝人的歌聲，彷彿也重回昔日的臺灣，思想起家族長輩們的容顏與歌聲。所以，研究「歌仔冊」，對筆者意義非凡。

明、清之際，漢移民將「歌仔」這種說唱藝術帶進臺灣，一開始的演唱內容，都是發生在中國的歷史故事與民間傳說，如「三伯英台」、「陳三五娘」、「孟姜女」、「李三娘」、「三國演義」等。1920 年代「歌仔戲」的主要劇目也是中國故事。「歌仔」這種說唱藝術來台有兩百年以上的歷史，漫長的歲月應該足夠讓「歌仔」落地生根、開展新貌，開展出屬於臺灣在地的故事。這樣的假設，讓筆者在蒐集「歌仔」的時候，特別注意「歌仔」中與臺灣有關的敘事歌，譬如「臺灣移墾歌」、「臺灣民間故事歌」、「臺灣新聞事件歌」、「臺灣災難事件歌」與「臺灣歷史政治歌」等。〔註1〕

以臺灣歷史上重大政治事件為主題的「歌仔」，又以反抗統治者的抵抗事件為最多。臺灣人起義反抗統治者的事件，為何會受到說唱文學「歌仔」創作者的重視，而傳唱於民間呢？究竟，臺灣說唱文學「歌仔冊」是如何反映臺灣政治事件呢？這些「臺灣歷史政治歌」曾在臺灣人的生活中被演唱、被傾聽，應該也因此挑動了歌者與聽眾的情緒。透過這樣的說唱演出，臺灣民眾的情感得以宣洩。其中所反映的歷史觀點，與純粹書面文學的文人詩詞文章不同。許多歌仔甚至與官方觀點互相對立，這些差異，突顯了說唱音樂的藝術特質。

臺灣自 1987 年解除戒嚴之後，1990 年代以來，臺灣文化與傳統藝術在自生自滅數十年之後，再度受到重視，「唸歌」、「歌仔冊」、「歌仔戲」有越來越多人投入研究。這種臺灣民間藝術，流傳至今，其中一定保存了昔日臺灣人的文化特質與常民思維。本論文擬針對上述的現象與問題，加以整理，並對臺灣清領時期所發生的起義抗清事件，就庶民觀點作歷史詮釋。此一研究，想必有助於了解昔日臺灣文化的樣貌；對臺灣人感情與思想的串連也有所幫助。

本論文以「歌仔冊」的研究為起點。這些文字唱本大多曾經被說唱藝人實際演唱過，但是有一些「歌仔」今日沒有留下演唱的影音檔案。希望藉著這個研究能進一步尋求說唱藝人的合作，將沒有留存演唱檔案或尚未被演唱的這些「臺灣政治敘事歌」重新演唱，錄製成音聲檔案，並為之舉辦「說唱臺灣歷史」這類的現場演唱會，讓大家重新聆聽這屬於臺灣歷史的「歌仔」，分享祖先美好的歷史經驗。

---

〔註 1〕詳見本論文附錄四「臺灣敘事歌收藏清單」。

# 第二節　研究範圍與對象

## 一、研究範圍：「臺灣歌仔」、「歌仔冊」

　　臺灣說唱又分爲「臺灣 Holo 語系」的「歌仔」與「臺灣客語系」的「傳仔」，是一種流行於臺灣民間的俗曲藝術，屬於臺灣民間漢語系的彈唱曲藝。清代中葉以來在臺灣地區普遍流傳的說唱藝術，以長篇敘事歌爲數最多。就音樂言，它運用民間小調或固定的伴奏形式來演唱；就內容而言，或是一種長篇敘事，敷演一個完整的故事；或是寓言式的故事；或是集錦式的褒歌；或是「四句聯」；或是勸世歌。就形式而言，採一聯四句，一句七言、四句句末或全押韻或第三句末字不押韻的詩的體裁。使用的詞語，由於是唱給一般民眾聽，因此以日常生活白話爲主。

　　本論文的研究範圍，在語言上：以「臺灣 Holo 話」（簡稱「台語」，又稱「臺灣閩南語」、「臺灣福佬話」）的臺灣說唱唱本爲主要研究對象；在內容上，以清領時期臺灣漢人張丙、戴潮春起義事件的敘事歌爲研究對象。

　　「歌仔冊」原本是「歌仔」的唱本，又叫做「歌仔簿」、「歌冊」，「歌仔」唱本整齊的排比形態，說明了它採行的是詩讚系說唱形態，這種演出形態讓說唱藝人在臨場演出時，可以隨現場冷熱的氣氛擴張或縮減規模。不過，後來有一些「歌仔冊」可能沒有機會被藝人演唱。關於「歌仔冊」的起源，就現存所見的歌仔冊版本，自道光 6 年（1826）以來，出版數量相當可觀，種類超過 1500 種。〔註2〕

　　統治者以官修史書來記錄臺灣人的歷史；說唱藝人則用「歌仔」來傳達庶民觀點的臺灣史。臺灣漢移民熱愛的說唱音樂的「歌仔」，曾經將許多臺灣歷史事件與人物傳唱於常民生活中，本研究企圖貼近「歌仔」創作者與聽眾的心靈，借用歷史之眼，研究臺灣庶民透過「歌仔」對歷史的詮釋觀點。

　　透過說唱藝人與聽眾實際的現場互動的這種獨特的藝術型態，導致「臺灣歌仔」這種俗文學比其他純文學與史書更加具有開放性、大眾性與變異性，

---

〔註2〕關於「歌仔冊」的出版史，以及現存書目，詳見以下幾篇論文：（1）王順隆〈談臺閩「歌仔冊」的出版概況〉，《臺灣風物》v43n3（台北：臺灣風物雜誌社，1993.9.30），pp.109～131。（2）王順隆〈閩台「歌仔冊」書目·曲目〉，《臺灣文獻》v45n3（南投：臺灣省文獻委員會，1994.9），pp.171～271。（3）王順隆〈「歌仔冊」書目補遺〉，《臺灣文獻》v47n1（南投：臺灣省文獻委員會，1996.3），pp.73～100。

分析與比較這些「歌仔」對臺灣歷史的種種詮釋觀點與立場，是本論文的研究重心。

## 二、研究對象與版本：清領時期臺灣漢人起義事件敘事「歌仔」

以臺灣清領時期「臺灣 Holo 話」敘述臺灣歷史上漢人起義事件的敘事歌爲本論文的研究對象。依時代先後說明如下。

### （一）《新刊臺灣陳辦歌》

1684 年臺灣被大清帝國劃入版圖，採取消極的治台政策，清國政府始終不信任臺灣人。貪官污吏促使臺灣人「三年一小反，五年一大亂」。

歌仔冊《新刊臺灣陳辦歌》以道光 12 年（1832）「張丙起義抗清事件」爲主題，據筆者目前所見，有三種版本，封面題名都是「新刊臺灣陳辦歌」。

第一種版本，影本全文收在李李的碩士論文《臺灣陳辦歌研究》（1985）〔註3〕。

第二種版本，收藏在國立臺灣圖書館（原名：國立中央圖書館臺灣分館）〔註4〕的《臺灣俗曲集》中。

第三種版本，影本收藏在國立臺灣圖書館（原名：國立中央圖書館臺灣分館），影本最後加註「中華民國柒拾玖年玖月拾伍日採購」，但是沒有註明購自何處。〔註5〕筆者比對歌詞用字，發現與 1959 年賴建銘〈清代臺灣歌謠〉〔註6〕一文中所介紹的《臺灣陳辦歌》打字版，可能是同一個版本；後經陳兆南指出確實是同一版本，正本原收藏在南投縣中興新村的臺灣省文獻會圖書館。這一批歌仔冊由賴建銘在台南地區搜集，交由臺灣省文獻會收藏，並影印副本供國立臺灣圖書館（原名：國立中央圖書館臺灣分館）收藏。省文獻會的正本已經遺失多年。〔註7〕

〔註3〕 李李《臺灣陳辦歌研究》（台北：中國文化大學中文所碩士論文，1985.6）。

〔註4〕 「國立中央圖書館臺灣分館」創立於日治時期大正 4 年（1915），原名「臺灣總督府圖書館」，原址在台北市新生南路一段 1 號；2004 年年底遷移到台北縣中和市四號公園內，12 月 20 日正式啓用，並將於 2005 年 1 月 1 日更名爲「國立臺灣圖書館」。（見《臺灣日報》2004.12.21 第 8 頁生活新聞）

〔註5〕 該書的藏書碼爲「T 539.1232/4370/79」，登錄碼爲「302101」，書名登錄爲「新刊臺灣陳辦歌」。影本以精裝本樣式的封面裝訂。

〔註6〕 賴建銘（收藏、註解）《臺灣陳辦歌》，收錄在賴建銘〈清代臺灣歌謠（中）〉，《台南文化（舊刊）》v6n4（台南市文獻委員會，1959.10.1），pp.87～89。

〔註7〕 陳兆南指出這一影本封面有「T33/31」的編號，與他在 1983、1984 年間在臺

　　陳健銘在 1996 年發表〈從歌仔冊看臺灣早期社會〉〔註8〕，文中指出：《新刊臺灣陳辦歌》是「清道光年間木刻本」。從《新刊臺灣陳辦歌》的內容與立場來看，作者應是臺灣人。清領時期臺灣出版印刷業不發達，即使是臺灣人的著作，臺灣人創作的「歌仔冊」也都是在清國內地出版，《新刊臺灣陳辦歌》也是如此。〔註9〕

## （二）《辛酉一歌詩》與《相龍年一歌詩》

　　同治 1 年到 4 年（1862～1865）發生的「戴潮春事件」有兩種歌仔版本，一是《辛酉一歌詩》（又名：天地會的紅旗反、戴萬生反清歌），1936 年 9 月楊守愚（筆名宮安中，1905～1959）〔註10〕整理發表在《臺灣新文學》雜誌，這首歌約在 1926 年間由楊清池〔註11〕彈唱，由賴和（1894～1943）記錄成文字；二是高雄縣田寮鄉曾傳興（1911～1997）的毛筆手抄本，無歌名，筆者以第一句歌詞名之為《相龍年一歌詩》〔註12〕。

　　　　灣文獻會圖書館所見到的版本一樣（當時他曾影印封面，因此可以確知），「T」就是「臺灣（Taiwan）」的代號。後來陳兆南又到省文獻會查閱這一批「歌仔冊」，館員告知已經遺失。詳見逢甲大學中文系：陳兆南〈臺灣省文獻會藏善本歌仔冊及通俗讀物敘錄〉（未刊稿）。

〔註8〕陳健銘〈從歌仔冊看臺灣早期社會〉，《臺灣文獻》v47n3（南投：臺灣省文獻委員會，1996.9），pp.61～110。

〔註9〕參見王順隆〈談臺閩「歌仔冊」的出版概況〉，《臺灣風物》v43n3（台北：臺灣風物雜誌社，1993.9.30），pp.109～131。

〔註10〕宮安中應當就是彰化作家楊守愚的筆名。（許俊雅、楊洽人，1998；陳建忠，2004）。

〔註11〕楊清池應是「柴坑仔丑」的化名，陳建忠（2004）：根據《楊守愚日記》所載，楊守愚曾提及〈戴萬生反歌〉是先生請「柴坑仔丑」所唸的（1936.5.24），而他也特別請柴坑仔丑來把缺錄或誤抄的部份補齊（1936.5.26），並云：「戴萬生反歌，至今才算整理告一段落。已決定台新九月號發表出去」（1936.8.3）。觀此日記，當中所記發表時間與實際發表時間完全吻合（即九月），故〈戴萬生反歌〉就是指〈辛酉一歌詩〉，而楊清池應是柴坑仔丑之化名，至於宮安中則應指楊守愚。《臺灣新文學》中並說：「這篇稿子是懶雲先生的舊稿，大約是十年前罷，他特地找了來那位老遊吟詩人來唱，費了半天工夫速記下來。但是此次謄抄時，卻發現幾處遺漏和費解的，拿去問他，他因為經時太久了，也不再記憶得，因此，我們又重找了那遊吟詩人，從頭唱了一次，所以我們自信得過是再不會有多大錯誤的」。

〔註12〕曾傳興以毛筆手抄的《相龍年一歌詩》（原歌無題目，筆者以該歌首句為題）共 25 頁。曾傳興，生於 1911 年，於 1997 年逝世，高雄縣田寮鄉西德村蛇仔穴人，日治時期國民學校畢業，曾就讀漢學私塾。據他的次子曾乾舜先生（1934～）表示：原抄本來自他的阿公（曾傳興先生的父親），他的阿公雖然沒有受

　　從句型來看，《相龍年一歌詩》與《辛酉一歌詩》一樣，採用句型長短不一的雜言體。《辛酉一歌詩》是將藝人楊清池彈唱的唱詞，以文字記錄保存，由此可以確知這是一首歌仔。《相龍年一歌詩》抄寫於日治時期〔註13〕，由於抄者沒有說明來源，加上抄者已經去世，因此無法確知其實際演唱的方式。

　　《相龍年一歌詩》唱詞中有「只牌、丑、旦」、「丑白、旦白、不盡白」這類的文字，「牌」應是曲牌，「丑」、「旦」是戲劇角色名稱，「白」是說白，由此可知，這一首歌含有戲劇成分，施師炳華懷疑這首歌或許是歌仔戲、布袋戲、皮猴戲（皮影戲）這一類臺灣 Holo 語戲劇的劇本。〔註14〕「歌仔冊」《新刊番婆弄歌》〔註15〕中，也有標出「丑白」、「丑唱」、「旦白」、「旦唱」。陳健銘指出：「觀其內容竟然是一齣紀錄相當完整的車鼓戲演出原始腳本。」〔註16〕

　　「本地歌仔（戲）」是「臺灣歌仔」與「車鼓小戲」兩種藝術的結合，起源約在 1900 年代以前，距今有一百年以上的歷史，在 1920 年代「改良歌仔（戲）」興起後，「本地歌仔（戲）」仍在臺灣農村、鄉間被演出。〔註17〕宜蘭縣文化局出版的一系列「本地歌仔（戲）」的戲文（也被稱爲「歌仔冊」），有一些慣用語與《相龍年一歌詩》相同，如：「清早起來天光時」、「一時有主意」、「力話就應伊」、「聽著笑微微」，而且這些本地歌仔所使用的手抄「歌仔冊」，和臺灣唸歌的唱本「歌仔冊」大致相同，但由於是戲文，所以偶爾（不多見）會出現「口白」二字，或在歌詞上

---

過教育，但能夠讀寫台語漢字；曾傳興先生的抄本，是在日治時期重抄自父親的舊抄本。曾傳興先生的抄本現由曾乾舜先生收藏。（1.電話訪問曾乾舜先生，2005.4.17 晚上 7 點；2.感謝蔡承維先生提供影本）。

〔註13〕據筆者電話訪問搜集到此一歌詩的蔡承維先生，他指出曾傳興在臺灣日治時期抄寫這一首歌詩。（2004.10.22）

〔註14〕施師炳華口頭意見（2004.10.13）。

〔註15〕影本收藏國立臺灣圖書館（原名：國立中央圖書館臺灣分館）臺灣特藏室，與《新刊臺灣陳辦歌》影本放在同一個書架，以精裝本樣式的封皮裝訂，藏書碼爲「T 539.1232/1211/79」，登錄碼爲「302104」，書名登錄爲「新刊番婆弄歌」。封面另有「T33/23」編號。正本應當也是被收藏在南投縣中興新村的臺灣省文獻會圖書館，但是已經遺失。

〔註16〕見陳健銘《野台鑼鼓》p.37（台北：稻鄉出版社，1989 初版，1995 再版）。

〔註17〕關於「本地歌仔（戲）」的介紹，詳見以下兩本專書：（1）陳進傳（等著）《宜蘭本地歌仔 —— 陳旺欉生命紀實》（台北：國立傳統藝術中心籌備處，2000.12），pp.12〜22。（2）楊馥菱（著）、曾永義（校閱）《臺灣歌仔戲史》（台中市：晨星出版公司，2002.12.30），pp.61〜66。

同時，《相龍年一歌詩》以「唱出」「一歌詩」爲開場白，這又是傳統「歌仔冊」的開頭慣用語。〔註18〕歌詞中常用的「一時有主意」，在歌仔冊《新刊臺灣陳辦歌》中也出現數次；又筆者檢索王順隆「閩南語俗曲唱本『歌仔冊』全文資料庫」〔註19〕，也發現「清早起來天光時」、「一時有主意」、「力話就應伊」這些語句在一些「歌仔冊」中也出現過。〔註20〕又，《相龍年一歌詩》的文字形式與內容，和《辛酉一歌詩》的前半段極爲相似，而《辛酉一歌詩》確實來自說唱藝人的彈唱。因此，筆者也懷疑《相龍年一歌詩》曾被以「唸歌」的方式彈唱。

從「歌仔冊」的用途來看，它本來可作爲「唸歌」的唱本，後來又被當作「本地歌仔」的戲文；因此，筆者仍將《相龍年一歌詩》界定爲「歌仔冊」。

就地域來講，《辛酉一歌詩》採集於臺灣中部的彰化縣，而《相龍年一歌詩》則來自於臺灣南部的高雄縣；就文字記錄時間來看，都在臺灣日治時期被記載〔註21〕。施師炳華與筆者懷疑這兩首「歌仔」有一個共同的母本根源，後來在不同地域傳唱演出，促使這兩首「歌仔」後半段的內容有所不同，如果《相龍年一歌詩》與《辛酉一歌詩》有一個共同的母本，那麼，筆者從這兩首「歌仔」的內容有很多與歷史事件相吻合的情形看來，其創作時代應在清領時期，在同治4年（1865）戴萬生事件大致被平定之後，由民間藝人所創作。

---

〔註18〕 詳見本論文第二章第一節。

〔註19〕 王順隆「閩南語俗曲唱本「歌仔冊」全文資料庫」，http://www32.ocn.ne.jp/~sunliong/。（2004.10.24 參考）

〔註20〕「清早起來天光時」、「清早起來天光明」、「清早起來天漸光」、「清早起來細思量」、「清早起來鬧猜乜」、「清早起來先敬茶」、「清早起來日頭紅」（新竹：竹林書局286冊《英台留學歌》、台中：瑞成書局959冊《梁祝回陽結爲夫妻歌（上本）》、廈門：手抄本1331冊《三伯英台》、廈門：手抄本1327冊《孟姜女》、廈門：手抄本1335冊《陳三五娘》、廈門：手抄本1340冊《陳三五娘歌》、嘉義：捷發出版社678冊《三伯想思歌》、廈門：手抄本1328冊《陳三歌》）。「一時有主意」、「一時有主張」（廈門：手抄本1327冊《孟姜女》、廈門：手抄本1328冊《陳三歌》、廈門：手抄本1340冊《陳三五娘歌》、台中：瑞成書局959冊《梁祝回陽結爲夫妻歌（上本）》）。「力話就應伊」、「見說就應伊」、「力話著應伊」（廈門：手抄本1327冊《孟姜女》、廈門：手抄本1331冊《三伯英台》、廈門：手抄本1340冊《陳三五娘歌》）。

〔註21〕 1936年楊守愚（筆名宮安中）將賴和（筆名「懶雲」）約十年前（1926年左右）所記錄的《辛酉一歌詩》重新整理，分三期發表在《臺灣新文學》（台中：臺灣新文學社，（一）：1936.9.19，v1n8，pp.125～132，（二）：1936.11.5，v1n9，pp.63～72，（三）：1936.12.28，v2n1，pp.63～67）。

# 第三節　研究文獻回顧

　　關於「歌仔冊」中的「臺灣漢人起義事件敘事歌」研究，由於「歌仔冊」使用漢字來書寫臺灣 Holo 話白話音，用字不一致，又涉及複雜的歷史背景知識；因此，「歌仔冊」的研究，幾乎都是先導讀、文字註解或校對，隨後才進行更深廣的研究。以下依所敘述的歷史事件年代先後，將各「歌仔冊」的研究文獻說明如下：

## 一、《臺灣陳辦歌》

　　《臺灣陳辦歌》敘述道光 12 年到 13 年（1832～1833）發生的「張丙起義事件」。研究文獻如下：

### （一）賴建銘〈清代臺灣歌謠〉（1959）

　　1959 年賴建銘在〈清代臺灣歌謠〉〔註22〕一文中，介紹《臺灣陳辦歌》的歷史背景，指出《臺灣陳辦歌》「實為『張丙』而作」，認為 1832～1833 年的「張丙事件」是「帶有政治改革的民族革命運動」，並肯定《臺灣陳辦歌》「是一篇抗清運動的敘事詩」。〔註23〕然後將他所收藏的《臺灣陳辦歌》全文重新打字刊出，並就部份文字加上簡單的歷史背景的註解。

### （二）李李《臺灣陳辦歌研究》（1985）

　　1985 年李李完成碩士論文《臺灣陳辦歌研究》〔註24〕，在「前言」中，李李指出：就「陳辦、張丙之役」而言，「『臺灣陳辦歌』是在清官方文書外，現存唯一可代表當時民間立場的資料，故彌足珍貴。」〔註25〕該書第二章簡介臺灣歌謠史，第三章論述《臺灣陳辦歌》的歷史背景，第四章為《臺灣陳辦歌》注釋，接著從歷史研究的角度來探討《臺灣陳辦歌》的作者立場與歌謠主旨，並比較《臺灣陳辦歌》與史籍記載相異之處。又從文學的角度來論述《臺灣陳辦歌》的文學形式與用韻、遣詞。最後列舉臺灣歌謠中有關民族意識與動亂的

---

〔註22〕賴建銘（收藏、註解）《臺灣陳辦歌》收錄在賴建銘〈清代臺灣歌謠（中）〉，《台南文化（舊刊）》v6n4（台南市文獻委員會，1959.10.1），pp.87～89。

〔註23〕引自賴建銘〈清代臺灣歌謠（中）〉，《台南文化（舊刊）》v6n4（台南市文獻委員會，1959.10.1），p.87。

〔註24〕李李《臺灣陳辦歌研究》（台北：中國文化大學中文所碩士論文，1985.6）。

〔註25〕詳見李李《臺灣陳辦歌研究》（台北：中國文化大學中文所碩士論文，1985.6），p.3。

作品與《臺灣陳辦歌》做比較。其中屬於「唸歌」的文本有《戴萬生反清歌》（原名《辛酉一歌詩》）〔註26〕以及《士林土匪歌》〔註27〕。1992 年李李發表〈一首抗清歌謠——「臺灣陳辦歌」〉〔註28〕，為碩士論文的精華版。

### （三）張秀蓉〈牛津大學所藏有關臺灣的七首歌謠〉（1993）

1993 年張秀蓉發表〈牛津大學所藏有關臺灣的七首歌謠〉〔註29〕，介紹十九本藏於英國「牛津大學 Bodleian Library 東方圖書館」的「歌仔冊」，她首先介紹這十九本歌仔冊的出版資訊與版面樣式，接著將與臺灣有關的七首歌謠的原文抄出，並附上原書影本各一頁，其中包含《新刊臺灣陳辦歌》，她指出李李在〈一首抗清歌謠——「臺灣陳辦歌」〉這篇文章中指出他所引用的歌仔冊版本來自「牛津大學 Bodleian Library 東方圖書館」所藏，但是據張秀蓉的比對，卻發現李李的版本與「牛津大學 Bodleian Library 東方圖書館」所藏「仍有稍些出入」。在文中張秀蓉提及她將向「牛津大學 Bodleian Library 東方圖書館」訂製整批「歌仔冊」的微捲，並贈與國立臺灣大學圖書館收藏，為了節省篇幅，所以沒有將《新刊臺灣陳辦歌》的歌詞與書影刊出。

據筆者比對李李〈一首抗清歌謠——「臺灣陳辦歌」〉與其碩士論文《臺灣陳辦歌研究》，所依據的《新刊臺灣陳辦歌》應該都是同一版本，只是〈一首抗清歌謠——「臺灣陳辦歌」〉中只有全文的重新打字版，沒有書影；而《臺灣陳辦歌研究》則將歌仔冊的全文影印刊出。如果張秀蓉在〈牛津大學所藏有關臺灣的七首歌謠〉中，能將《新刊臺灣陳辦歌》的原文與書影一併刊出，對歌仔冊的文獻研究，意義將更重大。

### （四）陳健銘〈從歌仔冊看臺灣早期社會〉（1996）

1996 年陳健銘發表〈從歌仔冊看臺灣早期社會〉〔註30〕，論文中依歷史

---

〔註26〕楊清池（演唱）、賴和（記錄）、楊守愚（潤稿）、廖漢臣（校註）、李李（補註）《戴萬生反清歌》，抄錄在李李《臺灣陳辦歌研究》（台北：中國文化大學中文所碩士論文，1985.6），pp.151～190。

〔註27〕何連福（口述）、吳萬水（筆記）《士林土匪歌》，抄錄在李李《臺灣陳辦歌研究》（台北：中國文化大學中文所碩士論文，1985.6），pp.195～198。

〔註28〕李李〈一首抗清歌謠——「臺灣陳辦歌」〉，《臺灣風物》v42n4（台北：臺灣風物雜誌社，1992.12），pp.28～30。

〔註29〕張秀蓉〈牛津大學所藏有關臺灣的七首歌謠〉，《臺灣風物》v43n3（台北：臺灣風物雜誌社，1993.9.30），pp.188～185。

〔註30〕陳健銘〈從歌仔冊看臺灣早期社會〉，《臺灣文獻》v47n3（南投：臺灣省文獻委員會，1996.9），pp.61～110。

先後介紹歌仔冊，每一首都盡可能交代其作者、版本資料、典藏地點，並有歌詞摘錄，包含《新刊臺灣陳辦歌》，他指出這首歌是「清道光年間木刻本」，典藏地點有三：「（1）英國牛津大學鮑德林圖書館藏本。（2）中央圖書館臺灣分館藏本。（3）楊氏習靜樓藏本。」接著簡介史事，並摘錄了 14 句歌詞。按，「楊氏習靜樓」指的就是臺灣文學作家「楊雲萍」的書齋。

## 二、《辛酉一歌詩》（戴萬生反清歌、天地會的紅旗反）

如上所述，以 1862 年到 1865 年間的「戴潮春事件」爲主題的「歌仔」有兩種版本，一是《辛酉一歌詩》（又名：天地會的紅旗反、戴萬生反清歌），二是《相龍年一歌詩》。只有《辛酉一歌詩》有研究文獻。

### （一）楊清池演唱、賴和記錄、楊守愚（宮安中）潤稿的《辛酉一歌詩》（1936）

《辛酉一歌詩》能夠在日治時期以文字流傳至今，要歸功於以下四人：楊清池、賴和、楊守愚、楊貴。堅持以臺灣意識來對抗日本殖民統治的賴和，是一位認同社會主義的左派文人，他在 1925 到 1926 年間，聽到說唱藝人彈唱《辛酉一歌詩》時，深受感動，因此花了幾天的時間將它記錄下成文字，1936 年楊守愚（筆名宮安中）將 10 年前（1926 年左右）賴和所記錄的《辛酉一歌詩》整理發表在《臺灣新文學》雜誌，作者署名「彰化楊清池」，部份台語俗字附有簡單的解釋。

楊守愚寫有「抄註後記」〔註 31〕刊於歌前，在「抄註後記」中，可以見出楊守愚對第一手文獻的重視做法，他交代道：「這篇稿子是懶雲先生的舊稿、大約是十年前罷、他特地找了來那位老吟遊詩人來唱、費了幾天工夫速記下來的。但是當此次謄抄時、卻發現了有幾處遺漏和費解的、拿去問他、他因爲經時太久了、也不再記憶得、因此、我們又重找來了那位遊吟詩人、從頭唱了一次、所以我們自信得過是再不會有多大錯誤的。」楊守愚這段話，不但解釋了《辛酉一歌詩》是源自於說唱藝人的彈唱，更爲研究「臺灣唸歌」的學者建立了尊重第一手文獻的審慎做法，是很值得肯定的。楊守愚在作者一欄，將創作權歸於說唱藝人，不掠美的做法值得效法，他說原始作者已無

---

〔註31〕引自楊清池《辛酉一歌詩》（一），《臺灣新文學》v1n8（台中：臺灣新文學社，1936.9.19），pp.125～126。

從考查，但是「唱者楊清池他老人家、是最有資格頂戴這頭銜的、不過、在他之前、還有一個人、那就是他的老師、論他作梗、所以作者爲誰、我們還是不便遽爲肯定。」只可惜當日沒有將楊清池的演唱錄音保存。此外，楊守愚還探究這首歌仔的創作年代，並指出「戴萬生事件」發生時，楊清池尚年幼，因此這首歌裡「那種綿密不漏的描述、其間是不能沒有疑慮的、當然當詩歌再由他的口歌唱出來、難免不有他自己的話夾入、可是這並不能改變了原作本來的面目。」

楊守愚接著肯定《辛酉一歌詩》的價值：

> 我們敢以自信大膽地來發表這篇文字、則是覺得這比之三伯英台等唱片、不但不稍遜色、而且還有更多可取之處、若…由全篇歌詞中的那種坦直單純的話語、所表達出來的農民底渾厚樸質的情感、任誰聽著聽著也不能不爲之打動啊！這是現今流行的一般歌曲所望塵不及的。

以上楊守愚的論述，雖然篇幅簡短，但是對民間說唱文獻的重視與審愼，樹立了典範，值得後來的研究者學習。在「抄註後記」中，也發現楊守愚採用的一些名詞與今日不同：一是他稱說唱藝人爲「吟遊詩人」，二是他稱這首歌仔爲「彈詞」。這種坦白直率的臺灣庶民觀點，想必也受到《臺灣新文學》的主編楊貴（楊逵）（1905～1985）的欣賞，因而空出大幅版面，讓這長達七千字的歌仔分成三期，刊載在發揚普羅文學的《臺灣新文學》雜誌中。

### （二）廖漢臣〈彰化縣的歌謠〉（1960）

第二位將《辛酉一歌詩》重新加以註解的是廖漢臣，1960 年他發表〈彰化縣的歌謠〉〔註32〕，在「乙、民歌」這一類中的第四首爲《戴萬生反清歌》〔註33〕，他在歌詞前面簡單交代這首歌的由來，指出：原題《辛酉一歌詩》，又題《天地會的紅旗反》，但是廖漢臣沒有交代《戴萬生反清歌》是他自己重定的歌名，筆者認爲這種擅自改動文獻名稱，又沒有加以說明的做法，不大妥當。據廖漢臣說：這首歌是 1925、1926 年經「賴甫三」搜集，按：賴甫三

---

〔註32〕廖漢臣〈彰化縣的歌謠〉，《臺灣文獻》v11n3（台北：臺灣省文獻委員會，1960.9.27），pp.23～36。

〔註33〕楊清池（演唱）、賴和（記錄）（1925～1926）、楊守愚（潤稿）（1936）、廖漢臣（校註）《戴萬生反清歌》（原題《辛酉一歌詩》，又題《天地會的紅旗反》），收錄在廖漢臣〈彰化縣的歌謠〉，《臺灣文獻》v11n3（台北：臺灣省文獻委員會，1960.9.27），pp.23～36。

就是賴和，並指出這首歌對「叛亂經緯」的記載比《臺灣朱一貴歌》〔註34〕、《臺灣陳辦歌》更詳盡。

廖漢臣認為 1936 年楊守愚的版本「有不少錯誤及註解未盡之處」，於是他一一訂正和補註；但是，經筆者比對楊守愚的文字版與廖漢臣的重新打字版，若從學術研究者要利用文獻的角度來看，廖漢臣的做法有幾項值得研究者注意的地方：一是，他以己意擅自更動原歌詞的文字，不妥；最好在註解中改，而不要直接在原文改字。二是，楊守愚的部分註解有加上日文假名的擬音，而廖漢臣卻省略了，如此反而使少部份文義費解。三是，廖漢臣的註解與楊守愚的註解大同小異，在忠於原著的態度上，應該要區別何者是楊守愚的解說。雖然有以上缺失，但是廖漢臣新加上的許多註解也有助於解讀這首歌。

廖漢臣對《辛酉一歌詩》的主要貢獻在於：將此歌抄出刊登在《臺灣文獻》，使得這首歌更容易流傳。因為 1945 年 8 月以後，臺灣改朝換代，日治時期的期刊被棄置與輕忽了很長一段時間，一直到 1981 年台北的「東方文化書局」才將日治時期《臺灣新文學雜誌叢刊》17 卷複刻出版，《臺灣新文學》雜誌才得以重現在世人面前，但是《臺灣文獻》的普及率遠高於《臺灣新文學雜誌叢刊》複刻本。

### （三）李李《臺灣陳辦歌研究》（1985）

1985 年完成的碩士論文《臺灣陳辦歌研究》，第七章「臺灣歌謠中有關民族意識及動亂的作品」中，依據廖漢臣的版本，將《戴萬生反清歌》全文抄錄出來，加上補註。〔註35〕李李的註解也沒有區別何者為廖漢臣原註，何者為他的說法，而且他還對廖漢臣本來的註解有所省略，甚至有抄錯字。不過，李李在論文中主要是要舉這首歌和《臺灣陳辦歌》比較，他從結構、遣詞用字、表現手法、用韻、作者立場、內容等方面簡要論述，共約 1000 字。

---

〔註34〕曾子良在 1997 年發表的〈臺灣朱一貴歌考釋〉，從語言文字與歷史考證的角度切入，證明長期被誤認為是閩南語系「歌仔冊」的《臺灣朱一貴歌》，其實是福州話系的說唱唱本。研究者必當注意此一發現，以免引用早期研究文獻，還誤以為現存的《臺灣朱一貴歌》是閩南語系的「歌仔冊」。
曾子良〈臺灣朱一貴歌考釋〉收錄於：(1)《首屆臺灣民間文學學術研討會論文集》（彰化：臺灣省磺溪文化學會，1997.6），pp.268～299。(2)《臺灣文獻》v50n3（南投：臺灣省文獻委員會，1999.9），pp.87～123。

〔註35〕李李《臺灣陳辦歌研究》（台北：中國文化大學中文所碩士論文，1985.6），pp.151～190。

### （四）連慧珠《「萬生反」——十九世紀後期臺灣民間文化之歷史觀察》（1995）

1995 年連慧珠完成碩士論文《「萬生反」——十九世紀後期臺灣民間文化之歷史觀察》〔註36〕，該書從歷史與民間文化研究的角度，論文分六章，第四章「民間文化之塑造與重建」、第五章「民間文化的自主性」，舉兩首敘述「戴萬生事件」的臺灣歌謠加以探討，連慧珠採用的版本是 1936 年發表在《臺灣新文學》的《辛酉一歌詩》和客語的《新編戴萬生作反歌》手抄本〔註37〕。連慧珠指出這兩首歌謠的主旨都在「規勸世人勿輕蹈謀反，但是此間所共享的意識型態並非為儒家所提倡的忠貞、節義等道德觀，而是謀求身家財產繼存的現世要求及功利性格。」〔註38〕連慧珠以紮實的史料為研究基礎，對《辛酉一歌詩》內容詳細闡述，並肯定《辛酉一歌詩》真情流露，反映民間大眾的情感、心態與理念，具有高度的文化自主性。〔註39〕

### （五）陳憲國、邱文錫編註的《辛酉一歌詩》（1997）

1997 年陳憲國、邱文錫編註的《辛酉一歌詩》，收在《臺灣演義》〔註40〕一書中，是目前註解最詳盡的版本，並且逐字加上羅馬音標與ㄅㄆㄇ音標，在該歌的題目下方，註明原稿放在「中央研究院歷史語言研究所」，但是在編註者在《臺灣演義》書前的「序」中，又指出《辛酉一歌詩》的來源得自於連慧珠的提供，筆者比較陳憲國、邱文錫編註的《辛酉一歌詩》與 1936 年楊守愚整理的版本，內容與字數一致。陳憲國、邱文錫編註的《辛酉一歌詩》，將原文的漢字改寫成較嚴謹的台語漢字，對台語文的用字有很強的使用感與教育意義。但是，從學術研究者的角度來看，第一手的原始文獻用字是很重要的，在尊重與保存原始文獻的研究前題下，陳憲國、邱文錫編註的《辛酉

---

〔註36〕 連慧珠《「萬生反」——十九世紀後期臺灣民間文化之歷史觀察》（台中：東海大學歷史系碩士論文，1995.6）。

〔註37〕 天賜（重抄）（1915）、洪敏麟（收藏）、連慧珠（打字）《新編戴萬生作反歌》，收錄於連慧珠《「萬生反」——十九世紀後期臺灣民間文化之歷史觀察》（台中：東海大學歷史系碩士論文，1995.6），pp.141～155。

〔註38〕 見連慧珠《「萬生反」——十九世紀後期臺灣民間文化之歷史觀察》（台中：東海大學歷史系碩士論文，1995.6），p.82。

〔註39〕 詳見連慧珠《「萬生反」——十九世紀後期臺灣民間文化之歷史觀察》（台中：東海大學歷史系碩士論文，1995.6），第五章，pp.93～125。

〔註40〕 陳憲國、邱文錫（編註）《辛酉一歌詩》，收錄於陳憲國、邱文錫（編註）《臺灣演義》（台北：樟樹出版社，1997.8），pp.91～176。

一歌詩》的詳細註解極具參考價值，對研究者解讀文本很有幫助，但是在研究者要引用原文時，應該要依據楊守愚的原始版本。

　　以上清領時期「歌仔冊」中的臺灣漢人起義事件敘事歌的研究文獻，大多數都是屬於簡介、導讀與文字註解或校對的方式，對本論文的研究提供了很好的文本解讀資訊。大多數的「歌仔冊」都還有待深入研究與探討，尤其是將這些歌仔冊綜合比較討論的深入研究目前並未見到，因此，本論文將試著從事此類研究。

# 第四節　研究目的

　　臺灣歌仔的唱本「歌仔冊」記錄了臺灣人面臨不同統治政權的政治立場與行動，包含滿州人建立的「大清帝國」、大和民族的「日本國」以及「中華民國」，而臺灣住民本身的族群又包含「南島語族」以及「漢藏語族」的客家人、福佬人和其他。繽紛多元的臺灣族群，面對外來的異族統治者，有過許許多多的不同命運、立場與做法。尤其是在「對抗統治者」的事件中，許多生命發出電光石火，閃爍在臺灣被殖民統治的灰暗歷史中，讓臺灣人的存在有了更強烈的主動與尊嚴。本研究期許能達成以下幾種目的：

　　一、研究「歌仔冊」中「臺灣漢人起義事件敘事歌」，讓這些「歌仔」的內容與思想得以清晰呈現，當說唱藝人要實際演唱這些「歌仔」的時候，才能充分進入其中的歷史情境，並更自在地加以演唱。同時，提供聽眾得以更快速與順暢地跨越歷史背景的阻隔，充分與說唱藝人進行一場美好的藝術互動，感受先民對「歌仔」喜愛與受「歌仔」影響的歷史情境。同時爲建構臺灣說唱音樂史、臺灣俗文學史，提供更多元、更臺灣味的資料。

　　二、爲臺灣文學與台語文學研究提供更豐富的內涵，讓應該是臺灣文學史中值得大書特書的「歌仔冊」文學提供更清晰的文學樣貌，讓「歌仔冊」在臺灣文學史中的地位得到更全面的呈現。

　　三、透過「歌仔冊」對臺灣歷史上重大政治事件的詮釋研究，了解臺灣人面對外來統治者的生存處境與生命抉擇，以及不同族群之間的利益關係與互動模式。對於建構臺灣人精神應有所幫助，也有助於對臺灣族群歷史的理解，讓 21 世紀的臺灣人鑑往知來。

　　四、爲臺灣歷史研究者提供來自民間說唱藝術的臺灣歷史觀點，強化臺

灣史中的庶民史觀，和代表官方與學者立場的臺灣史互相參照。

五、豐富臺灣常民文化的內涵與精神。

# 第五節　研究方法

本論文嘗試從民間說唱文學如何詮釋臺灣歷史的角度，解讀三首清領時期臺灣 Holo 語（福佬話）的臺灣漢人起義事件敘事歌仔的唱本（歌仔冊），包含《新刊臺灣陳辦歌》、《辛酉年一歌詩》與《相龍年一歌詩》。

## 一、文本解釋

本論文第二章與第三章屬於宏觀的研究，這兩章的研究能讓讀者更清楚「臺灣歌仔」這種說唱文學的特色，以及其與臺灣歷史的對話，對於本論文後續的研究提供很大的幫助，也讓讀者可以更準確的解讀本論文所研究的三首歌仔。因此，本論文先探討「臺灣歌仔」的歷史與研究文獻，並將其中與臺灣政治有關的「歌仔」特別挑出，依歷史時期的先後加以區別，再逐一加以介紹，並探討其研究文獻，以見出清領時期臺灣漢人起義事件敘事歌仔在臺灣歌仔史中的歷史位置。

本論文最主要的研究重心在第四章到第八章，屬於微觀的研究，是針對《新刊臺灣陳辦歌》、《辛酉年一歌詩》與《相龍年一歌詩》等三首歌仔進行詳細的解讀與研究。本論文主要目的在解讀清領時期臺灣歌仔冊中的歷史詮釋，由於這三首「歌仔」以歷史事件做爲主題，爲了能夠清楚掌握歌詞背後歷史意義，有必要先將相關的歷史背景加以整理，並對歌仔冊的台語歌詞進行文本解析，以方便讀者了解其來龍去脈。因爲，只有了解歌詞中的歷史背景，並準確掌握台語語詞的意涵，才能清楚認知歌詞背後的歷史詮釋觀點。

筆者採取的寫作策略是：先整理並勾勒該首歌仔所論述的歷史事件背景；接著對該首歌仔進行文字校注與內容解析。在內容解析時，將「歌仔冊」中的臺灣史論述與其他臺灣史的書寫與研究文獻加以比對，特別注重第一手或重要的史料，逐一把梳釐清其中的相同與差異處，並進一步加以解釋。

## 二、歷史詮釋

本論文從「歷史詮釋學」的角度來探討「歌仔冊」中的臺灣歷史詮釋。「歷史詮釋學」（Historical Hermeneutics）主要參考資料來自於韓震、孟鳴歧合著

的《歷史、理解、意義 —— 歷史詮釋學》〔註41〕，該書導論爲「歷史在我們的理解中流動」，解釋歷史詮釋學的對象與特點爲：

> 歷史詮釋學就是發現、理解、闡明和解釋歷史意義的技術，以便把另
> 一個時空系統發生的歷史事件的意義轉換到我們的世界之中。〔註42〕

接著指出「歷史詮釋」與「文本詮釋」基本的差別在於「歷史詮釋」首先需要重構「基本本文」和「歷史本身」，其次「歷史詮釋」對「意義」的注視也不同於「文本詮釋」，「歷史詮釋」「除了關心自己敘述的意義之外，更關心這種意義以各種證據爲中介，與事實之間所建立的聯繫。」最後，不同於「文本詮釋」力求準確地解釋文字的意義，「歷史詮釋」「往往力求發現存在於文字背後的關於歷史事實的意義」。

在《歷史、理解、意義 —— 歷史詮釋學》的結論中，韓震對於「如何對待和實踐歷史詮釋性」提出三點做法：〔註43〕

> 首先，承認歷史解釋的相對性和多元性是建立平等解釋權的前提。
>
> 其次，視野融合是實現盡可能公平、全面和客觀地理解歷史的條件。只有在多元解釋相互對話的基礎上，才能實現不同視角的相互補充和不同視野的相互融合。
>
> 最後，既然事實證明根本不存在價值中立的歷史視野，爲了不斷形成更加公正、合理和客觀的歷史解釋，我們必須主動參與歷史解釋，進入話語競爭的陣地。

本研究借由上述「歷史詮釋學」的論點，將從歷史詮釋的角度來檢驗說唱文學中對於臺灣政治史所採取的詮釋立場，將「歌仔冊」中的臺灣史敘述與其他臺灣史的書寫與研究文獻加以比對，逐一把梳釐清其中的相同與差異處，並進一步加以解釋，探討「歌仔冊」採取與其他歷史記載不同的視角與不同記載的原因。

許文雄在〈相看都討厭：清朝統治者和臺灣人民互相敵對的態度〉中指出：「皇帝的諭、旨、廷寄，官員的奏摺、題本、和著作組成統治論述。」

---

〔註41〕韓震、孟鳴歧《歷史、理解、意義 —— 歷史詮釋學》（中國：上海譯文出版社，2002.3）。

〔註42〕見韓震、孟鳴歧《歷史、理解、意義 —— 歷史詮釋學》（中國：上海譯文出版社，2002.3），p.3。

〔註43〕詳見韓震、孟鳴歧《歷史、理解、意義 —— 歷史詮釋學》（中國：上海譯文出版社，2002.3），pp.186～192。

〔註 44〕本論文主要引用的對照文獻，著重於第一手或重要的「統治論述」
史料，主要是指官方文獻的論述，論述者包含帝王、各級官員以及依附統治
者的知識份子，內容包含宮廷檔案、官員奏摺、官修方志史書、文集雜著，
這一類的論述反映了官方的態度，認同統治者的立場。

　　同時，如果同一歷史事件有不同語言系統的說唱唱本，也拿來與台語的「歌
仔冊」做比較。本論文將舉以臺灣客語寫成的《新編戴萬生作反歌》〔註 45〕與
《辛酉年一歌詩》及《相龍年一歌詩》加以比較，以見其歷史詮釋觀點的異同。

## 第六節　論文架構

　　本論文以清領時期「歌仔冊」中的臺灣漢人起義事件敘事歌爲研究對象，
試圖解開說唱藝術的文字記錄與臺灣歷史之間的微妙關係，探討說唱文學對
臺灣政治的詮釋與歷史視角。主要架構如下：

　　第一章緒論。

　　第二章「臺灣歌仔」的歷史回顧與現況。分三節論述：（一）概論；（二）
名稱與內涵；（三）文獻及研究。

　　第三章「歌仔冊」中的政治敘事歌。第一節清領時期：包含「民變」與
「外敵入侵」主題。第二節日治時期：包含「臺灣民主國」、「武裝抗日事件」、
「控訴殖民統治」、「大東亞戰爭」等主題。第三節戰後國民政府時期：包含
「歡迎祖國光復臺灣」、「二二八大屠殺」、「白色恐怖與臺灣獨立」等主題。
第四節現代史詩型的臺灣歷史敘事「歌仔」。

---

〔註 44〕詳見許文雄〈相看都討厭：清朝統治者和臺灣人民互相敵對的態度〉，發表在
　　　　「第七屆臺灣歷史與文化研討會——主題：社會變遷及族群融合」（台中：
　　　　東海大學通識教育中心，2004.2.6～7 舉辦），pp.1～2。

〔註 45〕《新編戴萬生作反歌》在 1915 年由署名「天賜」加以重抄，是洪敏麟的藏本，
　　　　七字一句，每行三句，字數在 7800 字以上。連慧珠重新打字，並收錄於連慧
　　　　珠 1995 年完成的碩士論文《「萬生反」——十九世紀後期臺灣民間文化之歷
　　　　史觀察》（台中：東海大學歷史系碩士論文，1995.6），pp.141～155。據連慧
　　　　珠所述，這首歌是站在客家義民的立場來演唱「戴潮春事件」。筆者從歌詞中
　　　　的遺詞用字，判斷《新編戴萬生作反歌》是一首客語的長篇敘事歌。其中有
　　　　一些詞彙是客語專有的，如：「臺灣原『係』龜蛇形」、「三位算來『係大哥』」、
　　　　「縮『轉』呂朗『大火房』」、「『景景』收兵入內山」、「『後生』貪才做民壯」、
　　　　「皆因打死有『悍多』」、「作反一案『分奔其』」、「『上』埔寮下未前破」、「人
　　　　馬出到『伯公』下」。

第四章敘述張丙起義抗清事件及《新刊臺灣陳辦歌》的內容解析。第五章探討《新刊臺灣陳辦歌》的歷史詮釋。

第六、七、八章討論兩首敘述戴潮春起義事件的歌仔:《辛酉年一歌詩》與《相龍年一歌詩》。第六章論述戴潮春起義抗清事件的歷史背景及《辛酉年一歌詩》的內容解析。第七章《相龍年一歌詩》的文字校注與內容解析。第八章探討《辛酉年一歌詩》與《相龍年一歌詩》的歷史詮釋。

第九章綜合討論這三首歌仔的歷史詮釋與文學特色。第十章爲結論。

最後是參考資料與附錄。

# 第二章 「臺灣歌仔」研究的歷史與現況

　　「臺灣歌仔」伴隨著漢移民在臺灣落地生根，從明末清初至今，已有三百年左右的演化歷史〔註1〕。但是，在21世紀初的臺灣，多數的臺灣人卻對「臺灣歌仔」感到陌生，尤其是40歲以下的臺灣人，每當筆者提及要研究「歌仔冊」時，絕大多數的人都有兩種誤解：一是以爲這是「歌仔戲」，二是以爲這是「台語流行新歌」。當筆者進一步解釋「歌仔冊」是「台語歌仔」的唱本時，聽者就更茫然了。因此，筆者深覺有此義務與使命，將「臺灣歌仔」及「歌仔冊」的歷史與現況做一詳細與深入的論述，並釐清許多似是而非、模糊不清的觀點。

　　「臺灣歌仔」在過去漫長的歲月中，曾經因爲我們祖先的熱愛而風靡，也曾經對我們的祖先有著心靈安慰與知識啓蒙的功用；在21世紀初的臺灣，「臺灣歌仔」的研究與推廣更加必要，並且有很大的發展空間。因此筆者不厭其煩，詳細地討論「臺灣歌仔」的相關文獻，希望能拋磚引玉，吸引表演藝術、音樂、文學、語言、歷史、文化……等領域的學者專家投入「臺灣歌仔」的研究。

## 第一節　「臺灣歌仔」的名稱與內涵

　　要研究「臺灣歌仔」，必須了解它在不同的時期、不同的區域曾經有過不

---

〔註1〕參見張炫文《臺灣的説唱音樂》：「臺灣的説唱音樂，無疑是直到明末清初，大量移民從閩南粵東等地渡海來台墾殖之後才有的。」（台中：臺灣省教育廳交響樂團，1986.6，p.1）。

同的稱呼，不同時期的記錄者與研究者也曾經使用過不同的名稱來稱呼它。本節試圖尋求「臺灣歌仔」的原始文獻與日治時期以來的研究論述，來探尋「臺灣歌仔」的身世與演化。

## 一、「歌仔冊」歌詞中所使用的名稱

從早期中國的「唱歌詩」到 1930 年代臺灣的「唸歌仔」

王順隆與中央研究院合作，在 1999 年 9 月正式公開「閩南語俗曲唱本『歌仔冊』全文資料庫」〔註 2〕，以下就從這些公開在網路上的「歌仔冊」，加以搜尋，檢視「歌仔冊」對自身這種說唱藝術的稱法。

從現存的閩、台「歌仔冊」中，可以看到「歌」、「歌詩」、「四句連」、「褒歌」、「歌仔」、「笑科」這些名稱，並且大多數都與動詞「唱」、「聽」、「念」、「邊」「打」、「作」結合，由此可知這些訴諸文字記錄的「歌冊」，大致上都是要「編」「唱」給人「聽」的一種表演藝術，若再加上單位詞，就會發現其長度有較長篇的「一套」、「歸套」、「這抱」〔註 3〕、「只本」〔註 4〕，與較短篇的「一條」、「一段」。可見這一種說唱藝術的唱本，對自身的稱呼就十分多元。

經由筆者詳細閱覽之後，發現：在名詞方面，「歌詩」、「歌」、「歌仔」這三個名詞最常見；而在動詞方面，則以「唱」、「念（唸）」、「編（邊）」這三個詞最常見。以下先列舉一些句例，再進一步說明這些用詞的關係及演變。下面所列舉的出版社以出版時期的先後爲排列順序。〔註 5〕

---

〔註 2〕 王順隆「閩南語俗曲唱本「歌仔冊」全文資料庫」（http://www32.ocn.ne.jp/~sunliong/），1998 年試用，1999.9 正式公開。

〔註 3〕 「抱」就是「部」，音 phō。

〔註 4〕 「只」就是「這」，音 chí。

〔註 5〕 歌仔冊的出版日期，由於王順隆的「閩南語俗曲唱本『歌仔冊』全文資料庫」沒有列出，因此，筆者僅能以該出版社營業的時期來分先後；不過，由於歌仔冊的出版時期（清、日本、中華民國）與地點（中國、臺灣）有很清楚的分期，大致上不會影響本小節的論證。

關於本處所列舉的出版社出版期間，簡述如下：

廈門：會文堂書局（創業不晚於道光年間～對日抗戰前夕）、廈門：文德堂書局（創業不晚於道光年間～對日抗戰前夕）、廈門：博文齋書局（1.光緒年間創業～對日抗戰前夕；2.戰後復業～1950 年代）、台北：黃塗活版所（大正年間（1920 年代中期～1929）、嘉義：捷發出版社（1932～1937）、嘉義：玉珍書局（1932～1937）、台中：瑞成書局（1932～1937）、台北：周協隆書局（1932～1937）、台北：禮樂活版社（1930 年代）、高雄：三成堂（1930 年代）、新竹：興新書局、新竹：竹林書局（1944？1945～至今）。

1. 動詞【唱】＋ 名詞【歌詩】：

- 「听唱新編一歌詩」（木刻本 29 冊《新刊臺灣陳辦歌》）

- 「唱出秦朝一歌詩」（廈門：手抄本 1327 冊《孟姜女》）

- 「且唱金姑一歌詩」（廈門：會文堂書局 97 冊《新刻金姑看羊歌》）

- 「我今唱出一歌詩」、「且聽只歌來説起」（廈門：會文堂書局 98 冊《最新杜十娘百寶箱全歌》）

- 「聽唱金俊一歌詩」（廈門：會文堂書局 93 冊《最新黃宅忠審蛇案歌》）

- 「唱出江南一歌詩」（廈門：博文齋書局 143 冊《改良玉堂春廟會歌》）

- 「聽唱杭州一歌詩」（廈門：博文齋書局 126 冊《最新出版王三福火燒樓歌》）

- 「听唱一套新歌詩，歌名叫做陳世美」（廈門：博文齋書局 129 冊《陳世美不認前妻》

- 「聽唱本朝一希奇，殺子報冤新歌詩」（廈門：博文齋書局 112 冊《最新通州奇案殺子報（全本)》

- 「我這唱歌是正經，好呆歌詩是不等」（台北：黃塗活版所 188 冊《最新落陰褒歌》、新竹市：竹林書局 335 冊《落陰相褒歌》）

- 「聽唱大舜一歌詩」（嘉義：捷發出版社 734 冊《忠孝節義大舜歌》）

- 「唱出菜瓜一歌詩」（台中：瑞成書局 264 冊《菜瓜花鸞英爲夫守節歌》）

- 「唱出節婦一歌詩」（台北：周協隆書局 203 冊《新編大明節孝歌》）

2. 動詞【唱】/【邊（編）】＋名詞【歌】

- 「説出清國一條代，邊出一歌唱出來」（木刻本 44 冊（石印書局）《新刻手抄臺灣民主歌》、上海：點石齋書局 52 冊《臺省民主歌》）

---

關於出版社的介紹參見：1.羅時芳〈近百年廈門"歌仔"的發展情況〉，福建省藝術研究所、廈門市臺灣藝術研究室（編）《閩台民間藝術散論》（中國：鷺江出版社，1989），pp.291～304。2.王順隆〈談臺閩「歌仔冊」的出版概況〉，《臺灣風物》v43n3（台北：臺灣風物雜誌社，1993.9.30），pp.109～131。

- 「唱出新歌是相褒」、「我這唱歌是正經」（台北：黃塗活版所 188 冊《最新落陰褒歌》）

- 「唱出一套水災歌」（台北：黃塗活版所 179 冊《最新水災歌》）

- 「唱出這歌乎恁听」（嘉義市：捷發出版社（捷發漢書部）235 冊《新編五鼠鬧宋宮歌》）

### 3. 動詞【念】/【編】＋ 名詞【歌詩】

- 「念出臺南運河記」、「乜項歌詩有人編」（嘉義市：玉珍書局 250 冊《金快運河記新歌》）

- 「閑乜通好念歌詩」（台中：瑞成書局 972 冊《自由戀愛勸世歌》）

- 「有榮來听念歌詩」（台中市：瑞成書局 904 冊《勸改阿片新歌》）

- 「有榮來听念歌詩」（台中：瑞成書局 904 冊《勸改阿片新歌》）

- 「編歌勸咱眾先生」、「這本歌詩初發明」、「歌詩此回編出來」、「編歌來念恰好聽」（新竹：竹林書局 346 冊《基隆七號房慘案》）

### 4. 動詞【念】＋ 名詞【歌】/【歌仔】

- 「念歌未須勸世文」（嘉義市：玉珍書局 818 冊《錯了閣再錯勸世歌》）

- 「听我念歌無別代」（嘉義市：玉珍書局 850 冊《勸世能的理解社會覺醒歌》）

- 「听我念歌眞笑科」、「小弟編歌念恁听」（嘉義市：玉珍書局 832 冊《勸世因果世間開化歌》）

- 「念卦勸世乎恁聽」、「一款歌仔眞希罕」（嘉義市：玉珍書局 252 冊《最新勸世人心知足歌》、台北市：周協隆書局 202 冊《最新勸世了解歌》）

- 「念歌那像聽曲盤」（台中市：瑞成書局 952 冊《勸世社會評論新歌》）

- 「聽我念歌說分明」、「念歌相似塊講古」、「我念歌仔全無普」、「念歌算是比不盡」（台中市：瑞成書局 904 冊《勸改阿片新歌》）

- 「念歌算是好代志」、「閑乜通好念歌詩」、「學念歌仔卻也好」、「念歌算是那廣話」（台中市：瑞成書局 972 冊《自由戀愛勸世歌》）

- 「新歌卜來念恁听」（嘉義市：捷發出版社 241 冊《最新戲情相褒歌》）
- 「念歌算是那廣話」、「歌仔句豆在人做」（嘉義市：捷發出版社 233 冊《問路相褒歌》）
- 「新歌卜來念恁听」、「到者歌仔閣換款」（嘉義市：捷發出版社 241 冊《最新戲情相褒歌》）
- 「念歌第一有通笑」（台北市：禮樂活版所 268 冊《好笑歌》）
- 「竹林歌仔人希望，編歌奉念介有通」（新竹市：竹林書局 1498 冊《自由對答歌》）
- 「省乜歌仔呃趣味，袂念先共恁通知」（新竹市：竹林書局 1489 冊《戶蠅蚊仔大戰歌》）
- 「歌仔好呆在人作，我念分歌勸人好」（新竹市：竹林書局 283 冊《百花相褒歌》）
- 「听念新歌眞笑科」（新竹市：竹林書局 1501 冊《自新改毒歌》）
- 「念歌可比那讀冊」、「念歌對答便空契」（新竹市：竹林書局 1130 冊《百草對答歌》）

## 5. 名詞【歌仔】

- 「通俗歌仔有典謨」（廈門：會文堂《人之初歌》）
- 「震災歌仔我有編」（台中市：瑞成書局 910 冊《中部大震災新歌》）
- 「不正歌仔我無編」（台中市：瑞成書局 915 冊《婚姻制度改良歌》）
- 「舊色歌仔人無愛，皆換新歌編日臺」、「這本歌仔眞清純」、「這本歌詩新發明」（台中市：瑞成書局 892 冊《最新國語白話歌》、台北市：周協隆書局 204 冊《新編國語白話歌》）
- 「壹本歌仔即新邊」（台北市：周協隆書局 625 冊《最新四十八孝歌》）
- 「壹本歌仔即新邊」（台北市：周協隆書局 625 冊《最新四十八孝歌》）
- 「歌仔呆七聲袂順」（高雄：三成堂 1025 冊《萍水相逢歌》）

- 「這款歌仔那善書」（新竹：興新書局 275 冊《看破世情》）
- 「歌仔閒閒罔來做」（新竹市：竹林書局 1494 冊《束縛養女新歌》）
- 「歌仔專新款」（新竹市：竹林書局 303 冊《甘國寶過臺灣歌》）
- 「新款歌仔扣歸套」、「這款歌仔別人無」（新竹市：竹林書局 309 冊《姨仔配姊夫歌》）
- 「歌仔是阮親手編」（新竹市：竹林書局 307 冊《周成過臺灣歌》）

從以上的例句，可以清楚見到：早期在中國出版的「歌冊」，對這種說唱藝術的稱法，只見「唱」、「聽唱」、「邊」等動詞與「歌」、「歌詩」等名詞的組合，這些稱呼也被後期臺灣出版的「歌仔冊」所採用；至於現今臺灣仍然通用的「唸歌」、「歌仔」這種名稱，一直到 1930 年代以後，才出現在臺灣出版的「歌冊」中。特別是「唱」這個動詞，幾乎已被「唸」這個動詞取代。

早期在中國出版的歌冊最常見的「聽唱歌詩」一詞，到了 1930 年代以後的臺灣「歌仔冊」變成了「聽唸歌仔」、「唸歌」，名稱的轉變，或許反映了當時「臺灣歌仔」的表現形式也產生新的變化；可惜的是臺灣的錄音科技產業興起於日治時期的 1910 年代，直到 1920 年代中期才逐漸普及，所以清領時期及日治初期的「臺灣歌仔」完全沒有留下演唱的聲音檔案，無法透過說唱的音聲文獻來加以比較。

## 二、「臺灣歌仔」有聲出版品所使用的名稱

從「勸世文」到「臺灣鄉土民謠」到「臺灣說唱」到「唸歌」

1895 年臺灣成爲日本國的殖民地，1910 年「株式會社日本蓄音器商會」（簡稱「日蓄」）成立後，就在台北設立「出張所」負責銷售唱片和留聲機，並在 1914 年開始製作臺灣歌謠的唱片，其中有一種是《三伯英台》。據曲盤收藏家林良哲的說法：「『三伯英台』正是以『七字調』所演唱。演唱藝人從頭唱到尾，中間沒有一句口白，演唱方式類似『說唱』型式。」〔註6〕從這張唱片印有「FORMOSA SONG」，林良哲認爲它是屬於「本地歌仔」。1929 年「古倫美亞」唱片公司發行印有「流行小曲」字樣的《雪梅思君》，也是以「說

〔註6〕《三伯英台》這張唱片的片影與介紹請詳見林良哲〈日治時期歌仔戲的商業活動：以唱片發展過程爲例〉，《百年歌仔 2001 年兩岸歌仔戲發展交流研討會》（宜蘭：佛光大學，2001.9.3），pp.9～11（頁次採取林良哲先生 e-mail 給筆者的檔案）。

唱」方式演唱，銷路奇佳。〔註7〕

　　國立傳統藝術中心籌備處在 2000 年出版《聽到臺灣歷史的聲音——1910
～1945 臺灣戲曲唱片原音重現》〔註8〕共計有 CD 十片，這是從「臺灣音樂博
物館籌備處」執行長李坤城收藏的舊曲盤（唱片）中挑選複製出來的。其中
「勸世歌」、「笑科劇」兩類屬於臺灣 Holo 語說唱，又細分為「勸世文」、「笑
科」、「風俗笑科」三類；另外「客家戲曲」中收有客家說唱「勸世文」。「笑
科」和「勸世」這兩種名稱在 1930 年代臺灣出版的「歌仔冊」中也很常見。

　　中華民國統治臺灣時期所出版的臺灣說唱音樂專輯，為數甚多，但是也
流失不少。以下僅就筆者所見的臺灣 Holo 語的錄音帶，就各種名稱，舉例說
明，「　」內的文字為該音樂專輯封面所採用的稱呼：

1. 「**臺灣鄉土民謠・勸世歌**」：中華廣播製作社製作發行，共 20 卷錄音
   帶。〔註9〕
2. 「**臺灣勸世歌**」：黃秋田主唱《殺子報》，皇后唱片。
3. 「**民間故事**」、「**臺灣民謠**」：由「臺灣民謠演唱家」黃秋田「自彈自唱」
   《殺子報》，1986.5，台北市：聲麗音響有限公司。
4. 「**臺灣鄉土民謠・閩南語民謠**」：陳清雲主唱《雪梅教子》，月球唱片廠
   公司。
5. 「**臺灣鄉土民謠・閩南語鄉土民謠**」：黃秋田主唱《李三娘》，月球唱片
   廠公司。
6. 「**懷古臺灣鄉土民謠**」：黃茂貴主唱，月球唱片廠公司。
7. 「**臺灣民謠相褒歌**」：李光彥、陳桂英對唱《煙花女配夫》，出版地：台
   北縣林口鄉下福村 11 鄰 147-4 號。
8. 「**臺灣說唱音樂**」：張炫文採錄，台中：臺灣省教育廳交響樂團，1986.6，
   錄音帶 2 卷，書 1 本。
9. 「**楊秀卿的臺灣說唱**」：行政院文建會出版，竹碧華執行製作，1992.2，

〔註7〕《雪梅思君》這張唱片的片影與介紹請詳見林良哲〈日治時期歌仔戲的商業
　　　 活動：以唱片發展過程為例〉，《百年歌仔 2001 年兩岸歌仔戲發展交流研討會》
　　　 （宜蘭：佛光大學，2001.9.3），pp.12～14（頁次採取林良哲先生 e-mail 給筆
　　　 者的檔案）。
〔註8〕李坤城/收藏品公開，《聽到臺灣歷史的聲音——1910～1945 臺灣戲曲唱片原
　　　 音重現》，台北：國立傳統藝術中心籌備處，2000，CD10 片。
〔註9〕這是中山醫學大學護理系 91 級劉瓊文同學祖母的珍藏，感謝惠借聆賞。
　　　 （2003.2）

錄音帶 2 卷，書 1 本。

10.「月琴唸歌」：洪瑞珍演唱、發行。

11.「楊秀卿臺灣民謠說唱」：楊秀卿演唱《廖添丁傳奇》，洪瑞珍製作，台北：臺灣台語社出版，2001.4，CD2 片，書 1 本。

12.「楊秀卿臺灣民謠唸歌」：楊秀卿演唱《哪吒鬧東海》，洪瑞珍製作，台北：臺灣台語社出版，2002.10，CD1 片，書 1 本。

13.「勸世歌」：台北市弘揚視聽有限公司出版，共 3 集，每集 10 片 CD。〔註10〕

以上臺灣說唱音樂專輯曾經採用的名稱，在日治時期有「FORMOSA SONG」、「流行小曲」、「勸世文」、「笑科」、「風俗笑科」；二次戰後則以「臺灣鄉土民謠」這一類名稱佔最多。將「唸歌」這種獨具特色的說唱藝術，以臺灣鄉土民謠來指稱，定名失於寬泛，無法顯示出這種藝術的獨特性。但是這也反映出出版商採取「歌仔」的廣義內涵「民謠」〔註11〕來指稱這一藝術，反而不使用「唸歌」、「歌仔」此一名稱。出版商將名稱定為「勸世」、「鄉土民謠」或許是吸引更大範圍的購買者。

至於現在學術界通稱的「臺灣說唱」一詞，直到 1986 年張炫文採用以後

---

〔註10〕 這三套 CD 應該是從一些舊版的「歌仔」錄音帶翻燒成的，沒有註明出版日期，大部分歌仔都有標出演唱者，少部分沒有註明演唱者。由「佳音視聽股份有限公司」總經銷，客服專線為 02-86471816。以下條列歌名與演唱者：
《勸世歌 1 陳三五娘》：十殿閻君（呂柳仙主唱）、人生勸化（呂柳仙主唱）、周成過臺灣、二十四孝（陳青雲主唱）、賢母教子（葉秋雲主唱）、勸煙花（陳青雲主唱）、秋田勸世歌（黃秋田主唱）、勸少年、陳三五娘（陳青雲主唱）、社會勸世歌（葉秋雲主唱）、勸善歌（邱查某主唱）、改善從惡（葉秋雲主唱）、勸世男女（葉秋雲主唱）、戶神蚊子歌。
《勸世歌 2 臺灣四大奇案》：青竹絲命案、臺灣四大奇案之一：基隆奇案（陳青雲主唱）、臺灣四大奇案之二：林投姐、臺灣四大奇案之三：二林奇案、臺灣四大奇案之四：台南運合記（筆者註：「合」應為「河」之誤）、勸世人生、詹典嫂告御狀、落陰相褒：續十殿閻君（黃秋田主唱）。
《勸世歌 3 雪梅教子》：人生與因果（葉秋雲主唱）、孝女傳（葉秋雲主唱）、雪梅教子、三戒勸世歌（葉秋雲主唱）、煙花女配夫（邱鳳英主唱）、由天不由人：落魄免失志、船過水無痕：知恩圖報（葉秋雲主唱）、賢妻良母（葉秋雲、歐雲龍主唱）、命運天註定、殺子報、乾坤印：水滸傳之林沖夜奔。

〔註11〕 黃玲玉認為「歌子」是一種「民謠小調」（詳見黃玲玉《臺灣傳統音樂》，台北：國立臺灣藝術教育館，2001.6，pp.74～75）。1975 年吳瀛濤出版的《臺灣諺語》一書，在〈歌謠〉單元中也指出：「本省在來的民謠，俗稱『歌仔』。」（見吳瀛濤《臺灣諺語》，台北：臺灣英文出版社，1988.4 八版，pp.350～351）

才逐漸在學界流行，民間的唱片出版商則慣稱「臺灣鄉土民謠」。至於與 1930
年代「歌仔冊」通用的「唸歌」，就筆者目前所見，直到洪瑞珍才開始採用，
不過，由於目前筆者所採用的樣本不足，這一結果還有待進一步驗證。

## 三、日治時期的「臺灣歌仔」研究者所採用的名稱

　　研究臺灣日治時期的地方音樂、歌謠的采集與研究的文獻有四：一是黃
得時在 1949 年發表在《臺灣文化》的〈關於臺灣歌謠的搜集〉，〔註12〕二是
蔡曼容 1987 年的碩士論文《臺灣地方音樂文獻資料之整理與研究》〔註13〕，
三是楊麗祝在 2000 年出版的《歌謠與生活——日治時期臺灣的歌謠采集及其
時代意義》〔註14〕，四是王順隆的〈論臺灣「歌仔戲」的語源與臺灣俗曲「歌
仔」的關係〉。〔註15〕由於臺灣日治時期的出版品，目前僅少數公立圖書館有
收藏，如中央圖書館臺灣分館、臺灣大學圖書館、國立台中圖書館……等，
但是多被收爲「特藏」而不易檢閱，也無法影印。所以，以上四篇文章，爲
研究者作了一個很好的索引與簡介。

　　據蔡曼容在《臺灣地方音樂文獻資料之整理與研究》論文中指出：「綜觀滿
清時代漢族音樂的資料，除了戲劇以外，其它地方音樂的描寫極爲稀少。」她
認爲原因有二：一是文獻資料作者不是政府官吏就是知識份子，而且大多不是
臺灣人，對臺灣地方音樂不關心；二是清國治台採取消極政策，對臺灣的社會
現象興趣無多。〔註16〕到了日治時期，爲了徹底了解臺灣，以同化臺灣人，〔註

〔註12〕 黃得時〈關於臺灣歌謠的搜集〉，《臺灣文化》v6n3.4（台北：臺灣文化協進會，
　　　　1949.10.1），pp.21～33。
〔註13〕 蔡曼容《臺灣地方音樂文獻資料之整理與研究》（台北：臺灣師範大學音樂所
　　　　碩士論文，1987）。
〔註14〕 楊麗祝《歌謠與生活——日治時期臺灣的歌謠采集及其時代意義》（台北：
　　　　稻鄉出版社，2000.8 初版、2003.4 再版）。
〔註15〕 王順隆〈論臺灣「歌仔戲」的語源與臺灣俗曲「歌仔」的關係〉，《中國藝能
　　　　通訊》n32（網路版：http://plaza16.mbn.or.jp/~sunliong/kua-a-chheh.htm，2002.9
　　　　下載）。
〔註16〕 詳見蔡曼容《臺灣地方音樂文獻資料之整理與研究》（台北：臺灣師範大學音
　　　　樂所碩士論文，1987），pp.372～380。
〔註17〕 1900 年夏天由臺灣總督府與法院官員私下組成「臺灣慣習研究會」，以總督兒
　　　　玉源太郎爲會長，民政長官後藤新平爲副會長，伊能嘉矩爲總幹事，發行《臺
　　　　灣慣習記事》刊物。從 1901 年到 1907 年，共發行七卷，其中刊載兩篇有關
　　　　臺灣「俗歌」的採訪報告：〈臺灣成爲日本領土前後，在台北附近所唱的歌謠〉
　　　　（譯名）和〈台人の俗歌〉（《臺灣慣習記事》，臺灣慣習研究會，1902.7.23，

17）有關臺灣地方音樂的研究資料眾多，其中大多數是日本人的著作。欲了解日治時期對於臺灣說唱的記載與研究，要將其放在臺灣歌謠與地方音樂研究的大範圍中來檢索。據楊麗祝的研究：「早期的采集主要以短歌爲主，而後對敘事的長歌，即俗稱的歌仔或歌仔册，也有搜集與研究者。」〔註18〕

　　1. 平澤丁東〔註19〕《臺灣の歌謠と名著物語》:「俗謠」、「閑仔歌」（1917）

　　最早將搜集來的臺灣歌謠結集成册的人是服務於總督府編修課的平澤丁東，1917 在台北出版《臺灣の歌謠と名著物語》〔註20〕一書，將臺灣歌謠分爲童謠與俗謠兩種，共二百多首。「俗謠」又稱「閑仔歌」，都是七言四句，大多是相褒歌。由於臺灣說唱也有相褒歌這種形式，因此平澤丁東的「俗謠」、「閑仔歌」也應加以注意。

　　2. 片岡巖《臺灣風俗誌》:「雜唸」、「俗謠」、「長歌」（1921）

　　1921 年擔任台南地方法院檢察局通譯官的片岡巖出版《臺灣風俗誌》一書，書中第四集介紹臺灣的音樂與臺灣的雜唸。臺灣的雜唸包含流行的「俗謠」與「情歌」〔註21〕，收錄的「土語歌」以臺灣 Holo 話居多，少數爲客家歌謠，其中第十二節「長歌」，收錄的《新編歐洲大戰爭（上編）》，就是一首臺灣「歌仔」。片岡巖的研究以風俗爲主，因此對於臺灣的雜唸沒有作系統的分類，但是他指稱的「雜唸」、「俗謠」，應包含臺灣說唱「歌仔」。

　　3. 施乾《乞食社會の生活》:「乞食の藝」（1925）

　　蔡曼容在《臺灣地方音樂文獻資料之整理與研究》論文中，提到1925年施乾在台北出版《乞食社會の生活》一書。〔註22〕這應當是第一本以臺灣乞

　　　　v2n7，第貳卷下，pp.73～74），這兩篇各記載兩首的歌謠，兩篇的歌謠是一樣的，從語言上看來，應是客語歌謠，蔡曼容也是如此認定。見蔡曼容《臺灣地方音樂文獻資料之整理與研究》（台北：臺灣師範大學音樂所碩士論文，1987），p.202。

〔註18〕見楊麗祝《歌謠與生活── 日治時期臺灣的歌謠采集及其時代意義》（台北：稻鄉出版社，2000.8 初版、2003.4 再版），p.79。

〔註19〕「平澤丁東」又名「平澤清七」。

〔註20〕平澤丁東（編）《臺灣の歌謠と名著物語》（台北：晃文館，1917.2；後來收在：婁子匡編，「亞洲民俗・社會生活專刊」，第 78.79 册，封面書名改爲《六十年前臺灣俗文學》，台北：東方文化書局，1976 春，複印本。）

〔註21〕見片岡巖〈臺灣の雜念〉，《臺灣風俗誌》（臺灣日日新報社，1921），p.309。（華文譯本：請見陳金田・馮作民/合譯，〈臺灣的雜念〉，《臺灣風俗誌》，台北：大立出版社，1981.1，pp.25～68。）

〔註22〕施乾《乞食社會の生活》（台北：愛愛寮，1925.1，共 178 頁），轉引自：蔡曼

食爲主題的專著，由於筆者目前尚未親見此書，因此採用蔡曼容的摘要，整理介紹如下。在第二章〈乞食の藝〉中，分爲四項：第一項技藝的種類，有打响鼓、彈奏月琴、歌唱、算命；第二項賣藝的情形，有四種，一是由一人兼打响鼓與彈月琴沿街表演，二是歌唱者以女性盲人居多，三是樂器演奏以雙眼健全的男子爲主，四是最常見的情形是 —— 盲歌女與明眼的男樂師搭檔演出；第三項指出演出時間與地點，平時沿街叫賣，迎神賽會時則是演出收入最好的時候；第四項指出當時社會對這種表演藝術反應良好，因爲當時娛樂項目少，民眾將此視爲休閒方式，日本政府也發執照給這些有技藝的乞丐，視爲民間藝人。

從以上的摘要介紹，發現這種表演方式，與現今臺灣國寶級說唱藝人楊秀卿女士與楊再興先生的表演方式有很多類似之處，可以得知 1920 年代臺灣說唱透過賣藝求乞者的傳播，已經成爲民間的休閒娛樂，當時數量應該不少，才會引起日本政府重視，還頒給演出執照。

### 4. 伊能嘉矩《臺灣文化志》：「歌謠」、「俗歌」（1928）

伊能嘉矩在 1895 年以陸軍省雇員的名義來台，任職於總督府，在臺灣從事田野調查研究，1925 年逝世，他的門生在 1928 替他出版《臺灣文化志》三卷本，該書中卷第五編第六章的附錄爲〈講古・演戲及び歌謠〉〔註 23〕，提到臺灣的「俚謠俗歌」，他認爲這些大多是趣味低劣、情調卑下的「歌謠」，但是廣受百姓歡迎，因此清國光緒年間統治者還模仿這種歌謠創作戒烟、戒賭這類歌謠。文中還附上歌冊清末《新刊鴉片歌》的封面與內頁第一面，以及《新刊臺灣十八呵奇樣歌》（封面有「漳霞世文堂」小字）、《新編臺灣奇樣鬧葱葱相思歌》（封面上方有「光緒己卯〔註24〕孟夏重刊」小字）的封面，由此可知，伊能嘉矩所稱的「歌謠」、「俗歌」包含了臺灣說唱「歌仔」。

### 5. 陳鏡波〈臺灣の歌仔戲の實際考察と地方青年男女に及ぼす影響〉：「雜唸」、「博歌」、「長歌」（1931）

蔡曼容在《臺灣地方音樂文獻資料之整理與研究》論文中，提到 1931 年

---

容《臺灣地方音樂文獻資料之整理與研究》（台北：臺灣師範大學音樂所碩士論文，1987），pp.259～260。

〔註23〕詳見伊能嘉矩〈講古・演戲及び歌謠〉，《臺灣文化志》第 5 編第 6 章附錄（日本東京：刀江書院，1928 初版，1965.8 複刻本），中卷 p.211。

〔註24〕光緒己卯年是 1879 年，即德宗光緒 5 年。

鏡波（陳鏡波）在《臺灣教育》第 346～347 號發表〈臺灣の歌仔戲の實際考察と地方青年男女に及ぼす影響〉一文。由於筆者目前尚未親見此文，因此採用蔡曼容的摘要。這篇文章敘述 1928 年以來歌仔戲風行的情形，並探討它對社會風氣的影響。文中指出歌仔戲的形成時間不明，認爲歌仔戲是由「雜唸」、「博歌」、「長歌」、「採茶戲」演變而成，歌詞由七字一句或五字一句組成，初期以《陳三五娘》爲主，後來《梁山伯與祝英台》盛行，曾因詞曲淫靡而被禁演過。〔註25〕

由於研究者普遍認爲臺灣歌仔戲的根源之一是臺灣歌仔，因此陳鏡波這篇文章中所指出的「雜唸」、「博歌」、「長歌」應該包含了臺灣說唱「歌仔」，其中「博歌」若以台語發音，或許就是「褒歌」。至於「長歌」，若同於 1921 年片岡巖的介紹，應當就是指長篇的說唱歌仔。

6. 連橫《雅言》:「彈詞」、「盲詞」（1933）

1933 年連橫在《三六九小報》開闢「雅言」專欄，本來他計畫將已發表的文章與未發表的文章合印成單行本，但是直到 1963 年才由臺灣銀行整理成《雅言》一冊發表。〔註26〕

《雅言》第八十則的內容提到臺灣說唱的表演形式與內容:「『孔雀東南飛』爲述事詩，猶今之彈詞也。台南有盲女者，挾一月琴，沿街賣唱；其所唱者，爲『昭君和番』、『英臺留學』、『五娘投荔』，大多男女悲歡離合之事。又有采拾臺灣故事，編爲歌辭者，如『戴萬生』、『陳守娘』及『民主國』，則西洋之史詩也。今之文學家，如能將此盲詞而擴充之，引導思潮、宣通民意，以普及大眾；其於社會之教育，豈偶然哉！」〔註27〕這裡所說的「彈詞」、「盲詞」應該就是臺灣說唱歌仔的一種表演形式。「彈詞」一詞 1936 年也曾經被楊守愚（筆名宮安中）用來指稱由楊清池所演唱的《辛酉一歌詩》。〔註28〕

---

〔註25〕鏡波〈臺灣の歌仔戲の實際考察と地方青年男女に及ぼす影響〉，《臺灣教育》n.346（1931.6），pp.59～63，n.347（1931.7），pp.107～110。轉引自：蔡曼容《臺灣地方音樂文獻資料之整理與研究》（台北：臺灣師範大學音樂所碩士論文，1987），pp.259～260。

〔註26〕參考自：蔡曼容《臺灣地方音樂文獻資料之整理與研究》（台北：臺灣師範大學音樂所碩士論文，1987），pp.303～304。

〔註27〕見連橫《雅言》（台北：臺灣銀行經濟研究室，臺灣文獻叢刊第 166 種，1963.2），p.36。（《連雅堂先生全集：臺灣語典　雅言》，南投：臺灣省文獻委員會，1992.3。）

〔註28〕見楊清池（演唱）、賴和（記錄）、楊守愚（潤稿）《辛酉一歌詩（一）》v1n8（《臺灣新文學》，台中：臺灣新文學社，1936.9.19），p.125。

特別可貴的是，連橫在這裡列舉演唱臺灣歷史事件的「戴萬生」、「陳守娘」及「民主國」等歌名，可見在 1930 年代的臺灣民間，這類歌仔曾經由盲女藝人彈唱過。「戴萬生」或許就是《辛酉一歌詩》，「民主國」也許就是《台省民主歌》，至於「陳守娘」就不知其詳了。

### 7. 東方孝義《臺灣習俗》：「唱本」、「俗歌」（1942）

在高等法院擔任通譯的東方孝義，1942 年將先前發表在刊物上的文章結集成冊，出版《臺灣習俗》，書中有專章介紹臺灣歌謠，分為童謠、民謠、民謠中的勞動歌、民謠中的祝賀歌、民謠中的雜歌、山歌、俗歌、採茶歌、流行歌、南北管、隨唱歌、唱本等，如此看來也不算是有系統的分類，但是類別明顯比 1920、1930 年代左右的學者所舉的還多，可見 1940 年代初期臺灣歌謠應該有著更繽紛多元的變化。

特別值得注意的是，「俗歌」與「唱本」這兩項，所介紹的應該就是「臺灣歌仔」與「歌仔冊」。「俗歌」是指敘述故事的長歌，內容以歷史故事、傳說、愛情故事為主；「唱本」大多由職業藝人演唱，或是由盲人或乞丐在廟口、街上以月琴彈唱，故事多取材自中國，如《金姑看羊》、《孟姜女送寒衣》、《雪梅斷機教子》……等等，有數百種之多；近來也有新式的唱本出現，如《驚妻》、《打妻》、《落陰》、《探哥》……等等，內容多勸世，反映當時社會。〔註29〕

此外，東方孝義將「山歌」又稱為「閑仔歌」、「褒歌」，這一類應和平澤丁東 1917 年所指的「俗謠」相同。

### 8. 稻田尹：（1941〜1943）

稻田尹，畢業於台北帝國大學東洋文學科，後來留校服務，常蒐集臺灣各地的歌謠，並將成果陸續發表在各報章雜誌上。日治時期研究臺灣社會與民俗的人不少，但是專獨注意歌謠的人甚少，稻田尹專攻臺灣歌謠，特別是臺灣民間傳統歌謠，使得日治時期臺灣歌謠的蒐集與研究在他手中達到頂峰。〔註30〕

〔註29〕詳見東方孝義〈唱本〉，《臺灣習俗》（台北：同人研究會，1942（昭和 17）.10），pp.216〜241。有關東方孝義《臺灣習俗》中對於臺灣歌謠的採集成就與用意，請參閱楊麗祝《歌謠與生活──日治時期臺灣的歌謠采集及其時代意義》（台北：稻鄉出版社，2000.8 初版、2003.4 再版），pp.212〜215。

〔註30〕本處有關稻田尹的介紹，引述自：胡紅波〈稻田尹的《臺灣歌謠集》〉，張良澤（主編），《臺灣文學評論》v1n2（台南：真理大學臺灣文學資料館，2001.10.1），pp.213。

（1）〈臺灣の歌謠に就て〉：「歌仔」、「唱本」、「雜謠」（1941）

1941 年，時任職台北帝國大學助手的稻田尹在《臺灣時報》發表〈臺灣の歌謠に就て〉〔註 31〕。由於筆者目前尚未親見此文，因此採用蔡曼容所作的摘要。這是第一篇專門研究臺灣「歌仔」的文章，也是「歌仔」這一名稱首次被記載的臺灣歌謠研究文獻。文中還提到「歌仔」的出版情形，指出早先臺灣所出版的歌謠多是翻印中國的版本；在 1929 年春，臺灣出版了第一本臺灣「歌仔冊」《正派三國歌》，唱本中還加入漢字與日文假名並用的註解；1932 年日本在中國引發「上海事變」，臺灣與中國斷絕往來，臺灣的「歌仔」印刷逐漸興盛，〔註 32〕同年還發行過日文的白話新歌《盡忠報國三勇士》。

王順隆在〈論臺灣「歌仔戲」的語源與臺灣俗曲「歌仔」的關係〉〔註 33〕一文中，也曾引用稻田尹這篇文章中的話：「要簡單的說明臺灣歌謠是很困難的事。它們大致上可分為以下四種：七字一句四句一首，如漢詩七言絕句般的歌謠（也有長短句句數不定的）；七字一句（或是五字一句）連綿不絕的歌謠；長短句錯綜的新流行歌；以及包含以上各種形式的童謠。第一種的歌謠，或稱俗謠，或稱民謠，或稱閑仔歌、山歌、樵歌、牧歌。第二種的民謠，或稱歌仔，或是將之更分為唱本、雜謠者亦有之。童謠則皆稱為童謠，然東方孝義將之細分為搖籃曲、捉螢火蟲歌、少女謠、數數歌、產物歌、逆事歌、雜歌等。」（譯文）王順隆認為稻田尹這段話「明確的說明了『歌仔』的意義，也就是專指我們今天所熟悉的『七字歌仔』、『四句聯』。」

〔註 31〕稻田尹〈臺灣の歌謠に就て〉，《臺灣時報》v25n1（台北：臺灣時報社，1941.1），pp.86～90。轉引自：蔡曼容《臺灣地方音樂文獻資料之整理與研究》（台北：臺灣師範大學音樂所碩士論文，1987），pp.334～335。

〔註 32〕王順隆在〈談臺閩「歌仔冊」的出版概況〉說道：「無論從出版商的數量，或是出版的歌仔冊書目看來，一九三○年代的確可稱為歌仔冊的黃金時期。造成臺灣出版業爭相出版歌仔冊的原因，稻田氏的〈臺灣の歌謠について〉中說道：『これはこの年の正月に上海事件が勃發し、對岸との交通が杜絕したからであると思う。從來上海、廈門で發行された歌謠書の輸入が不可能、臺灣に於いて、自らこれに代るものを要求したのであった。』原來，一九三二年發生『一二八上海事變』之後，國府下令物資禁運臺灣，使得大陸歌仔冊的貨源中斷，才引起臺灣本島的印刷社一窩蜂地投入，以應付市場的需要。」引述自〈談臺閩「歌仔冊」的出版概況〉，《臺灣風物》v43n3（台北：臺灣風物雜誌社，1993.9.30），pp.117～118。

〔註 33〕王順隆〈論臺灣「歌仔戲」的語源語臺灣俗曲「歌仔」的關係〉，《中國藝能通訊》n32。本處引自網路版：http://plaza16.mbn.or.jp/~sunliong/kua-a-chheh.htm，2002.9 下載。

　　王順隆接著說：「更重要的是，在這篇文章發表之前，雖然已經有很多臺灣歌謠的報導和專著，但是都未出現『歌仔』這個稱呼。」從稻田尹才開始有研究者以「歌仔」這一專名來稱呼臺灣說唱，王順隆認為和1932年臺灣第一首創作歌謠〈桃花泣血記〉的誕生有關，他說：

> 1932年之前在臺灣總的來說只有一種民間俗曲存在，如平澤氏所稱的「閑仔歌」；片岡巖所稱的「雜唸」等。在創作歌謠誕生之前，所有的臺灣俗曲因彼此之間的形態特徵不明顯，故無須加以分類，也難以分類，而臺灣民間就以一般名詞的「歌仔」泛指這類的臺灣俗曲。……爾後，臺灣歌謠的研究有了較長足的進步，而且因創作歌謠蔚為風氣，而有必要確實和傳統俗曲區別之後，才由稻田尹發表前述文章，將臺灣歌謠分門別類。

王順隆認為「在1932年創作歌謠發生之前，『歌仔』一詞都還只是一般名詞，直到創作歌謠席捲臺灣之後，『歌仔』一詞才逐漸升格為專有名詞。」從本論文前面所援引「歌仔冊」唱詞中的名稱，確實可見歌仔冊自稱為「歌仔」，約從1932年以後，在臺灣各出版社的歌仔冊中頻繁出現，並日漸取代「歌詩」這一名詞。

　　（2）《臺灣歌謠集》：「相褒歌」、「歌仔簿」（1942～1943）

　　1942年稻田尹挑選發表在雜誌上的文章，並將以改訂，出版《臺灣歌謠集》一書，他在書前的〈自序〉中說這是第一輯，可惜沒有看到他接下去出版第二輯。筆者持有的是影印本，欠缺出版社與出版日期資料。〔註34〕所幸胡紅波〔註35〕在2001年發表的〈稻田尹的《臺灣歌謠集》〉〔註36〕一文中，指出這本書是昭和18年（1943年）4月由台北市「臺灣藝術社發行」。稻田尹在〈自序〉中指出「林清月先生」（怒濤）、「林荊南君」、「林氏對」這三位臺灣人協助他從事臺灣歌謠的研究。

　　《臺灣歌謠集》共分五大項：一、「銃後の歌」，二、「新君舊君の歌」，三、「戒めの歌」（勸戒之歌），四、「情歌」，五、「挽茶相褒歌」。都是七字一句，四句成一組的歌謠，其中「挽茶相褒歌」第一首收錄基隆宋文和所編的

---

〔註34〕感謝逢甲大學中文系陳兆南教授於2003年12月惠借本書影本。
〔註35〕胡紅波為成大中文系教授，筆者就讀成大中文系時，在1991～1992年間還曾經選修過胡老師的「俗文學」，特此記緣。
〔註36〕胡紅波〈稻田尹的《臺灣歌謠集》〉，張良澤（主編），《臺灣文學評論》v1n2（台南：真理大學臺灣文學資料館，2001.10.1），pp.212～216。

「歌仔」《茶園相褒歌》，稻田尹在題目下面註明「《臺灣歌謠書目》28」，筆者猜想就是 1940 年 10 月「台北帝國大學東洋文學所」蒐集的《臺灣歌謠書目》（共 394 種、油印本）。稻田尹在解說中還說這種「歌仔簿」一部貳錢，提供一般民眾生活的安慰。﹝註 37﹞

透過日治時期的臺灣歌謠採集與研究著作，我們可以看到直到 1941 年「歌仔」這一名稱才正式被稻田尹當作臺灣說唱的專有名稱，但是在 1930 年代在臺灣大量出版的「歌冊」就已經大量使用「歌仔」、「唸歌仔」、「唸歌」這些名稱，來取代原先的「歌詩」、「唱歌詩」。藝術本身理當先於藝術研究，也就是說，民間「歌冊」在 1930 年代大量使用「歌仔」、「唸歌仔」、「唸歌」這些名詞來自我定義，到了 1940 年代初期才有研究者以「歌仔」、「唱本」、「歌仔簿」來指稱這種「臺灣說唱」，至此，臺灣說唱的藝術形式一定也發展到了某個成熟顛峰，在質量上都足以拿來與其它的臺灣民間歌謠明顯區別，特色獨具。此時受到新式創作流行歌謠的影響，以及日本政府的皇民化政策，臺灣「歌仔」也走向盛極而衰的命運，稻田尹在〈臺灣の歌謠に就て〉就指出這種歌謠已有消退之現象。

## 四、戰後（1945 年）至今，研究者對「臺灣歌仔」的稱呼與界定

### 1. 黃得時：「歌仔書」、「故事歌謠」、「七字仔」、「雜唸仔」（1947～1952）

二次大戰後，臺灣由中華民國接管，1946 年 6 月在台北成立的「臺灣文化協進會」，在 1946 年 9 月發行機關刊物《臺灣文化》，這是當時水準最高、影響最大、爲時最久的雜誌。﹝註 38﹞ 1947 年 11 月，《臺灣文化》刊出「臺灣文化協進會」在 1947 年 8 月 26 日舉辦〈民謠座談會〉﹝註 39﹞的記錄，黃得時也參與發言：「本來我是住在樹林，我在學生時候都不願意正當的功課，天天都是喜歡看那個歌仔書，甚麼呂蒙正，大舜耕田，劉廷英賣身，其他很多種。可是，都並不是當作歌謠看，是像看小說那樣，目的是在看故事，那時候人家最喜歡的還是七字仔。」「過去的臺灣實在可說是七字仔最盛。」由於

─────────

﹝註 37﹞ 詳見稻田尹《臺灣歌謠集》（台北市：臺灣藝術社，1943 年（昭和 18 年）4 月），PP.47～48。

﹝註 38﹞ 詳見秦賢次〈「臺灣文化」覆刻說明〉，《臺灣文化（覆刻本）》第一冊（台北：傳文文化事業公司，未載明日期與頁次）。

﹝註 39﹞ 臺灣文化協進會〈民謠座談會〉，《臺灣文化》v2n8（台北：臺灣文化協進會，1947.11），pp.12～13。

這是華文翻譯的記錄，「歌仔書」一詞或許黃得時當時是說「歌仔冊」，此外黃得時說「七字仔」是日治時期臺灣最興盛的歌謠。

黃得時在 1949 年 10 月發表〈關於臺灣歌謠的搜集〉〔註40〕一文，有系統的簡介自清朝以來的臺灣歌謠搜集成果，其中臺灣說唱最有關係的，就是他將英國牛津大學 Bodleian Library（鮑德林圖書館）東方圖書館的「Alexender Wylie」（偉力文庫）所收藏的「臺灣歌謠文獻」拿來與臺灣國立中央圖書館 臺灣分館收藏的《臺灣俗曲集》加以比對篇名。此時，他仍以「歌謠」來稱呼這些「歌仔冊」；在這篇文章中，他還對 1936 年李獻璋編著的《臺灣民間文學集》發表評論，他認為李獻璋對臺灣民間文學的認識非常正確，可惜李獻璋所搜集的只限於「民歌」、「童謠」及「謎語」，沒有收錄「故事歌謠」，接著黃得時舉出 1936 年的雜誌《臺灣新文學》刊出的臺灣說唱唱詞《辛酉一歌詩》為例。因此，黃得時的「故事歌謠」就是臺灣說唱「歌仔」中的長篇敘事歌。

1952 年黃得時又發表〈臺灣歌謠之形態〉〔註41〕，將臺灣歌謠的形態分為（一）構造、（二）體製兩方面來敘述。臺灣歌謠的構造又分成七項：1.語音，2.文字，3.字數，4.句數，5.押韻，6.平仄。臺灣歌謠的體製則有「七字仔」（又分 8 種調）和「雜唸仔」（舉 6 種調說明）兩種。「七字仔」是臺灣歌仔最常使用的形態與曲牌，少數的臺灣說唱也有採用「雜唸仔」。

2. 王育德：「歌仔冊」（1960～1964）

賴建銘 1958 年在《台南文化》發表〈清代臺灣歌謠〉〔註42〕一文，刊出他所收藏的六首與臺灣有關的清代「歌冊」文字，並加以導讀與註解。他在前言中說：「筆者所藏之『歌冊』現尚存十二種，計有道光年間刊刻之『新刊臺灣朱一貴歌』、『新刊臺灣陳辦歌』……，至光緒間有『台省民主歌』等。」

---

〔註40〕黃得時〈關於臺灣歌謠的搜集〉，《臺灣文化》v6n3.4（台北：臺灣文化協進會，1949.10.1），pp.21～33。

〔註41〕黃得時，〈臺灣歌謠之形態〉，《文獻專刊》v3n1（台北：臺灣省文獻委員會，1952.5.27），pp.1～17。（台北：成文出版社 1983 影印本）

〔註42〕（1）賴建銘〈清代臺灣歌謠（上）〉，《台南文化（舊刊）》v6n1（台南：台南市文獻委員會，1958.8.31），pp.66～71。（2）賴建銘〈清代臺灣歌謠（中）〉，《台南文化（舊刊）》v6n4（台南：台南市文獻委員會，1959.10.1），pp.87～89。（3）賴建銘〈清代臺灣歌謠（下）〉，《台南文化（舊刊）》v7n1（台南：台南市文獻委員會，1960.9.30），pp.85～92。（台北：成文出版社 1983 影印本）

〔註43〕王育德在〈談歌仔冊（Ⅱ）〉一文中，對賴建銘這篇文章有所引述與討論。〔註44〕

因爲中華民國政府的政治迫害，1949 年王育德從臺灣逃亡日本，後來並成爲「台獨聯盟」的創辦人，他於 1960 年 4 月到 1964 年 1 月間，在日本的《臺灣青年》發表「臺灣話講座」，其中第 17 到 20 講以「歌仔冊」爲主題，1992 年黃國彥才將此翻成華文，輯成《臺灣話講座》一書，交由台北的自立晚報社文化出版部出版，臺灣研究「歌仔冊」的學者到1990 年代起才開始引用王育德的看法。此書後來收入 2000 年台北的前衛出版社出版「王育德全集」中。〔註 45〕王育德是第一位將「歌仔冊」定位爲「臺灣人的文化遺產」的學者，並從臺灣史、臺灣語言、臺灣文化等角度來探討「歌仔冊」。

王育德說他手邊的「歌仔冊」，最古老的是 1925 年印行的，1931～1937年之間印行的佔絕大多數，1937 年以後的「歌仔冊」一本也沒有。因此，他對「歌仔冊」的講法，也反映了 1930 年代臺灣「歌仔冊」的諸多面相。〔註 46〕王育德指出：「歌仔，通常指以七言或五言的形式，共有三百句到四百句相連而成的韻文而言。……這三、四百句收錄於四張八頁左右薄薄的小冊子內，就是歌仔冊。一冊兩分錢，十分錢可以買六冊。先兄〔註 47〕有蒐集歌仔冊的嗜好，筆者也被傳染，猶記得以前兩人競相蒐新求異。」〔註 48〕王育德文中的「先兄」指的就是 1947 年死於臺灣的「二二八大屠殺」的王育霖，因此他收藏的「歌仔冊」應該是購自 1947 年以前的臺灣。

〔註43〕賴建銘〈清代臺灣歌謠（上）〉，《台南文化（舊刊）》v6n1（台南：台南市文獻委員會，1958.8.31），p.66。

〔註44〕詳見王育德〈談歌仔冊（Ⅱ）〉，《王育德全集 3：臺灣話講座（華文譯版）》第18 講（台北：前衛出版社，2000.4），pp.196～197。

〔註45〕王育德〈談歌仔冊（Ⅰ）（Ⅱ）（Ⅲ）（補講）〉，《王育德全集 3：臺灣話講座（華文譯版）》第 17～20 講（台北：前衛出版社，2000.4），pp.179～223。

〔註46〕王育德〈談歌仔冊（Ⅱ）〉，《王育德全集 3：臺灣話講座（華文譯版）》第 18講（台北：前衛出版社，2000.4），p.200。

〔註47〕王育霖，1919 年生，日本東京帝國大學法科畢業，是日治時期第一位臺灣人出身的檢察官，1946 年從日本返台，擔任新竹地方法院裁判所的檢察官，後改任建國中學教員，1947 年 3 月 14 日在台北被國民政府的便衣逮捕，一去不回。詳見阮美姝《幽暗角落的泣聲》（台北：前衛出版社，1992.8 增訂版），pp.209～224。

〔註48〕王育德〈談歌仔冊（Ⅰ）〉，《王育德全集 3：臺灣話講座（華文譯版）》第 17講（台北：前衛出版社，2000.4），p.185。

關於 1930 年代臺灣「歌仔冊」暢銷的情形，可從王育德下面這段引述得之：「台中市瑞成書局發行的歌仔冊，封底有下面一段話：『本局創業以來，已歷二十餘星霜。最近幾年來編輯最新流行的各種歌冊數百種，無不適應社會需求。承蒙各界購閱及海內外同業熱心提攜，鼎力推銷，故營業發達大有一日千里之勢，然飲水思源，皆我同胞所賜……。』由此可見歌仔冊有著極大的需要。」〔註49〕

關於臺灣「歌仔冊」書寫文字的轉變，王育德也有以下創見：「把清代的歌仔冊、上海出版的歌仔冊拿來跟臺灣的歌仔冊比較，就會發現前兩者漢字的用法很保守，對表音化不夠大膽。臺灣的歌仔冊何以如此勇氣可嘉，我們當然可以想像：那是受到有表音文字——假名——的日語的啓發。」〔註50〕綜觀王育德的〈談歌仔冊〉，由於他獨特的身世，與對臺灣命運與前途的關注，加上他本身對臺灣歷史與語言的長期研究，因此，他對「歌仔冊」有著獨到與犀利的見解。

**3.吳瀛濤：**（1958～1975）

（1）《臺灣省通志稿》：「歌仔」、「歌仔調」、「乞丐歌」、「走唱」（1958）

吳瀛濤在 1958 年完成《臺灣省通志稿・卷六・學藝志・藝術篇，第三章音樂》的纂修工作，第二節國樂第 7 項名爲「俗謠」，他說：「俗謠，即爲民謠。」「俗謠，本爲工作無聊單唱之，繼而成爲雙人唱和的相褒、相嘲之類。再而，又有採用俗謠於歌戲者即俗謠歌戲團之類。」接著他將俗謠分成五種：（1）採茶歌、山歌，（2）車鼓，（3）駛犁歌，（4）打鐵廠仔歌、阿祿仔歌，（5）歌仔。〔註51〕

吳瀛濤對「歌仔」一項的說法爲：「或稱歌仔調，發祥於北部，而後採用歌仔的歌仔戲則普遍流行於全島各地，成爲今日臺灣最代表的戲劇。其歌詞傳誦民間。歌詞，用每首四句每句七字者叫七字仔，字句長短不定者叫雜唸仔。情歌，故事歌多用七字仔，其他則用雜唸仔。」接著他分述歌仔幾種「歌

〔註49〕王育德〈談歌仔冊（Ⅱ）〉，《王育德全集 3：臺灣話講座（華文譯版）》第 18 講（台北：前衛出版社，2000.4），p.199。

〔註50〕王育德〈談歌仔冊（Ⅲ）〉，《王育德全集 3：臺灣話講座（華文譯版）》第 19 講（台北：前衛出版社，2000.4），p.210。

〔註51〕吳瀛濤〈俗謠〉，《臺灣省通志稿・卷六・學藝志・藝術篇》第三章第二節 7.（台北：臺灣省文獻委員會，1958.6），pp.120～123。（台北：成文出版社 1983 影印本第 35 冊）

調」名稱，又說「歌仔，富於地方色彩，臺灣情調最爲濃厚，極適合聽眾的胃口。」這裡對「歌仔」的解釋，與現在大家認定的臺灣說唱「歌仔」大致無差。

　　此外，在第二節國樂第 9 項名爲「雜曲」〔註52〕，又細分爲四種：（1）打筒孔，（2）走唱，（3）酒拳歌，（4）流行歌曲。他的解說如下：「打筒孔或稱打響鼓，即乞丐的歌，一面打竹筒，一面唱姜女賞花、郭子儀、三藏取經、拋繡球、買魁生、三伯採茶等歌。」「走唱或稱唱曲，由瞎子，彈月琴或拉大管絃，按戶賣唱。」吳瀛濤這裡所說的乞丐與盲人走唱，就是臺灣說唱最原始的商業化藝人及演出形態，但是他卻將此列爲「雜曲」，或許是這兩種藝人所表演的內容不只是「歌仔」，只要有錢可賺，顧客愛聽的歌他們多少都會唱吧。

　　（2）《臺灣諺語》：「歌仔」、「七字歌」、「閑仔歌」、「相褒」、「挽茶歌」、「山歌」、「唸歌仔」、「歌仔簿」（1975）

　　吳瀛濤在 1975 年出版《臺灣諺語》一書，在〈歌謠〉〔註53〕這一大類中，對「歌仔」有更詳細的介紹，他將「歌仔」再分爲六小類：中國歷史故事類、臺灣歷史故事歌、勸世類、情歌、相褒歌、雜類。並說道：「歌仔：本省在來的民謠，俗稱『歌仔』，係每句七個字，四句爲一聯的『七字歌』，因唱爲消遣，也稱『閑仔歌』，即含有空閑時歌唱之意。歌仔，最簡單的是四句聯起來，成爲獨立的一首歌；另外，較長的，即有編唱故事的，即以幾十首、幾百首連在一起的長歌，以及男女對唱的『相褒』（互以對唱之意）。」「又，採茶的男女唱的，叫『挽茶歌』，因在山裡茶園唱，也稱『山歌』，是歌唱挽茶的情歌爲主。」〔註54〕吳瀛濤在這裡採取的是廣義的「歌仔」，他所討論的內容，正好與坊間的「歌仔冊」內容相吻合。

　　關於「歌仔簿」、「歌仔先」、「唸歌仔」，吳瀛濤說道：「有專門賣唱的『歌仔先』（唱歌先生），往昔常規在市集街頭巷尾『唸歌仔』，鄉間的男女老幼也

---

〔註52〕吳瀛濤〈雜曲〉，《臺灣省通志稿·卷六·學藝志·藝術篇》第三章第二節 9.（台北：臺灣省文獻委員會，1958.6），pp.123～124。（台北：成文出版社 1983影印本第 35 冊）

〔註53〕吳瀛濤〈歌謠〉（《臺灣諺語》，台北：臺灣英文出版社，1975.2 初版，1988.4八版），pp.349～444。

〔註54〕引自吳瀛濤《臺灣諺語》（台北：臺灣英文出版社，1975.2 初版，1988.4 八版），p.351。

都以『聽唸歌仔』為唯一的消遣。」「『歌仔先』自編自唱，而於唱唸的一邊，同時推銷他自己所印的『歌仔簿』。歌仔簿（歌詞集）是每本薄薄的，只不過六頁八頁的小冊子，但攜帶輕便，人人一手一本，一邊聽著『歌仔先』唱唸，對於三四十年前尚多文盲的鄉下人來說，不無助其『聽歌識字』，也大可增加見聞，何樂而不為。」〔註55〕

從 1958 年到 1975 年，吳瀛濤對「歌仔」的定義大致與今日認知相同，同時，1975 年所舉出的「歌仔」內容比 1958 年還詳細。臧汀生 1980 年出版的《臺灣閩南語歌謠研究》也採用吳瀛濤許多的論點。〔註56〕直到今日，大家對臺灣說唱所持的名稱，大致與吳瀛濤的說法相同。

### 4. 臧汀生《臺灣閩南語歌謠研究》：「歌仔簿」、「歌仔先」（1979、1989）

臧汀生在 1979 年完成碩士論文《臺灣民間歌謠研究》〔註57〕，該書後來由臺灣商務印書館出版，更名為《臺灣閩南語歌謠研究》〔註58〕，該書共分五章：〈緒論〉、〈漢人移民臺灣史〉、〈臺灣歌謠簡史〉、〈論功用〉、〈論結構〉，書中引用大量「歌仔冊」文字加以討論，尤其是第四章〈論功用〉的第二節〈商業功用〉，臧汀生在此參考吳瀛濤在 1975 年在《臺灣諺語》一書中對臺灣「歌謠」與「歌仔」的看法〔註59〕，論述「歌仔簿」的商業作用，並指出「歌仔簿雖是因商業目的而產生，然其主要功能卻是在教育方面。」〔註60〕他舉出的論證如下：

> 「歌仔簿」在臺灣歌謠地位上非常特殊，雖然從事印行散布的書商
> 和彈唱者，是將它當做商業上獲利或謀生工具，但是，
> 甲、由教化歌數量偏多以及歌者開場白看來，無疑地他們隱隱約約

〔註55〕引自吳瀛濤《臺灣諺語》（台北：臺灣英文出版社，1975.2 初版，1988.4 八版），p.351。

〔註56〕詳見：（1）臧汀生《臺灣民間歌謠研究》（台北：政治大學中文研究所碩士論文，1979.5）。（2）臧汀生《臺灣閩南語歌謠研究》（台北：臺灣商務印書館，1980.5）。（3）臧汀生《臺灣閩南語民間歌謠新探》（台北：政治大學中文研究所博士論文，1989.6）。

〔註57〕臧汀生《臺灣民間歌謠研究》（台北：政治大學中文研究所碩士論文，1979.5）。

〔註58〕臧汀生《臺灣閩南語歌謠研究》（台北：臺灣商務印書館，1980.5）。

〔註59〕吳瀛濤〈歌謠〉，《臺灣諺語》（台北：臺灣英文出版社，1975.2 初版，1988.4 八版），pp.349～444。

〔註60〕詳見臧汀生《臺灣閩南語歌謠研究》（台北：臺灣商務印書館，1980.5），pp.60～63。

是以傳道者自居。

乙、雖然歌仔簿所用文字甚多以音爲主的錯別字及俗字，大體上仍可藉以補救當時識字教育之不足。

丙、歷史故事歌謠所載故事雖多稗官野史之流，畢竟皆爲故國人事，無形中擔負起灌輸在台同胞強烈民族意識的重責大任，抵消日本統治者之奴化教育企圖。

丁、「歌仔簿」本係「歌仔先」個人創作之歌詞，然而若「歌仔先」演唱精彩，歌仔簿流行普遍，遂成爲一般民謠。如「安童歌買菜」即是。

在碩士論文的基礎上，1989 年臧汀生完成博士論文《臺灣閩南語民間歌謠新探》〔註61〕，該書共分九章：〈漢人移民臺灣簡史〉、〈臺灣民間歌謠之新貌 —— 近代流行歌曲〉、〈臺灣民間歌謠之運用 —— 歌仔戲〉、〈臺灣民間歌謠之功用〉、〈臺灣民間歌謠之結構〉、〈傳統文字記錄之討論〉、〈台語文字化之討論〉、〈結論〉，其中第一章〈漢人移民臺灣簡史〉、第五章〈臺灣民間歌謠之功用也引用〉、第六章〈臺灣民間歌謠之結構〉、第七章〈傳統文字記錄之討論〉、第八章〈台語文字化之討論〉這些章節引用大量「歌仔冊」的文字加以論證，雖是以「臺灣閩南語歌謠」爲研究主體，卻是繼王育德之後，有系統的研究「歌仔冊」的內容、功用、語言文字的著作。因此，後來研究「歌仔冊」的學者時常引用與參考臧汀生此一系列著作。

5. 陳兆南〈臺灣歌仔綜錄〉：「臺灣歌仔」、「歌冊」（1983、1994）

1983 年，陳兆南發表〈閩台「歌冊」目錄略稿 —— 敘事篇〉〔註62〕，指出：「『歌冊』乃是清代以降閩、台間講唱文學作品現諸文字記錄的歌本。」「其流行實不晚於道光間」。「『歌冊』之發售對象，亦不外在台漳、泉語系之居民耳。」並指出「歌冊」的內容有「敘事性」與「歌詠性」兩大類。〔註63〕這篇論文只介紹敘事類歌冊，陳兆南整合幾位私人藏書家與公家收藏的「歌仔冊」書目，考據其存佚，以便於研究者參考，其中傳統故事有 91 種、近代故

〔註61〕臧汀生《臺灣閩南語民間歌謠新探》（台北：政治大學中文研究所博士論文，1989.6）。

〔註62〕陳兆南〈閩台「歌冊」目錄略稿 —— 敘事篇〉，《臺灣史蹟源流研究論文選輯》，pp.21～72（臺灣史蹟源流研究會72年會友年會/編印，1983）。

〔註63〕見陳兆南〈閩台「歌冊」目錄略稿 —— 敘事篇〉，《臺灣史蹟源流研究論文選輯》，p.23（臺灣史蹟源流研究會72年會友年會/編印，1983）。

事有 186 種。

陳兆南在 1994 年又發表〈臺灣歌仔綜錄〉〔註64〕，是一篇通論「歌仔冊」的重要論文。該文分為兩部分，一是「序說」，一是「綜錄表」。「序說」包含六單元：「定義——臺灣歌仔與歌仔冊」、「歌冊的性質」、「臺灣歌冊所呈現的發展沿革」、「歌冊的版本與裝幀」、「歌冊的綜合發展」、「歌冊《綜錄》的編製動機」。有系統且多角度的討論「歌仔冊」，對入門者是很好的指南。

陳兆南將「臺灣歌仔」分為三期：第一期為明、清之際台島開發出至日據前（？～1899），第二期為日本據台至光復的日據時期（1989～1945），第三期為臺灣光復後之八十年代。在論述第二期時，他指出：

> 因為日軍在上海發動「一二八上海事件」（1932 A.D.），……本土書
> 商……為滿足市場需求，競相出版新、舊歌冊，……歌冊除了使用新
> 式鉛排的特徵外，仍可觀察到四項新改變：一是舊歌冊的改編，二是
> 新歌冊的創作，三是歌冊頁數的規律，四是題材的多元性。〔註65〕

這篇論文特別突顯臺灣「歌仔冊」與中國「歌仔冊」的不同，並析論臺灣「歌仔冊」的創新與成就。在「歌冊《綜錄》的編製動機」中，陳兆南介紹了國內外蒐藏「歌仔冊」較多的公、私收藏者，共十八家，為有志從事「歌仔冊」研究的人提出很好的尋寶圖。並指出正因為「歌仔冊」散見國內外，研究者找資料顯得格外辛苦，因此才會做此書目綜錄，以嘉惠研究者。1993 年 10 月陳兆南曾將自己編的《臺灣歌冊綜錄》印成冊，但沒有出版，在 2003 年 12 月陳兆南曾告訴筆者：他計畫在近期內出版《臺灣歌冊綜錄》增訂版。

### 6. 薛汕《捫曲九種概說》：「臺灣的彈詞叫作歌仔冊。」（1985）

中國學者薛汕在 1985 年出版《書曲散記》〔註66〕一書，該書中有一單元為《捫曲九種概說》，其中有〈九、臺灣歌仔冊〉（寫於 1980.9.6）、〈臺灣歌仔冊敘錄〉（寫於 1982.10.20）〔註67〕。〈臺灣歌仔冊〉是一篇簡介臺灣歌仔冊的入門文章，文中說明臺灣歌仔的來源與變遷，並將臺灣歌仔冊的內容分為六類，分析臺灣歌仔冊的表現方法，討論歌仔冊的語言形式以及歌仔冊的作者。薛汕

---

〔註64〕陳兆南〈臺灣歌仔綜錄〉，《逢甲中文學報》n2（台中：逢甲大學中國文學系，1994.4），pp.43～66。

〔註65〕引自陳兆南，〈臺灣歌仔綜錄〉，《逢甲中文學報》n2（台中：逢甲大學中國文學系，1994.4），p.45。

〔註66〕薛汕《書曲散記》（北京市：書目文獻出版社，1985）。

〔註67〕見薛汕《書曲散記》（北京市：書目文獻出版社，1985，pp.131～163）。

在〈臺灣歌仔冊〉中指出：「臺灣的彈詞叫作歌仔冊。」〔註68〕並數次誇讚臺灣歌仔冊「已是臺灣人民用自己獨到的語言創造出來的藝術曲種了。」〔註69〕接著在〈臺灣歌仔冊敍錄〉中，薛汕介紹他收集到的47種臺灣歌仔冊，其中瑞成書局出版的有1種，捷發書店出版的有5種，竹林書局出版的41種。每一種歌仔冊都說明其本數、字數、出版資料，其中若為「臺灣各地特有」的歌仔冊，則詳細介紹其內容。

由於1987年7月臺灣才解除戒嚴，同年11月才開放「大陸探親」的申請，因此薛汕在1985年以前對臺灣歌仔冊的論述，當時臺灣學者無從得知，1990年代以後才為臺灣學者所引用。

### 7.張炫文《臺灣的說唱音樂》：「臺灣唸歌」「臺灣歌仔」「臺灣歌仔」「也就是今天的臺灣民間說唱音樂」。〔註70〕（1986.6）

張炫文在1986年出版的《臺灣的說唱音樂》〔註71〕是第一本也是唯一以「臺灣說唱」為名的專書。張炫文在這本書中對臺灣說唱的解釋為：

> 說唱音樂，臺灣民間都叫做「唸歌」。所謂「唸」，自然是接近語言聲調的，也就是相當於「說唱」的「說」；而所謂「歌」，自然是包含較多「唱」的成分。「唸歌」其實就是「半說半唱」、「說中帶唱，唱中帶說」或「似說似唱」的說唱音樂，只是名稱不同而已。〔註72〕

張炫文是第一位以「臺灣歌仔」〔註73〕、「臺灣唸歌」此一專有名詞，來指稱臺灣Holo語系的說唱曲藝，這一名稱被延用至今。

### 8. 陳健銘〈閩台歌冊綜橫談〉：「歌冊」、「歌仔簿」（1988）

著重田野調查，並在文獻蒐藏的基礎上，對「歌仔冊」進行整體介紹的

---

〔註68〕見薛汕《書曲散記》（北京市：書目文獻出版社，1985，p.131）。

〔註69〕見薛汕《書曲散記》（北京市：書目文獻出版社，1985，pp.135、133～134、131）。

〔註70〕見張炫文《臺灣的說唱音樂》（台中：臺灣省教育廳交響樂團，1986.6），p.2。

〔註71〕張炫文《臺灣的說唱音樂》（台中：臺灣省教育廳交響樂團，1986.6），一本書加兩卷錄音帶。

〔註72〕見張炫文《臺灣的說唱音樂》（台中：臺灣省教育廳交響樂團，1986.6），p.1，

〔註73〕張炫文：「這些閩南的說唱音樂傳入臺灣後，結合了臺灣的風土民情及臺灣民間歌謠，發展成具有濃厚臺灣地方色彩的『臺灣歌仔』，也就是今天的臺灣民間說唱音樂。」見張炫文《臺灣的說唱音樂》（台中：臺灣省教育廳交響樂團，1986.6），p.2。

是 1988 年陳健銘的〈閩台歌冊綜橫談〉〔註74〕，這篇文章的開頭指出「歌仔冊」在臺灣民間的銷售與流形情行，深具價值：

> 過去臺灣各地城鎮農村，每逢迎神賽會，都可以在趕集的熱鬧人潮
> 中，以極低廉的代價向路邊賣書的攤販買幾本你喜愛的俗曲唱本。
> 別瞧這種紙張粗劣、印刷裝訂差、售價低廉，人們習稱為「歌冊」
> 或「歌仔簿」的小唱本，……但因其詞句通俗押韻，易學好唱而廣
> 受市井引車賣漿的百姓歡迎。

在這篇文章中，陳健銘將他所收藏的「歌仔冊」與其他版本做比較，討論同一主題「歌仔冊」的版本問題，還論及歌仔抄錄者與編者對「歌仔冊」的態度，指出臺灣創作的「歌仔冊」的作者大多可考，而早期中國的「歌仔冊」作者則多隱姓埋名，這篇文章特別是列舉出 21 位臺灣「歌仔冊」的創作者、編歌者，並盡可能介紹其生平與代表作品，對「歌仔冊」作者的重視，嘉惠後來的研究者。

### 9. 曾子良《臺灣閩南語說唱文學「歌仔」之研究及閩台歌仔敘錄與存目》：「歌仔」、「歌仔冊」（1990）

1990 年第一本有系統且深入的探討臺灣閩南語「歌仔冊」的專書由曾子良完成，他的博士論文《臺灣閩南語說唱文學「歌仔」之研究及閩台歌仔敘錄與存目》〔註75〕由鄭騫、曾永義共同指導，書分上、下兩篇，上篇是〈臺灣閩南臺灣閩南語說唱文學「歌仔」之研究〉、下篇是〈閩台歌仔敘錄與存目〉，上篇共分十章，包含「歌仔」的形成與演變、資料（書面資料、錄音資料、田野調查）、內容分類、反映的思想、藝術特色、音樂形式、傳播者及現況、價值等，涵蓋面十分廣闊。曾子良對「歌仔」的定義有廣、狹之別：

> 在臺灣的閩南語說唱文學就是「歌仔」，但「歌仔」一名，有廣義和
> 狹義之分，廣義的歌仔是指閩台歌仔簿所收的所有閩南語通俗音樂
> 文學，它包含了大量的閩南語民歌、小調和雜歌，以及做為曲藝基
> 礎的「歌仔」；狹義的「歌仔」是指有說有唱，做為曲藝基礎的敘述
> 性「唱本」，……這類有說有唱，演述故事的「歌仔」，保存了中原

---

〔註74〕陳健銘〈閩台歌冊綜橫談〉，《民俗曲藝》n52（台北：財團法人施合鄭民俗文
　　　化基金會，1988.3），pp.109～121。（後來收在：陳健銘，《野台鑼鼓》，台北：
　　　稻鄉出版社，1989 初版，1995 再版。）
〔註75〕曾子良《臺灣閩南語說唱文學「歌仔」之研究及閩台歌仔敘錄與存目》（台北：
　　　東吳大學中文所博士論文，1990.6）。

說唱文學的原貌。〔註76〕

曾子良在此將「歌仔冊」的內容依民間故事脈絡，分為十類：1.改編中國傳統小說戲曲類，2.改編中國歷史與民間故事類，3.改編臺灣歷史與民間故事類，4.改編當時該地社會新聞類，5.勸善教化類，6.褒歌，7.趣味歌，8.敘情歌類，9.常識類，10.其他、未詳類別者。〔註77〕對臺灣閩南語「歌仔冊」所反映的思想，曾子良提出四點：拓墾精神、民族意識、處世態度、宗教思想。以上論點，與1988年曾子良發表的〈臺灣閩南語說唱文學 —— 歌仔的內容及其反映之思想〉〔註78〕一文，大同小異。

曾子良指出臺灣閩南語「歌仔冊」價值有五：1.文學上的價值，2.民族音樂學上的價值，3.語言學上的價值，4.社會、宗教、禮俗上的價值，5.史料上的價值。〔註79〕在下篇〈閩台歌仔敘錄與存目〉，本處所指「歌仔」採用其廣義，將「歌仔」分文十類，再依編號、歌名、異稱、作者、著錄情形、收藏情形、有聲資料、內容等逐次敘述，為後來的「歌仔冊」研究者提供了很好的索引地圖，1995年曾子良還完成468種的「閩南說唱歌仔（唸歌）資料蒐集計畫成果報告」交由行政院文建會收藏。曾子良的博士論文成為「歌仔冊」研究者必看的著作，後來的研究者不斷引用他的諸多論點。

10. 王順隆：1932年以後，「歌仔」一詞才逐漸升格為專有名詞。（1992、1993、1998）

1992年3月王順隆完成日本國立筑波大學學士論文《閩南語「歌仔冊」所使用的台語漢字及詞彙》〔註80〕。1993年發表〈談臺閩「歌仔冊」的出版概況〉〔註81〕，依出版時間與地點，先後論述臺閩「歌仔冊」的出版概況，可視為「歌仔冊」出版簡史。同時，透過出版史的論述，也可以看出「歌仔

〔註76〕 詳見曾子良《臺灣閩南語說唱文學「歌仔」之研究及閩台歌仔敘錄與存目》（台北：東吳大學中文所博士論文，1990.6），p.3。

〔註77〕 詳見曾子良《臺灣閩南語說唱文學「歌仔」之研究及閩台歌仔敘錄與存目》（台北：東吳大學中文所博士論文，1990.6），pp.33～34。

〔註78〕 曾子良〈臺灣閩南語說唱文學 —— 歌仔的內容及其反映之思想〉，《民俗曲藝》n54（台北：財團法人施合鄭民俗文化基金會，1988.7），pp.57～77。

〔註79〕 詳見曾子良《臺灣閩南語說唱文學「歌仔」之研究及閩台歌仔敘錄與存目》（台北：東吳大學中文所博士論文，1990.6），pp.93～96。

〔註80〕 王順隆《閩南語「歌仔冊」所使用的台語漢字及詞彙》（日本國立筑波大學第一學群 人文學類 中國語學學士，1992.3）。

〔註81〕 王順隆〈談臺閩「歌仔冊」的出版概況〉，《臺灣風物》v43n3（台北：臺灣風物雜誌社，1993.9.30），pp.109～131。

冊」的演變歷史，對研究「歌仔冊」的入門者，助力甚大。在這篇論文中，王順隆對「歌仔冊」的起源有以下發現：

> 歌仔冊究竟起源於何時，已無法可考，惟就現今所存最早的歌仔冊來判斷，可確定不會晚於清道光年間（1821～1850）；國立中央圖書館臺北分館也藏有一本道光七年（1827）刻印的《初刻花會新歌》，而英國牛津 bodleian 圖書館中更藏有道光六年（1826）刊行的《新傳臺灣娘仔歌》、及《繡像王抄娘新歌》。〔註82〕

1998 年王順隆又發表〈論臺灣「歌仔戲」的語源與臺灣俗曲「歌仔」的關係〉〔註83〕，王順隆先從詞彙學的角度分析「歌仔」這個語詞，又透過對日治時期研究文獻的分析，王順隆指出：

> 臺灣舊有的民間歌謠一直都是以傳統的曲調、旋律配上新歌詞。亦即，1932 年之前在臺灣總的來說只有一種民間俗曲存在，如平澤氏所稱的「閑仔歌」；片岡巖所稱的「雜唸」等。在創作歌謠誕生之前，所有的臺灣俗曲因彼此之間的形態特徵不明顯，故無須加以分類，也難以分類，而臺灣民間就以一般名詞的「歌仔」泛指這類的臺灣俗曲。
>
> 在 1932 年創作歌謠發生之前，「歌仔」一詞都還只是一般名詞，直到創作歌謠席捲臺灣之後，「歌仔」一詞才逐漸升格為專有名詞。

王順隆在指出「歌仔」從一般名詞演變為專有名詞的時間，在 1930 年代，對於「歌仔」一詞的演變歷史，提出獨到的見解。

在 1988 年 12 月，王順隆與 中研院計算中心技術合作的「閩南語俗曲唱本「歌仔冊」全文資料庫」〔註84〕上線，對「歌仔冊」的數位化與傳播貢獻良多。

### 11. 藍雪霏《閩台閩南語民歌研究》:「臺灣歌子」（2003）。

中國學者藍雪霏在 2003 年出版《閩台閩南語民歌研究》〔註85〕一書，書

〔註82〕引自王順隆〈談臺閩「歌仔冊」的出版概況〉，《臺灣風物》v43n3（台北：臺灣風物雜誌社，1993.9.30），p.113。

〔註83〕王順隆〈論臺灣「歌仔戲」的語源與臺灣俗曲「歌仔」的關係〉，日本：《文教大學文學部紀要》n11～2（日本：文教大學文學部），1998.2。（http://www32.ocn.ne.jp/~sunliong/，2004.10.27 參考）

〔註84〕網址：（www32.ocn.ne.jp/~sunliong/，參考日期：2004.10.27。

〔註85〕藍雪霏《閩台閩南語民歌研究》（中國福州：福建人民出版社，2003）。

中第二章爲〈臺灣福佬系民歌研究〉，在該章的第一節〈臺灣福佬系民歌的發展軌迹〉中，藍雪霏採用「臺灣歌子」一詞來指稱「臺灣歌仔」，〔註86〕並從「承襲」、「衍化」、「變異」三個方向來探討臺灣歌仔的發展軌迹，藍雪霏指出：

> 臺灣「歌子」在演唱者、演唱方式、演唱目的、樂器以及某些曲牌上，應是承襲了漳州歌子較爲原始的部分。〔註87〕

> （臺灣）歌子的衍化主要表現在歌唱內容的本土化與賣唱形式的擴大化。〔註88〕

由於藍雪霏指出「臺灣歌子」源自於漳州歌子，以下簡述她對漳州歌子的研究：「在漳州，半唸半唱曰『唸歌』，民間之詠唱多屬於類。去掉『唸』的成分，加強抒吟性，遂成了『歌子』。」〔註89〕「歌子是產生於漳州一帶的鄉土歌種」，「歌子主要來自當地的『唸歌子』，宗教民俗中的牽尪姨、抵嘴古，來自南方採茶燈，尤其來自『北方』的時調小曲、也來自泉州南曲。」〔註90〕藍雪霏在此將「唸歌子」與「歌子」加以區隔，認爲「歌子」源自於「唸歌子」。在藍雪霏之前的研究者，沒有人像她將「唸歌子」與「歌子」兩者的關係說得如此清楚。

不過，關於「唸歌」，藍雪霏指出「半唸半唱」是它的特色，但是，藍雪霏卻又指出：「里巷間的『唸歌子』乃生活中自由的訴唱。」「里巷間的『唸歌子』均爲徒歌，是不披管弦的，而盲藝人或流浪藝人，早期的樂器也只是一支『月琴子』。」〔註91〕筆者認爲藍雪霏意謂：起先「唸歌子」只是「徒歌」，後來變成「半唸半唱」，並開始加上樂器伴奏，最後，「去掉『唸』的成分」，質變爲「用『唱』的歌謠」〔註92〕，稱爲「歌子」。因此，藍雪霏認爲「歌子」與「唸歌子」應有所區別。

---

〔註86〕藍雪霏不贊成將「歌子」寫成「歌仔」，她認爲應寫做「歌子」才對。詳見藍雪霏《閩台閩南語民歌研究》第一章第三節〈閩南歌子專論〉（中國福州：福建人民出版社，2003），p.104。

〔註87〕見藍雪霏《閩台閩南語民歌研究》（中國福州：福建人民出版社，2003），p.208。

〔註88〕見藍雪霏《閩台閩南語民歌研究》（中國福州：福建人民出版社，2003），p.225。

〔註89〕見藍雪霏《閩台閩南語民歌研究》（中國福州：福建人民出版社，2003），p.207。

〔註90〕見藍雪霏《閩台閩南語民歌研究》：「歌子在當地『雜唸』的基礎上，大量吸收並消化了外來音樂，插上旋律的翅膀，才得以『飛』起來的。」（中國福州：福建人民出版社，2003），pp.106～107。

〔註91〕見藍雪霏《閩台閩南語民歌研究》（中國福州：福建人民出版社，2003），p.338。

〔註92〕見藍雪霏《閩台閩南語民歌研究》（中國福州：福建人民出版社，2003），p.69。

　　藍雪霏指出漳州「歌子」源自於清朝時期的「唸歌子」。但是，筆者在本節一開始，從現存的「歌仔冊」歌詞中所整理出來的名稱，卻得出與藍雪霏不同的發現。也就是說，在歌仔冊中，清國時期出版的歌仔冊，都自稱爲「歌詩」，而且是用「唱」的，不是用「唸」的；在臺灣日治時期 1930 年代，才開始有「唸歌詩」、「唸歌」、「唸歌仔」這一種新的詞彙。筆者推想臺灣歌仔冊後來所謂的「唸歌」、「唸歌仔」，與藍雪霏所說的「唸歌」、「唸歌仔」，在內涵與表演型式上應當有很大的不同。

# 第二節　「臺灣歌仔」與臺灣說唱

　　「臺灣歌仔」是臺灣說唱藝術中流傳最久、文獻最多的一種。本節擬討論「臺灣歌仔」與臺灣說唱，以說明兩者之間的關係。並簡單介紹臺灣客語系說唱及其研究文獻。期待未來有學者能針對這兩個族群的說唱藝術進行全方位多角度的比對研究。

## 一、臺灣說唱簡介與研究文獻

　　臺灣說唱包含臺灣 Holo 話系的「歌仔」與臺灣客家話系的「傳仔」，是臺灣特有的一種彈唱曲藝，可能由於臺灣客家人口較少的關係，臺灣客語說唱的研究文獻與學者甚少。

　　根據黃宣範的研究，在 1980 年代，臺灣四大族群的人口比率爲：閩南人（Holo 人、福佬人）佔 73.3%、外省人（新臺灣人）13%、客家人 12%、原住民 1.7%。〔註93〕而在 1905 年臺灣總督府的戶口調查中，Holo 人（福佬人）約 250 萬人，佔臺灣人口 82%之高〔註94〕。由於人口比率相差懸殊，因此臺灣 Holo 話系「歌仔」的流傳範圍、現存文獻、研究者等，都遠多於臺灣客家話系的「傳仔」，甚至有很多研究者將「臺灣說唱」一詞等同於臺灣 Holo 話系的「臺灣歌仔」。以下依發表年代先後，討論幾本介紹「臺灣說唱」的專著。

〔註93〕詳見黃宣範〈臺灣各族羣的人口與政經力量〉，《語言、社會與族群意識──臺灣語言社會學的研究》（台北：文鶴出版公司，1993.7 出版，1994.1 再版），pp.20～21。
〔註94〕轉引自許極燉《臺灣話通論》（台北：南天書局公司，2000.5 初版），p.10。

### （一）許常惠：1984、1993

#### 1. 〈說唱音樂〉（1984）

許常惠在 1984 年出版《多采多姿的民俗音樂》一書，第二章爲〈說唱音樂〉〔註95〕，他解釋說唱爲「以說與唱的方式表達的敘事性曲藝，它可以說是音樂（說唱音樂），也可以說是文學（講唱文學）的一種形式。」接著他簡介中國的說唱歷史，並將臺灣說唱置於中國說唱中來加以介紹，他指出：「今天在臺灣可聽到的說唱，可以分爲兩種：產生於本省的地方說唱與來自大陸的傳統說唱。」許常惠這裡所指稱的「在臺灣可聽到的說唱」不是專指臺灣 Holo 語系與客家語系的「臺灣說唱」，接著他指出「本省的地方說唱」「以『五孔小調』、『七字仔調』、「嘮唸仔調」等曲牌爲基本曲調。但也有雜配民歌曲調者。」許常惠所稱的「本省的地方說唱」是臺灣 Holo 語系的說唱，沒有包含客家語系的說唱。

#### 2. 〈說唱〉（1993）

許常惠曾於 1985 年出版《中國民族音樂學導論》〔註96〕，1993 年他補充再版《民族音樂學導論》一書，該書第三章爲〈說唱〉，他解釋說唱爲：「把一篇故事，用說與唱的方式表達出來的民間曲藝，叫做『說唱』。」〔註97〕接著他論述說唱的歷史、分類、音樂結構，指出：「說唱曲藝，作爲一種敘事性的音樂體裁，它的特點之一就是說與唱的結合，換句話說就是文學與音樂相互結合的藝術形式。」〔註98〕許常惠指出「說與唱的結合」是說唱曲藝的特點之一，不過，據張炫文研究指出：「早期的『唸歌』，基本上以唱爲主。除了極少數沒有確定音高而與說話無異、近於用唸的唱詞外，完全沒有比較完整的『說』的詞句。」直到戰後才有加入說白的「改良式唸歌」（又稱爲「口白歌仔」）。〔註99〕

---

〔註95〕 許常惠〈說唱音樂〉，《多采多姿的民俗音樂》第 2 章（台北：行政院文建會，1984.6），pp.20～21。

〔註96〕 許常惠《中國民族音樂學導論》（台北：百科文化事業公司，1985 年）。（轉引自許常惠/編著，《民族音樂學導論》，台北：樂韻出版社，1993.11.10 再版，p.9。）

〔註97〕 見許常惠〈說唱〉，許常惠（編著），《民族音樂學導論》第 3 章（台北：樂韻出版社，1993.11.10 再版），p.83。

〔註98〕 見許常惠〈說唱〉，許常惠（編著），《民族音樂學導論》第 3 章（台北：樂韻出版社，1993.11.10 再版），p.101。

〔註99〕 詳見張炫文《臺灣的說唱音樂》（台中：臺灣省教育廳交響樂團，1986.6），pp.6

　　許常惠在〈說唱〉的第三節為〈臺灣的說唱〉〔註100〕。許常惠從「唱曲來源」將「臺灣的說唱」的分為五類：唸歌仔類、民謠類、乞食調類、南管類、雜唸仔類，這五類都是臺灣 Holo 語系的說唱音樂，沒有論及客語系的說唱，也不包含其他在臺灣的中國說唱。

　　此外，許常惠在此認為「南管音樂中的『指』和『曲』，可視為說唱音樂的摘篇或選曲。前者指，現存有四十八套，每套有一至兩個故事；後者曲，多達一千多首，唱詞內容包含抒情、寫景及敘事三類。」將「南管」視為「說唱」藝術的一類，就筆者目前所見，只有許常惠有這種看法，其他都是將「南管」與「臺灣說唱」分開論述。

### （二）張炫文：《臺灣的說唱音樂》（1986.6）

　　張炫文在 1986 年出版的《臺灣的說唱音樂》〔註101〕是第一本也是唯一以「臺灣說唱」為名的專書。《臺灣的說唱音樂》立基於紮實的田野調查與藝人專訪，論述包含臺灣說唱音樂的傳播者、說唱型態的演變、題材、曲牌、唱詞、伴奏樂器等。

---

～7。

　　張炫文指出：戰後（1945 以後）臺灣有些唸歌藝人「開始試著模仿戲曲（尤其是歌仔戲）的演唱方式，吸收其唱腔，加入表白、說白、咕白，維妙維肖地摹擬不同的人物的聲音和語態，給整個劇情的進行及人物的感情、性格做生動的描繪、刻劃，這種型態的說唱，稱為『改良式唸歌』或『口白歌仔』。」「汐止的楊秀卿女士，可稱得上是臺灣『改良式唸歌』的佼佼者，她的演唱便是模仿光復後的臺灣戲曲的演出而來。」

　　採取傳統式唸歌的藝人，如呂柳仙、陳清雲，陳兆南在〈臺灣歌仔呂柳仙的說唱藝術與文學〉文中指出：「呂石柳的唸歌，也保留了早期歌仔『唱重於說』的傳統表演形態。」（《2003 年說唱藝術學術研討會論文集》，國立傳統藝術中心、國立臺灣藝術大學/出版發行，2003.12 初版）。

　　口白歌仔的代表藝人，有楊秀卿、黃秋田，竹碧華在《楊秀卿的臺灣說唱》（行政院文建會出版，竹碧華執行製作，1992.2，pp.16～17）也指出：「楊女士從 10 歲開始學歌仔至 22 歲左右這一段時間，所唱的是屬於傳統式的『唸歌』，基本上是以唱為主，以少數的曲牌唱完一整齣劇目。這有別於後來楊女士所演唱的改良式『口白歌仔』，即模仿戲曲（如歌仔戲）的演唱方式，吸收其唱腔，加上口白，並且維妙維肖的摹擬不同的人物的聲音和語態。」

〔註100〕見許常惠〈臺灣的說唱〉，許常惠（編著），《民族音樂學導論》第 3 章第 3 節（台北：樂韻出版社，1993.11.10 再版），pp.91～100。

〔註101〕張炫文《臺灣的說唱音樂》（台中：臺灣省教育廳交響樂團，1986.6），一本書加兩卷錄音帶。

　　張炫文以臺灣 Holo 語系的「臺灣歌仔」〔註102〕、「唸歌」來界定臺灣的說唱，也沒有包含客家語系的說唱，不過他在該書的註釋中說到：「臺灣的客家語系也有若干說唱音樂，例如：蘇萬松唱的勸世文便類似本文所說的勸世歌的性質，只是數量少，流傳也不廣。故本文所說的臺灣說唱音樂，係指用福佬話演唱的說唱音樂而言。」〔註103〕筆者認爲這段話應該置於正文中加以說明，以免讓讀者誤將「臺灣說唱」等同於臺灣 Holo 語系「臺灣歌仔」、「臺灣唸歌」。

　　「臺灣說唱」一詞至此成爲專有名詞，專門指臺灣 Holo 語系「臺灣歌仔」、「臺灣唸歌」。此後討論到「臺灣說唱」的著作，絕大多數都會參考引用這本書的論點，如 1997 年竹碧華撰寫的〈臺灣說唱〉〔註104〕；2001 年簡上仁編纂的〈唸歌（說唱）的音樂〉〔註105〕。

### （三）黃玲玉：〈臺灣的說唱音樂〉（2001.6）

　　黃玲玉在 2001 年出版《臺灣傳統音樂》一書，該書第二章爲〈臺灣的說唱音樂〉，由於臺灣說唱音樂皆隨移民傳入，因此該章第一節是〈中國說唱音樂概述〉，第二節是〈臺灣的說唱音樂〉。該書介紹了「說唱」的藝術內涵與特性：

> 「說唱」在中國又稱爲「曲藝」，是各種說唱藝術的總稱。所謂「說唱藝術」是把一個故事用講、唱方式表達出來的表演藝術。從表演內容上來看，它是文學、音樂、戲劇藝術的綜合體。從表演方法上來看，它是敘述、抒情、摹擬表演的綜合體。從表演形式上來看，它有不受時間、空間、觀眾限制的特性，具相當強韌性。從歷史發展軌跡上來看，它具有強烈的吸收、轉化、創新的特性。〔註106〕

〔註102〕張炫文：「這些閩南的說唱音樂傳入臺灣後，結合了臺灣的風土民情及臺灣民間歌謠，發展成具有濃厚臺灣地方色彩的『臺灣歌仔』，也就是今天的臺灣民間說唱音樂。」見張炫文《臺灣的說唱音樂》（台中：臺灣省教育廳交響樂團，1986.6），p.2。

〔註103〕見張炫文《臺灣的說唱音樂》（台中：臺灣省教育廳交響樂團，1986.6），p.2，註2。

〔註104〕見竹碧華〈臺灣說唱〉，陳郁秀（編），《臺灣音樂閱覽》第3章（台北：玉山社出版公司，1997.8），pp.32～39。

〔註105〕簡上仁（編），〈唸歌（說唱）的音樂〉，《福爾摩沙之美——臺灣的傳統音樂》第5章（台北：行政院文建會，2001.12），pp.121～132。

〔註106〕見黃玲玉〈臺灣的說唱音樂〉，《臺灣傳統音樂》（台北：國立臺灣藝術教育館，

黃玲玉在此所稱的「臺灣的說唱」不是「臺灣歌仔」、「臺灣唸歌」的專有名詞，而是包含「民國三十八年以前傳入的說唱音樂」與「民國三十八年以後傳入的說唱音樂」兩種。這種分法與許常惠在 1984 年出版《多采多姿的民俗音樂》一書相同，但許常惠只是簡單提及，黃玲玉在此則有詳細的論述，她說：

> 「民國三十八年以前傳入的說唱音樂」，即一般所稱的「閩南系統的說唱音樂」或「本土產生的說唱音樂」。是明末清初隨閩南、粵東移民傳入的，可分為以「閩南語發音的說唱音樂」與以「客家語發音的說唱音樂」兩種，以下僅述及以「閩南語發音的說唱音樂」。以閩南語發音的說唱音樂，現存者為有說有唱的「唸歌子」以及只說不唱的「答嘴鼓」等。〔註107〕

黃玲玉所謂的「民國三十八年以前傳入的說唱音樂」包含臺灣 Holo 語系與客家語系的說唱音樂，臺灣 Holo 語系的說唱音樂又分為「唸歌子」、「答嘴鼓」兩種，「唸歌『子』」的「子」在臺灣一般都寫成「仔」。將「答嘴鼓」也列為臺灣本土的「說唱音樂」，這樣的說法，就筆者目前所見，只有此書有這種說法。

在「唸歌子」單元中，黃玲玉認為「歌子」是一種「民謠小調」，並認為「閩南歌子」傳到臺灣後，發展成具有臺灣特色的「臺灣歌子」，後來「再發展成說唱音樂中的『唸歌子』與戲曲音樂中的『歌子戲』。」〔註108〕這裡似乎將「臺灣歌仔」界定為「民謠小調」，而將「唸歌」視為「說唱」，這樣的說法與張炫文的說法不同，張炫文認為「臺灣歌仔」「也就是今天的臺灣民間說唱音樂」。〔註109〕不過，1975 年吳瀛濤出版的《臺灣諺語》一書，在〈歌謠〉單元中，對「歌仔」的解釋就與黃玲玉的說法相似：「本省在來的民謠，俗稱『歌仔』」〔註110〕。

從以上幾位自 1980 年來研究「臺灣音樂」的學者對「臺灣說唱」的定義

---

2001.6），p.68。

〔註107〕見黃玲玉〈臺灣的說唱音樂〉，《臺灣傳統音樂》（台北：國立臺灣藝術教育館，2001.6），p.74。

〔註108〕詳見黃玲玉〈臺灣的說唱音樂〉，《臺灣傳統音樂》（台北：國立臺灣藝術教育館，2001.6），pp.74～75。

〔註109〕見張炫文《臺灣的說唱音樂》（台中：臺灣省教育廳交響樂團，1986.6），p.2。

〔註110〕詳見吳瀛濤〈歌謠〉，《臺灣諺語》（台北：臺灣英文出版社，1975.2 初版，1988.4 八版），pp.350～351。

與介紹，只有張炫文將「臺灣說唱」一詞視爲等同於「臺灣歌仔」、「臺灣唸歌」的專有名稱；其它各家對「臺灣說唱」的 內涵與類別也有些許差別。大體上，「臺灣說唱」，包含臺灣 Holo 話系的「歌仔」與臺灣客家話系的「傳仔」，是臺灣特有的一種彈唱曲藝。

## 二、臺灣客語系說唱「傳仔」簡介與研究文獻

以下簡單介紹臺灣客語系說唱 ——「傳仔」及其研究文獻，以明其與臺灣 Holo 話系的「歌仔」的關係。

### 1. 黃榮洛：「客家（傳統）山歌詞」、「客家傳仔」（1984）

第一位基於文獻蒐集、田野調查與親身經歷，大量介紹客家說唱歌詞的研究者是黃榮洛，黃榮洛 1926 年出生於苗栗，後定居新竹竹東，1997 年出版《臺灣客家傳統山歌詞》〔註 111〕一書，收錄作者自 1986 年以來有關客家傳統山歌詞的蒐集報告與研究，包含《渡台悲歌》、《臺灣番薯哥歌》、《吳阿來歌》、《溫苟歌》、《姜紹祖抗日歌》、《客語地動歌》……等，屬於長篇與短篇的客語山歌歌詞。

《臺灣客家傳統山歌詞》書中不時提到客家傳統「山歌詞」和客家「傳仔」，黃榮洛回憶道：「筆者幼年時，常目睹大人們很熱心的看或很熱心猛抄所謂『傳仔』，如字義『傳仔』就是傳記，其書名爲《高彥眞》《胡忠慶》《姜安送米》《呂蒙正》《三娘教子》《孟姜女》……等等，以七言詩體的山歌詩詞所作的人物故事長詩詞。當年祖父高興時也會誦讀，並說明故事內容」，「迄至民國 73 年（1984），筆者開始著手研究鄉土史之後，才知道幼年時見到的那些所謂『傳仔』手抄本，就是客家採茶戲（鶴老人之歌仔戲）的戲本冊子。」「『傳仔』也用七言詩所寫，不但『傳仔』如此，客家人移墾臺灣的情形，也用這種七言詩體山歌歌詞寫成《渡台悲歌》或《臺灣番薯哥歌》的不凡作品。」〔註 112〕基本上，黃榮洛認爲客家傳統「山歌詞」與客家「傳仔」都是使用七言詩體寫成，而用途有所不同，「傳仔」是「採茶戲」的腳本；「山歌詞」則

---

〔註111〕黃榮洛（編著）《臺灣客家傳統山歌歌詞》（新竹：新竹縣文化中心，1997.6 初版，新竹縣文化局，2002.12 二版），作者本來將書名定爲「臺灣客家傳統山歌詞的蒐集與研究」。

〔註112〕見黃榮洛〈客家山歌詩詞是客家通俗文學〉，《臺灣客家傳統山歌歌詞》（新竹：新竹縣文化局，2002.12 二版），pp.86～88。（原發表於《中原週刊》，1991.12.9）。

有長有短，屬於民歌，但是並沒有進一步指出這些「山歌詞」實際的演唱情形，因此尚無法論定是否與「臺灣說唱」有關。〔註113〕

不過，在〈漫談客家山歌詞和學老歌仔冊〉一文中，黃榮洛指出「『傳仔』的創作，可能不少模仿自『學老歌仔冊』」〔註114〕，「學老」他有時寫成「鶴老」，就是「Holo」、「福佬」，學老「歌仔冊」就是臺灣 Holo 話系的「歌仔冊」，接著黃榮洛又將以臺灣客家話書寫的《渡台悲歌》、《臺灣番薯哥歌》等山歌詞拿來與「學老人」的「歌仔」做類比，肯定客家山歌詞很早就已在臺灣進入本土化。臺灣 Holo 話系的「歌仔冊」是說唱的唱本，據此，黃榮洛所提出的「客家山歌詞」有許多應也曾經是說唱唱本，這一疑問，在後來的研究者邱春美以及竹碧華的具體研究中，得到了肯定的答案。

### 2. 邱春美：「客家說唱文學『傳仔』」（1993）

第一位對對客家「傳仔」進行深入且廣泛研究的學者是邱春美。以黃榮洛蒐集的資料做為基礎，進行田野調查與文獻蒐集，1993 年邱春美完成碩士論文《臺灣客家說唱文學「傳仔」的研究》，共分七章，並附錄有「客家傳仔提要」、「近代客家戲舉目」，至為可貴。

邱春美指出客家「傳仔」分為「原始傳仔」與「改編傳仔」。「原始傳仔」是早期以北平話寫成歷史章回小說；「改編傳仔」又分為狹義與廣義二類：狹義的「傳仔」指講述人物故事的「傳記」，廣義的「傳仔」「泛指用客語所記錄的人物傳記、敘事歌謠等七言為主的詩贊系說唱文學。包括說故事的講古、唱故事的敘事歌謠、說唱故事的小說歌本等。」「早期『傳仔』原是小說形式，而今筆者收集的七言為主的詩贊系唱詞，已是從小說體式改編成說唱體制

---

〔註113〕1986 年黃榮洛蒙民藝品商人曾吉造贈送「客族之山歌詩」歌本一本，曾吉造約於 1970 年左右購得，是手抄歌本，共十一頁，用「山歌詞體的七個字長歌詞留下移墾臺灣的經過情形。字數有 2415 字」，黃榮洛將這首歌命名為〈渡台悲歌〉，黃榮洛推想編歌者的用意應是「單純的用客族大眾喜愛的山歌詞體留下渡臺客族過去悲慘辛酸的口碑故事」，也可能是「為客族的『採茶戲』（三腳戲）之戲本而作，或花燈遊行之『無底船』戲而作」。
詳見黃榮洛〈「渡台悲歌」之發現〉，《臺灣客家傳統山歌歌詞》（新竹：新竹縣文化局，2002.12 二版），pp.8～25。（原發表於《臺灣史研究暨史料發掘研討會論文集》，台北：中央研究院，1986。）黃榮洛〈初版作者原序〉，《臺灣客家傳統山歌歌詞》（新竹：新竹縣文化局，2002.12 二版），p.119。

〔註114〕見黃榮洛〈漫談客家山歌詞和學老歌仔冊〉，《臺灣客家傳統山歌歌詞》（新竹：新竹縣文化局，2002.12 二版），p.103。

了。所以說，â傳仔ã是說唱本、准劇本。」〔註115〕透過訪問耆老，邱春美推論「傳仔表演約興於民國初年，衰於四十年左右（然印製出版傳仔仍至八十年上下）。」〔註116〕

接著邱春美指出「『傳仔』具有說唱文學之散文（說白）及韻文（唱詞）二部分，只是有些說白省略了，或僅存少許說白而已；而且傳仔除了民謠外，更有故事體的長歌，用作說唱，甚至演戲。」因此「傳仔」有別於一般客家民謠。〔註117〕並依「傳仔」的內容性質，分爲五類：1.中國歷史故事與傳說類，2.本地歷史與傳說類，3.勸世教化類，4.情愛類，5.趣味類。〔註118〕

1996年邱春美發表〈客家「姜紹祖抗日歌」探析〉，對臺灣客家語說唱唱本進行個別的深入分析，讓客家傳仔的具體樣貌有更清晰的呈現。〔註119〕

### 3. 連慧珠：《新編戴萬生作反歌》「歌子」（1995）

1995年連慧珠完成碩士論文《「萬生反」——十九世紀後期臺灣民間文化之歷史觀察》〔註120〕，該書從歷史與民間文化的角度，討論了一首《新編戴萬生作反歌》，據連慧珠所述，這首歌是站在客家義民的立場來演唱1961～1963年的「戴潮春事件」，但是連慧珠沒有進一步指出這應是一首客語的長篇敘事歌。
這首歌的末六句爲：

> 粗俗歌子不成文，留來日後可傳存。大會拜盟頭上包，紅巾故日紅
> 巾記。編成一本紅巾記，万歲千秋同治君。

「歌子」是編歌者對這首歌謠屬性的稱呼，「一本紅巾記」是這首歌的名稱。

〔註115〕見邱春美《臺灣客家說唱文學「傳仔」的研究》（台中：逢甲大學中國文學系碩士論文，1993.12），p.5～6。又見於：邱春美〈客家說唱文學「傳仔」之研究〉，《大仁學報》n13（屏東：大仁藥學專科學校，1995.3），pp.162～163。

〔註116〕見邱春美《臺灣客家說唱文學「傳仔」的研究》（台中：逢甲大學中國文學系碩士論文，1993.12），p.4。

〔註117〕見邱春美《臺灣客家說唱文學「傳仔」的研究》（台中：逢甲大學中國文學系碩士論文，1993.12），p.10。

〔註118〕見邱春美《臺灣客家說唱文學「傳仔」的研究》（台中：逢甲大學中國文學系碩士論文，1993.12），p.12。

〔註119〕邱春美〈客家「姜紹祖抗日歌」探析〉，《大仁學報》n14（屏東：大仁藥學專科學校，1996.3），pp.155～164。

〔註120〕天賜（重抄．1915）、洪敏麟（藏）《新編戴萬生作反歌》，連慧珠，《「萬生反」——十九世紀後期臺灣民間文化之歷史觀察》（台中：東海大學歷史系碩士論文，1995.6），pp.141～155。

由此可以推測，「歌子」一詞或許是這種長篇敘事歌的專稱。

此外，筆者閱讀連慧珠所打字的全文版本之後，發現其中有一些詞彙是客語專有的，如：「臺灣原『係』龜蛇形」、「三位算來『係大哥』」、「縮『轉』呂朗『大火房』」、「『景景』收兵入內山」、「『後生』〔註121〕貪才做民壯」、「皆因打死有『悍多』」、「作反一案『分奔其』」、「『上』埔寮下未前破」、「人馬出到『伯公』〔註122〕下」，諸如此類的用字遣詞，不但像似客語，更與臺灣 Holo 話不相同。因此，有心於客家傳統說唱唱本研究的學者，如果能夠從語言文字的角度來研究這一首「歌子」，一定很有意義。

### 4. 竹碧華：「客家說唱音樂」、「傳仔」（1997）

第一位從音樂研究的角度深入研究客家說唱的學者是竹碧華，1997 她發表〈臺灣北部客家說唱音樂之研究〉〔註123〕，指出以往客家說唱音樂皆被歸納在客家音樂的小調類中，很少被討論，這是「因為客家的社會中並沒有所謂的『說唱藝人』這個職稱，而且早期客家說唱音樂大多由少數的盲人、江湖賣藝者來傳承」，而這些人是社會的邊緣人。

竹碧華這篇文章雖以北臺灣做為研究範圍，但她試圖為客家說唱找到定位與定義，並闡述它的重要性。 她說：「客家說唱音樂是起源於何時？由於沒有記載，不很清楚，不過就今日民間留傳的形式與內容來看，它具備有中國南方南彈或彈詞的特色，而且融合了客家三腳採茶戲及山歌的形式，在臺灣經過長期演變而成，當然在演變的過程中亦可能受到其它民系說唱音樂及戲曲的影響，例如閩南語的『歌仔』、及『歌仔戲』，而成為一種具有地方風格及特色的民間音樂了。客家說唱即是以山歌仔、平板、七字調及各種小調或蘇萬松調來說唱故事情節及勸世歌的一種曲藝，它是一種『半說半唱』、『說中帶唱、唱中帶說』或『似說似唱』的說唱音樂。」〔註124〕

竹碧華指出客家說唱音樂的歌詞內容「包括了歷史故事、傳說、教訓、社會事件及日常語言中不能說的或用說感覺不自然的事。」對「傳仔」的解釋則為：「用來記錄歌詞的歌本又可稱為『傳仔』，就如同閩南語說唱音樂（歌

---

〔註121〕臺灣客語稱年輕人為「後生」。
〔註122〕臺灣客語稱土地公為「伯公」。
〔註123〕見竹碧華〈臺灣北部客家說唱音樂之研究〉，《復興崗學報》n63（1997.6），pp.263～305。
〔註124〕見竹碧華〈臺灣北部客家說唱音樂之研究〉，《復興崗學報》n63（1997.6），p.265。

仔）的『歌仔簿』或『歌冊』（記載『歌仔』的唱詞）。」接著竹碧華引用邱春美的論點，解釋「傳仔」的廣義爲「泛指用客語所記載的人物傳記、敘事歌謠等七言爲主的詩贊系說唱文學，包括說故事的講古、唱故事的敘事歌謠、說唱故事的小說歌本等。」〔註125〕竹碧華在這篇文章中，總共討論了三十六首的客家說唱音樂，並編有一張表格，詳載其「說唱形式」、「表演形式」、「演唱曲牌」、「伴唱樂器」、「演唱者」及出處，包含了黃榮洛所整理的客家傳統山歌詞。

### 5. 曾學奎《臺灣客家〈渡台悲歌〉研究》（2004）。

2004年曾學奎完成碩士論文《臺灣客家〈渡台悲歌〉研究》〔註126〕，該論文以民國七十五年黃榮洛先生發現的〈渡台悲歌〉爲研究主題。從客家人渡台的歷史背景，客家人原鄉的背景及〈渡台悲歌〉創作者的背景等三方面，來瞭解〈渡台悲歌〉的時代背景；從歌詞的內容來瞭解當時客家族群在生活層面、社會層面、經濟層面表現出的文化內涵；並從語言研究角度，來分析其詞彙、語法、語言風格。論文最後從客家歷史文化及客家民間文學兩方面來探討〈渡台悲歌〉的價值。

### 6. 麥槇琴：「客家走唱藝人」、「說中帶唱、唱中帶說的說唱方式」（2004）

2004年麥槇琴發表〈客家走唱藝人蘇萬松之唱腔音樂 —— 從有聲資料中的一段解讀〉〔註127〕，採取音樂研究的角度，解讀苗栗縣客家走唱藝人蘇萬松（1899～1961）所演唱的唱片，探討客家說唱藝人蘇萬松的唱腔音樂。

---

〔註125〕見竹碧華〈臺灣北部客家說唱音樂之研究〉，《復興崗學報》n63（1997.6），p.275。）
　　　　竹碧華這一段話引用自邱春美《臺灣客家說唱文學「傳仔」的研究》（台中：逢甲大學中國文學系碩士論文，1993.12，p.6）的〈序言〉，但是竹碧華在〈臺灣北部客家說唱音樂之研究〉的「註十六」交代這段話的出處時，卻出現兩個錯誤，致使筆者在引用時，也因此花了一些冤枉時間。因爲竹碧華在「註十六」說：「同註十三，頁一～二。」而「註十三」爲：「許常惠。『臺灣福佬系歌謠』（台北：百科文化事業公司。1982年）。」筆者翻閱許常惠的《臺灣福佬系民歌》，卻沒有找到有關「傳仔」的論述，後來筆者在邱春美的《臺灣客家說唱文學「傳仔」的研究》第六頁卻找到竹碧華這段引文的全文。
〔註126〕曾學奎（著）、范文芳（指導）《臺灣客家〈渡台悲歌〉研究》（新竹市：國立新竹師範學院臺灣語言與語文教育研究所碩士班，2004）。
〔註127〕麥槇琴〈客家走唱藝人蘇萬松之唱腔音樂 —— 從有聲資料中的一段解讀〉，《臺灣戲學專刊》n9（台北市：國立臺灣戲曲專科學校，2004.7），pp.307～331。

　　麥楨琴指出：「蘇萬松所演唱的〔勸世文〕包含兩個段落，前段是旋律性
強的【雜唸子頭】，後段是吟誦性質的【雜唸子】，」有時也會加入口白。「雜
唸子」是「勸世文」的主體，「以似說似唱的方式表現」；「雜唸子頭」旋律性
較強，「較著重在『唱腔』的經營」。〔註128〕麥楨琴這篇論文以蘇萬松「勸世
文」的前段「雜唸子頭」為研究重心，她將唱片的音樂整理成五線譜，舉出
許多譜例與唱詞，進行音樂分析，並論證蘇萬松「勸世文」中的「雜唸子頭」
和客家戲曲關係密切。

　　對於蘇萬松的表演形式，麥楨琴指出：

> 後人稱蘇萬松自己作詞作曲的創作品為〔蘇萬松調〕，其內容以勸
> 人為善、醒世的「勸世文」為主。通常每一首會有曲名，如「耕作
> 受苦歌」、「報娘恩」、「阿片歌」、「奉勸青年歌」……等。他以說中
> 帶唱、唱中帶說的說唱方式至各地走唱賣藥演出，筆者將他歸類為
> 「走唱藝人」。〔註129〕

麥楨琴指出蘇萬松採取「說中帶唱、唱中帶說」的「說唱」方式，加上他所
演唱的內容多屬「勸世」，與臺灣 Holo 語系以勸世為主題的「歌仔」相似，
可惜本論文並沒有針對這一點加以比較，希望以後能有學者將兩者加以比較。

# 第三節　「臺灣歌仔」現存文獻及研究現況

　　「臺灣歌仔」，是一種說唱曲藝，包含「音樂」、「表演藝人」、「唱本：歌
仔冊」、「創作者」、「樂器」、「聽眾」和「仲介者：出版商、經銷商」等項目。
曾子良在《臺灣閩南語說唱文學「歌仔」之研究及閩台歌仔敘錄與存目》論
文中指出「臺灣閩南語說唱歌仔的價值」有五：1.文學上的價值，2.民族音樂
學上的價值，3.語言學上的價值，4.社會、宗教、禮俗上的價值，5.史料上的
價值。〔註130〕

---

〔註128〕見麥楨琴〈客家走唱藝人蘇萬松之唱腔音樂——從有聲資料中的一段解
　　　　讀〉，《臺灣戲學專刊》n9（台北市：國立臺灣戲曲專科學校，2004.7），pp.312
　　　　～314。
〔註129〕見麥楨琴〈客家走唱藝人蘇萬松之唱腔音樂——從有聲資料中的一段解
　　　　讀〉，《臺灣戲學專刊》n9（台北市：國立臺灣戲曲專科學校，2004.7），p.311。
〔註130〕見曾子良《臺灣閩南語說唱文學「歌仔」之研究及閩台歌仔敘錄與存目》（台
　　　　北：東吳大學中文所博士論文，1990.6），pp.93～96。

# 一、「臺灣歌仔」的音樂文獻與研究

## （一）「樂譜」製作與音樂研究

傳統音樂的保存的方式是靠「樂譜」，這實在需要音樂界人才的投入。

研究臺灣說唱音樂的學者，可分為以下幾種：一是為了研究「歌仔戲」的音樂起源，才對「歌仔」的音樂加以製譜與研究，有張炫文、徐麗紗、林江山……等。1976年張炫文編著的《臺灣鄉土之音：歌仔戲的音樂》〔註131〕，有五線譜與唱片發行；1982年張炫文又出版《臺灣歌仔戲音樂》〔註132〕一書。李安和在1989年發表〈論臺灣「唸歌—歌仔戲」的戲曲語言詩美之所據——從音樂、語言、美學的觀點來探討〉〔註133〕收有他採記的〈安童哥買菜〉部分簡譜。1987年徐麗紗碩士論文《臺灣歌仔戲唱曲來源的分類研究》製作有大量五線譜。〔註134〕林江山2003年發表〈歌仔戲七字仔與賣藥仔江湖調的關係〉〔註135〕一文，也收錄有他採記的「宜蘭歌仔較早的七字仔」的簡譜。

二是為了研究臺灣歌謠，而對臺灣歌謠之一的「歌仔」加以製譜與探討，有簡上仁和王振義。以研究臺灣歌謠著稱的學者簡上仁，1983年出版《臺灣民謠》〔註136〕，1991年出版《臺灣福佬系民歌的淵源及發展》〔註137〕，1998年出版《臺灣福佬系民歌——老祖先的臺灣歌》〔註138〕，2001年出版《福爾摩沙之美臺灣的傳統音樂》〔註139〕，也都有論述到臺灣的「唸歌」，並附有一些

---

〔註131〕張炫文（編）《臺灣鄉土之音：歌仔戲的音樂》（台中：臺灣省教育廳交響樂團，1976）。

〔註132〕張炫文《臺灣歌仔戲音樂》（台北：百科文化事業公司，1982.9）。

〔註133〕李安和〈論臺灣「唸歌——歌仔戲」的戲曲語言詩美之所據——從音樂、語言、美學的觀點來探討〉，《民俗曲藝》58（台北：財團法人施合鄭民俗文化基金會，1989.3），pp.5～22。

〔註134〕徐麗紗《臺灣歌仔戲唱曲來源的分類研究》（台北：臺灣師大音樂研究所碩士論文，1987.6）。

〔註135〕林江山〈歌仔戲七字仔與賣藥仔江湖調的關係〉，《臺灣戲專學刊》n6（台北：國立臺灣戲曲專科學校，2003.3），pp.85～121。

〔註136〕簡上仁〈說唱唸謠選輯〉，《臺灣民謠》（台中：臺灣省政府新聞處，1983.6），pp.139～165。

〔註137〕簡上仁《臺灣福佬系民歌的淵源及發展》（台北：自立晚報社文化出版部，1991）。

〔註138〕簡上仁〈說唱唸歌與民謠〉，《臺灣福佬系民歌——老祖先的臺灣歌》（台北：漢光文化事業公司，1998.7.31），pp.40～45。

〔註139〕簡上仁（編）〈唸歌（說唱）的音樂〉，《福爾摩沙之美——臺灣的傳統音樂》

樂譜。王振義本來是研究「北管」音樂，從1981年開始投入臺灣文化建設，後來創立「臺灣歌仔學會」，還創作歌仔戲劇本《琴劍恨》、《新白蛇傳》、《新編周成過臺灣》〔註140〕，他的研究從臺灣歌謠出發，後來以「歌仔調」、「歌仔戲」為主要研究對象。王振義從1983年開始發表一系列〈語言聲調和音樂曲調的關係——臺灣閩南語歌謠的「詩樂諧合」傳統研究〉的文章，〔註141〕文中附有許多五線譜。此後，1988年發表〈歌仔調的「樂合詩」歌唱傳統與特質初探〉〔註142〕，1997年發表〈從歌仔調的歌唱特色——談「樂合詩」與「詩合樂」的歌唱傳統〉〔註143〕，1999年發表〈「樂合詩」與「詩合樂」的交叉運用——解析我對歌仔戲唱腔的用法〉〔註144〕。王振義的研究對臺灣說唱音樂最大的貢獻在於：他指出臺灣唸歌的「歌仔調」採用的是「樂合詩」的歌唱方法，他說：「『樂合詩』的歌唱方法，是把『樂譜寫在』語言聲調上，也寫在詩詞負載的感情上，歌唱的人因語言聲調不同，就自然的，像說話一般的唱出音樂曲調來，因詩詞負載的感情不同，就隨感即興的修飾音樂曲調，自由的表達所要表達的

（台北：行政院文建會，2001.12），pp.121～132。

〔註140〕王振義《歌仔戲有聲劇本：1.琴劍恨》、《歌仔戲有聲劇本：2.新白蛇傳》、《歌仔戲有聲劇本：3.新編周成過臺灣》（台北：前衛出版社/發行，2002年），CD加劇本。

〔註141〕（1）王振義〈語言聲調和音樂曲調的關係——臺灣閩南語歌謠的「詩樂諧合」傳統研究〉，《臺灣風物》v33n4（台北：臺灣風物雜誌社，1983.12.31），pp. 43～56。

（2）王振義〈語言聲調和音樂曲調的關係——臺灣閩南語歌謠的「詩樂諧合」傳統研究之二〉，《臺灣風物》v34n2（或1？）（台北：臺灣風物雜誌社，1984），pp.41～56。

（3）王振義〈語言聲調和音樂曲調的關係——臺灣閩南語歌謠的「詩樂諧合」傳統研究之三〉，《臺灣風物》v34n3（台北：臺灣風物雜誌社，1984.9.30），pp.95～119。

（4）王振義〈語言聲調和音樂曲調的關係——臺灣閩南語歌的「詩樂諧合」傳統研究之四：「詩樂諧合」的曲調修飾方法〉，《民俗曲藝》n51（台北：財團法人施合鄭民俗文化基金會，1988.1），pp.33～73。

〔註142〕王振義〈歌仔調的「樂合詩」歌唱傳統與特質初探〉，《民俗曲藝》n54（台北：財團法人施合鄭民俗文化基金會，1988.7），pp. 97～107。

〔註143〕王振義〈從歌仔調的歌唱特色——談「樂合詩」與「詩合樂」的歌唱傳統〉，《復興劇藝學刊》n20（台北：國立復興劇藝實驗學校，1997.7.1），pp. 31～49。

〔註144〕王振義〈「樂合詩」與「詩合樂」的交叉運用——解析我對歌仔戲唱腔的用法〉，《臺灣新加坡歌仔戲的發展與交流研討會論文集》（台北：行政院文建會，1999.1）。

感情。」「爲何唸歌藝人和歌仔戲演員，只記歌詞而不記樂譜，臨場就唱？再問歌仔戲爲何能夠鼓動社會大衆的熱情？答案也只有一個，歌仔調的豐富表現力使然。」〔註145〕王振義的論點，指出臺灣說唱的唱本「歌仔冊」不只是「文字記錄」而已，「歌仔冊」文字本身的語言聲調高低，就具有類似樂譜的功能。難怪「歌仔冊」常以『『聽唱』歌詩」、『『聽念』歌仔」爲開場文字，而不是以『『看』歌詩」或『『讀』歌詩」爲開場白，同時，「歌仔冊」開場文字又常強調該本歌冊的「句豆」（音 kù-tiō）和諧。

　　三是純粹爲研究「臺灣說唱音樂」而加以製譜與研究者。第一個系統研究「臺灣說唱音樂」，並以樂譜記錄這種說唱藝術的著作，要遲至 1986 年張炫文的《臺灣的說唱音樂》〔註146〕，這本書還採用了第二種保存音樂的方法，就是「錄音」，有錄音帶兩卷，《臺灣的說唱音樂》這本書內容包含臺灣說唱這種藝術的音樂曲牌、表演方式、藝人、樂器、題材等，將田野調查與音樂研究結合，貢獻很大。此後張炫文還發表有：〈「七字調」在臺灣民間歌謠中的地位〉〔註147〕、〈臺灣的說唱音樂應用於音樂教學的可能性〉〔註148〕、〈包羅萬象根植臺灣的鄉土音樂──歌仔調〉〔註149〕。結合說唱藝人與音樂研究方法的學者是竹碧華，1991 年她完成碩士論文《楊秀卿歌仔說唱之研究》〔註150〕，將楊秀卿女士演唱的「歌仔」用樂譜保存下來，對臺灣說唱藝人的尊重與對臺灣說唱音樂的貢獻很大，1997 年她發表的〈臺灣北部客家說唱音樂之研究〉〔註151〕也將採錄的臺灣說唱製爲五線譜，這是臺灣客語說唱音樂首度

〔註145〕引自王振義〈從歌仔調的歌唱特色──談「樂合詩」與「詩合樂」的歌唱傳統〉，《復興劇藝學刊》n20（台北：國立復興劇藝實驗學校，1997.7.1），p.43。

〔註146〕張炫文《臺灣的說唱音樂》（台中：臺灣省教育廳交響樂團，1986.6）。

〔註147〕張炫文〈「七字調」在臺灣民間歌謠中的地位〉，《民俗曲藝》n54（台北：財團法人施合鄭民俗文化基金會，1988.7），pp. 78～96。

〔註148〕張炫文〈臺灣的說唱音樂應用於音樂教學的可能性〉，《國教輔導》v30n6（台中：省立台中師範學院，1991.8.31），pp. 26～29。

〔註149〕張炫文〈包羅萬象根植臺灣的鄉土音樂──歌仔調〉，林谷芳（主編），《本土音樂的傳唱與欣賞》（台北：國立傳統藝術中心籌備處，2000.12），pp. 139～151。

〔註150〕（1）竹碧華《楊秀卿歌仔說唱之研究》（台北：中國文化大學藝術研究所音樂組碩士論文，1991.6）。

（2）竹碧華《楊秀卿的臺灣說唱》（台北：行政院文建會，1992.5）。

〔註151〕竹碧華〈臺灣北部客家說唱音樂之研究〉，《復興崗學報》n63（1997.6），pp. 263～305。

被系統研究與記譜的著作。此外，周純一在 1996 年發表的〈「臺灣歌仔」的說唱形式應用〉〔註152〕一文中，也附有他採記呂柳仙演唱的〈李連生什細記〉的部分簡譜。諸如此類的研究，應當有更多人即時投入參與。

### （二）「臺灣歌仔」聲音影像的保存

第二種保存音樂演唱方式的做法，就是「錄音」。臺灣音樂在 1914 年開始被以錄音方式傳唱與保存。〔註153〕對臺灣日治時期的「曲盤」（唱片）收藏頗多，且有深有研究的收藏家，有李坤城、林良哲、葉龍彥等人。2001 年林良哲發表〈日治時期歌仔戲的商業活動：以唱片發展過程為例〉〔註154〕，2001 年葉龍彥出版《臺灣唱片思想起》〔註155〕。

1878 年愛迪生發明留聲機，1879 年日本首度引進留聲機，1895 年臺灣成為日本國的殖民地，1897 年全世界第一家唱片公司在英國成立，1899 年日本第一家唱片公司成立，1907 年日本第一家標榜生產留聲機與唱片的公司成立。1910 年「株式會社日本蓄音器商會」（簡稱「日蓄」）成立後，就在台北設立「出張所」負責銷售唱片和留聲機，並在 1914 年開始製作臺灣歌謠的唱片，包含客家採茶、北管及「本地歌仔：三伯英台」。據曲盤收藏家林良哲的說法：「『三伯英台』正是以『七字調』所演唱。演唱藝人從頭唱到尾，中間沒有一句口白，演唱方式類似『說唱』型式，是以七言四句的敘說模式，將『三伯探英台』這一段情節唱出，每段唱到第四句末都再重覆一次，也就是戲班界所謂的『收尾』或『煞尾』。」〔註156〕

2000 年李坤城將其收藏品公開，由國立傳統藝術中心籌備處出版《聽到臺灣歷史的聲音——1910～1945 臺灣戲曲唱片原音重現》〔註157〕共計有 CD

---

〔註152〕周純一〈「臺灣歌仔」的說唱形式應用〉，《民俗曲藝》n71（台北：財團法人施合鄭民俗文化基金會，1996.5），pp.108～143。

〔註153〕詳見葉龍彥《臺灣唱片思想起》（台北：博揚文化事業公司，2001），pp.44～45。

〔註154〕林良哲〈日治時期歌仔戲的商業活動：以唱片發展過程為例〉，《百年歌仔2001年兩岸歌仔戲發展交流研討會》（宜蘭：佛光大學，2001.9.3），pp.1～24（頁次採取林良哲先生 e-mail 給筆者的檔案）。

〔註155〕葉龍彥《臺灣唱片思想起》（台北：博揚文化事業公司，2001）。

〔註156〕引自林良哲〈日治時期歌仔戲的商業活動：以唱片發展過程為例〉，《百年歌仔2001年兩岸歌仔戲發展交流研討會》（宜蘭：佛光大學，2001.9.3），p.9。（頁次採取林良哲先生 e-mail 給筆者的檔案）

〔註157〕李坤城（收藏品公開）《聽到臺灣歷史的聲音——1910～1945 臺灣戲曲唱片原音重現》（台北：國立傳統藝術中心籌備處，2000，CD10 片）。

十片，其中「勸世歌」、「笑科劇」屬於臺灣 Holo 語說唱，演唱的藝人有：高貢笑、汪思明、陳加走、月娥、吳大吉、徐阿葉等；另外「客家戲曲」中收有客家說唱藝人「蘇萬松」演唱的「勸世文」，竹碧華在〈臺灣北部客家說唱音樂之研究〉中對蘇萬松與「蘇萬松調」有深入的研究〔註158〕。

至於 1945 年以後的臺灣說唱音樂的音聲檔案保存就比較多人研究與收藏，現在台北縣五股鄉的「月球唱片」仍有數十種臺灣說唱錄音帶販售。〔註159〕中華廣播製作社/製作發行曾經製作發行一套《臺灣鄉土歌謠 —— 勸世歌》，共計 20 卷錄音帶，沒有註明出版年，這套臺灣說唱專輯十分珍貴，因爲它收集了數位戰後傑出的說唱藝人的唸歌，包含呂柳仙、歐雲龍、葉秋霞、陳清雲、徐鳳順、黃秋田、邱查某、陳金樹、謝財源、呂寶珠、張桂子，歌名有《賢妻良母》、《遠親不如近鄰》、《打虎捉賊親兄弟》、《父母恩重如山》、《人爲財死・鳥爲食亡》、《勸姻花》、《李哪吒鬧東海》、《濟公活佛救世》、《十殿閻君》、《勸化人生》、《孝子傳（二十四孝）》、《善有善報・惡有惡報》、《人生命運》、《人生必讀》、《孝子堯大舜》、《趙子龍救阿斗》、《目蓮救母》、《周成過臺灣》、《林投姐》。

1996 年涂順從採集的《蔡添登七字歌仔彈唱》〔註160〕由台南縣立文化中心出版，共有 CD 兩片，第一片 CD 是〈乞食開藝旦〉，第二片 CD 是〈梁山伯與祝英台的故事〉，分爲兩單元：「糊靈厝　四九報死」、「英台埋藏祭靈」。蔡添登於 1914 年出生於今台南縣將軍鄉，現已去世，他的藝術幸賴這兩片 CD而流傳給臺灣子孫，唸歌音聲專輯的製作實在是要及早投入，大量地搶救，並藉此以推廣，謀求活化說唱藝術之路。

2002 年睦澔平將「陳其麟」彈唱的勸世歌、七字仔歌錄製成《臺灣最後的走唱人 —— 小琉球　其麟伯》〔註161〕，共計 CD 兩片，在該專輯的文案中，收有睦澔平的引言〈臺灣最後的走唱人 —— 小琉球・其麟伯；臺灣百年歌謠史彈唱見證〉一文，介紹「陳其麟」的生平、走唱簡史、音樂特色，1927 年生於屏東縣小琉球島的「陳其麟」，從 40 歲起開始在南部走唱賣藥爲生。《臺

〔註158〕竹碧華〈臺灣北部客家說唱音樂之研究〉，《復興崗學報》n63（1997.6），pp. 263～305。

〔註159〕「懷古臺灣鄉土民謠（唸歌）」系列，台北縣五股鄉：月球唱片廠（TEL:02-29710658、02-29823136），錄音帶。

〔註160〕蔡添登（彈唱）、涂順從（採集）《蔡添登七字歌仔彈唱》（台南縣立文化中心，1996.7，CD 兩片）。

〔註161〕陳其麟（彈唱），睦澔平（統籌製作）《臺灣最後的走唱人 —— 小琉球　其麟伯》（台北：喜瑪拉雅音樂事業公司/發行，2002，CD 兩片）。

灣最後的走唱人——小琉球　其麟伯》是眭澔平花費三年的時間採集錄音的成果，第一片 CD 標題爲〈重現失落的台語歌謠　從童謠情歌到勸世歌〉，收錄短篇台語歌謠：童謠兩首、生活歌兩首、情歌三首、中國歷史歌兩首，以及一首中篇的〈勸世歌〉；第二片 CD 標題爲〈英台二十四送哥歌全本：臺灣的七字仔版梁祝〉，小標題依序爲〈壹、送到門前口〉、〈貳、送到路中央〉、〈參、送到河岸邊〉、〈肆、忍痛兩分手〉、〈伍、祝母問英台〉、〈陸、梁母責山伯〉，唱詞最後兩句爲：「這本意向勿會算禾黑，煞看後本即會知。」這是「歌仔冊」的用詞，顯然「陳其麟」的演唱是來自「歌仔冊」的內容。像眭澔平這樣花費時間投入於田野採集的工作，再錄製成音樂專輯是很值得投入的工作，如果能夠錄影，會更有意義。

　　國立傳統藝術中心籌備處 2000 年出版由林谷芳編製的《本土音樂的傳唱與欣賞》〔註 162〕，共有 CD6 片，書 1 本，其中有一卷是「歌子、說唱與民歌」。

　　我國在 2002 年 1 月在「國立傳統藝術中心」之下成立「民族音樂研究所」〔註 163〕，該所設置有國內唯一的「民族音樂資料館」〔註 164〕，將朝兼具數位博物館功能的方向規劃，建構具臺灣特色之民族音樂資料庫。未來應可全面的爲現存的說唱藝人錄製音聲影像檔案，並地毯式地大量搜購尋訪臺灣說唱音樂的相關聲音影像文獻與出版品。

### （三）「臺灣歌仔」藝人的重視與「唸歌」藝術的傳承

　　「藝人」實際唸歌時的神態樣貌，有畫圖、照相與錄影三種方法，早期多以圖畫呈現，但是在科技發達的現代社會，雖想以錄影爲藝人留影，可惜到此時期藝人已大半凋零，研究臺灣唸歌藝人的學者與論文的有：許常惠《阿遠與阿發父子的悲慘故事》〔註 165〕，邱坤良的〈陳達「唐山過臺灣」〉〔註 166〕，竹碧華 1991 年的《楊秀卿的臺灣說唱》，涂順從 1996 年的《大廣絃走天涯——南瀛鄉土藝人蔡添登》〔註 167〕，陳兆南 2003 年的〈臺灣歌仔呂柳仙的說唱藝術

---

〔註 162〕林谷芳（編）《本土音樂的傳唱與欣賞》（台北：國立傳統藝術中心籌備處，2000，CD6 片）。

〔註 163〕「民族音樂研究所」網址：http://rimh.ncfta.gov.tw/nmusic1/。

〔註 164〕「民族音樂資料館」座落於台北市紹興北街 31 巷 53 號。

〔註 165〕陳達（唱）、許常惠（記詞）《阿遠與阿發父子的悲慘故事》（中華民俗藝術基金會出版）。

〔註 166〕邱坤良〈陳達「唐山過臺灣」〉，《現代社會的民俗曲藝》。

〔註 167〕涂順從《大廣絃走天涯——南瀛鄉土藝人　蔡添登》（台南縣文化中心，1996）。

與文學〉，曾子良 2003 年的〈臺灣地震歌──兼懷民族說唱藝人吳天羅先生〉
〔註168〕。吳天羅是雲林縣土庫鎮人，2000 年去世那年，雲林縣文化局出版《雲
林縣閩南語謠集（二）》，書前特別指出：「謹以本書懷念雲林縣國寶級說唱藝術
大師吳天羅先生（1930～2000）」，該書收錄吳天羅演唱的長篇敘事歌〈臺灣歷
史說唱〉〔註169〕；《雲林縣閩南語謠集（五）》，更將吳天羅〈臺灣歷史說唱〉、
〈大地動〉、〈歲月流轉〉〔註170〕等三份唸歌的手稿整理出版，可惜沒有出版影
音紀念專輯。

　　筆者認爲臺灣唸歌藝術的傳承應該由國家相關主管單位主動積極的推
動，有計畫的尋訪現存的藝人，聘請這些藝人開班授藝，並定時舉辦表演活
動，推廣臺灣說唱。筆者在 2002 年曾經在台中市某夜市見到臺灣歌仔藝人「黃
秋田」先生被商販聘來「唸歌」，當時聽眾稀少，聽眾甚至不知道黃秋田先生
實在是臺灣說唱中技藝精湛的優秀藝人。筆者深切期盼臺灣歌仔的資深藝人
可以受到應有的重視與研究，同時也期許有更多人加入臺灣歌仔的演藝陣容。

　　近年來臺灣歌仔界的優秀新人有洪瑞珍和周定邦。洪瑞珍是楊秀卿女士
的徒弟，她在 2002 年 9 月邀請國寶級唸歌藝人巡迴臺灣演出「唸歌唱曲鬧猜
猜」活動〔註171〕，並爲楊秀卿女士錄製《廖添丁傳奇》、《哪吒鬧東海》、《新
編勸世歌》CD，並將唱詞編註出版成爲有聲書。〔註172〕

---

〔註168〕陳兆南〈臺灣歌仔呂柳仙的說唱藝術與文學〉與曾子良〈臺灣地震歌──兼
懷民族說唱藝人吳天羅先生〉在 2003.11.16 發表於《2003 年說唱藝術學術研
討會》（台北：國立臺灣藝術大學中國音樂學系/主辦），後收錄於《2003 年
說唱藝術學術研討會論文集》（國立傳統藝術中心、國立臺灣藝術大學/出版
發行，2003.12 初版）。

〔註169〕見胡萬川、陳益源總編輯《雲林縣閩南語謠集（二）》（雲林縣文化局，2000.12
出版），pp.2～90。

〔註170〕見胡萬川、陳益源總編輯《雲林縣閩南語謠集（五）》（雲林縣文化局，2003.5
出版），pp.68～162。

〔註171〕「唸歌唱曲鬧猜猜」是行政院文建會指導，台北市立國樂團、高雄市歷史博
物館和台南縣市文化局合辦的國寶級唸歌藝人大匯演，2003.9.4 晚間七時三
十分在台南縣文化局音樂廳率先登場。2003.9.14 以前，同一活動還巡迴台南
市、高雄市和台北市。

〔註172〕（1）楊秀卿（演唱）、王瑞珍（編註）《廖添丁傳奇》（台北：臺灣台語社，
2001.4）。
（2）楊秀卿（演唱）、王瑞珍（編註）《哪吒鬧東海》（台北：臺灣台語社，
2002.10）。
（3）楊秀卿、楊再興（彈唱）、王瑞珍（編註）《新編勸世歌》（台北：臺灣
台語社，2004.12）。（洽詢電話：0939-994201）

周定邦在 1998 年在「參與搶救台語文運動」過程中，認識了臺灣的傳統藝術——唸歌，後來他四處尋師學藝，1999 年 3 月拜在國寶級藝人「吳天羅」門下，而吳天羅不幸於 2000 年 7 月去世，「吳天羅」的唸歌藝術幸賴有周定邦主動學藝加以傳承；周定邦也曾向恆春民謠彈唱藝人「朱丁順」學藝，〔註173〕並在台南設立「臺灣說唱藝術工作室」，2001 年他出版自編自唱自彈的歌仔有聲書：《義戰嘄吧哖——台語七字仔白話史詩》〔註174〕，以臺灣歌仔來記錄臺灣歷史；在 2003 年 11 月又出版自編的歌仔冊：《臺灣風雲榜》〔註175〕，以臺灣民間信仰的眾多神仙為主角，並採取臺灣羅馬字與漢字對照的書寫方式。

## 二、「歌仔冊」的文獻與研究

### （一）「歌仔冊」的出版與蒐藏

　　「說白唱詞」若記錄下來，稱為「唱本」或「腳本」，但是由於「臺灣歌仔」的特色在唱不在說，因此也常以「唱詞」、「唱本」稱之。現存「臺灣歌仔」的文獻，以文字性質的「歌仔冊」為數最多，但也亡佚大半；清末以來，閩南語系的「歌仔冊」流行於閩南及臺灣，甚至南洋一帶。

　　「歌仔冊」本來是「臺灣歌仔」（臺灣唸歌）的唱本，但是，也有許多「歌仔冊」沒有被演唱，只是案頭文學。「歌仔冊」的價值是多方面的，施師炳華在他註釋的《李三娘汲水歌》一書的序文中指出歌仔冊有四項價值：〔註176〕「一、是閩、台的民間說唱文學的唱本，也是民間戲劇的劇本來源與依據。二、是根據民間口頭（白話）語音記錄書寫而成，保存閩南、臺灣地區的各次方言的語音與詞彙；可作為研究二百年來閩南、臺灣地區的各次方言的語音與詞彙的演變的文本，也是台語文學豐富的養料。三、紀錄先民的生活狀況，可了解先民當時的生活情形，作為社會宗教禮俗、歷史的研究。四、說唱文學並不是一成不變的接受傳統故事所有情節，它有添增，也有減損；同

---

〔註173〕周定邦拜師學說唱的資料來自於：周定邦〈予虎頭山頂的臺灣魂〉，《義戰嘄吧哖——台語七字仔白話史詩》（台南：臺灣說唱藝術工作室，2001.7），pp.序 5～9。

〔註174〕周定邦（創作、彈唱）《義戰嘄吧哖——台語七字仔白話史詩》（台南：臺灣說唱藝術工作室，2001.7）。（1 冊 2CD）

〔註175〕周定邦（創作）《臺灣風雲榜》（台南市立圖書館，2003.11）。

〔註176〕施師炳華（註釋）《李三娘汲水歌》（台北：國科會專題研究計劃報告，2003.7），p.序-1-2。

一個主題（或是人物），不同時代、不同地域，有不同的表現。呈現民間文學變異之通性。因此，歌仔冊可供歌謠體制和素材的母題的研究。」

闽、台「歌仔冊」現存書目，以王順隆統計的數量最多，王順隆估計對「歌仔冊」的書目從道光七年至今，發行過的種類超過 1500 種。〔註177〕至於客語系的說唱唱本，王順隆的「閩南語俗曲唱本『歌仔冊』全文資料庫」〔註178〕收有客家唱本 65 種，邱春美《臺灣客家說唱文學「傳仔」的研究》〔註179〕附錄的〈客家傳仔提要〉有 87 種，竹碧華〈臺灣北部客家說唱音樂之研究〉〔註180〕討論到 36 種。

關於「歌仔冊」的出版情形，請詳見王順隆〈談臺闽「歌仔冊」的出版概況〉〔註181〕。臺灣現在仍持續發行傳統「歌仔冊」的書商，只剩下新竹市的「竹林書局」〔註182〕，王順隆說：「今天，就筆者所知，全臺灣僅存位在新竹城隍廟附近長安街的竹林書局還在發行歌仔冊。從光復後起，一直到今天，依然保持過去的印刷及裝訂的樣式。然而，即便這碩果僅存的一家歌仔冊出版商也表示：目前除了銷售庫存的歌仔冊之外，並無計畫再印製其他的歌仔冊。也就是說，待竹林書局的庫存貨售罄之後，全臺灣，甚至可能是全世界最後一家的閩南語歌仔冊出版商也將跟隨著消失了。」〔註183〕筆者在 2004 年實地造訪竹林書局，確知該書局最早期所發行「歌仔冊」，該書局本身也沒有留存，如中央研究院的傅斯年圖書館收藏的《昭和敗戰新歌》，竹林書局本

---

〔註177〕詳見：（1）王順隆〈談臺闽「歌仔冊」的出版概況〉，《臺灣風物》v43n3（台北：臺灣風物雜誌社，1993.9.30），pp. 109～131。
　　　　（2）王順隆〈闽台「歌仔冊」書目・曲目〉，《臺灣文獻》v45n3（南投：臺灣省文獻委員會，1994.9），pp. 171～271。
　　　　（3）王順隆〈「歌仔冊」書目補遺〉，《臺灣文獻》v47n1（南投：臺灣省文獻委員會，1996.3），pp. 73～100。
〔註178〕王順隆「閩南語俗曲唱本「歌仔冊」全文資料庫」，http://www32.ocn.ne.jp/~sunliong/。
〔註179〕邱春美《臺灣客家說唱文學「傳仔」的研究》（台中：逢甲大學中國文學系碩士論文，1993.12；台北市：文津出版社，2003.12）。
〔註180〕竹碧華〈臺灣北部客家說唱音樂之研究〉，《復興崗學報》n63（1997.6），pp. 263～305。
〔註181〕王順隆〈談臺闽「歌仔冊」的出版概況〉，《臺灣風物》v43n3（台北：臺灣風物雜誌社，1993.9.30），pp. 109～131。
〔註182〕竹林書局的地址：臺灣新竹市長安街16號，電話：035-222664。
〔註183〕王順隆〈談臺闽「歌仔冊」的出版概況〉，《臺灣風物》v43n3（台北：臺灣風物雜誌社，1993.9.30），p.128。

身就沒有留存。

　　除了傳統的「歌仔冊」以外，隨著印刷科技的更新，近年來也有人創作新的「歌仔冊」，並採用現代新式的書籍裝訂方式出版，如：1998 年鹿耳門漁夫創作的〈臺灣白話史詩〉〔註 184〕與 2001 年周定邦創作的《義戰嘐吧哖——台語七字仔白話史詩》〔註 185〕，這兩本書還都以「史詩」為題。在此，期許有更多人投入「歌仔冊」這種七字仔歌的創作，不過「七字仔歌」是一種語言美與音樂美結合的民間說唱藝術，需要專家的指點與長期的學習，希望「國立傳統藝術中心」這類政府機構能主動邀請專家開班授課，以傳承與活化臺灣說唱藝術。

　　此外，1990 年代以來，臺灣各縣市文化中心、文化局出版的當地民間歌謠集，裡面也有許多臺灣歌仔的唱詞被記錄下來，以短篇的抒情歌為數較多，也有許多是中長篇的敘事歌，內容有不少與現存的「歌仔冊」相似。限於篇幅，本論文僅列出數首與臺灣歷史有關的敘事歌：2000 年出版的《雲林縣閩南語謠集（二）》，收錄土庫鎮說唱藝人吳天羅演唱的長篇敘事歌〈臺灣歷史說唱〉〔註 186〕。2003 年出版的《雲林縣閩南語謠集（五）》，將吳天羅〈臺灣歷史說唱〉、〈大地動〉、〈歲月流轉〉〔註 187〕等三份唸歌的手稿整理出版；該書並收錄有台西鄉丁進燈所演唱臺灣歷史敘事歌〈五十年前的事件〉〔註 188〕。又，2002 年 5 月出版的《宜蘭縣口傳文學》收錄有宜蘭噶瑪蘭後裔陳秋香演唱的敘事歌〈噶瑪蘭古早無歷史〉、〈我的阿祖真本等〉〔註 189〕。這些歌謠的搜集與整理，為臺灣歌仔的保存與研究助益不少，可惜，沒有發行影音出版品，僅靠文字整理，無法得知臺灣歌仔演唱的實際情形與音樂特色。

　　關於「臺灣歌仔」的蒐藏情形，在臺灣公家圖書館收藏的有：

國立中央研究院歷史語言所傅斯年圖書館的「俗文學——說唱——閩南

---

〔註 184〕鹿耳門漁夫《臺灣白話史詩》（台南：台笠出版社，1998.3）。

〔註 185〕周定邦（創作、演唱）《義戰嘐吧哖—— 台語七字仔白話史詩》（台南：臺灣說唱藝術工作室，2001.7）。

〔註 186〕見胡萬川、陳益源總編輯《雲林縣閩南語謠集（二）》（雲林縣文化局，2000.12出版），pp.2～90。

〔註 187〕見胡萬川、陳益源總編輯《雲林縣閩南語謠集（五）》（雲林縣文化局，2003.5出版），pp.68～162。

〔註 188〕字數有七百多字。

〔註 189〕兩首歌共計 240 句，1680 字以上，見邱坤良等 5 人著《宜蘭縣口傳文學》（宜蘭縣政府，2002.5），pp.482～489。

歌仔珍藏書目」計 577 筆，由曾永義於 1970 年代初期蒐集而來〔註 190〕。

國立臺灣圖書館（原名：國立中央圖書館臺灣分館）的《臺灣俗曲集》，黃得時說這是 1928 年購入的，並指出集中有 24 本歌謠，都是清朝道光到光緒年間的刊本。〔註 191〕台北的里仁書局正計畫將《臺灣俗曲集》重新出版。〔註 192〕

國外圖書館收藏臺灣說唱唱本的有：英國牛津大學 Bodleian Library（鮑德林圖書館）東方圖書館的「Alexender Wylie」（偉力文庫），於 1856～1876 年間蒐集 19 本 26 首「歌仔冊」〔註 193〕，經黃得時比對，發現題目與臺灣國立中央圖書館臺灣分館的《臺灣俗曲集》重複的多至十種。〔註 194〕據王順隆說法，日本「亞非語言文化研究所圖書館」收藏的歌仔冊共計約 250 冊。〔註

〔註 190〕詳見曾子良〈閩台歌仔敘錄與存目〉，《臺灣閩南語說唱文學「歌仔」之研究及閩台歌仔敘錄與存目》（台北：東吳大學中文所博士論文，1990.6），pp.99～221。王順隆在〈閩台「歌仔冊」書目・曲目〉（《臺灣文獻》v45n3，南投：臺灣省文獻委員會，1994.9，p.173。）也有討論到這份一資料。

〔註 191〕這份收藏已有製作微捲，排架號：239AY。黃得時在〈關於臺灣歌謠的搜集〉（《臺灣文化》v6n3.4，台北：臺灣文化協進會，1949.10.1，pp.37～38）一文中有逐一列舉歌名，王順隆的〈閩台「歌仔冊」書目・曲目〉（《臺灣文獻》v45n3，南投：臺灣省文獻委員會，1994.9，p.173）也有討論到這份一資料。

〔註 192〕里仁書局出版《臺灣俗曲集》日前曾請曾子良審稿。（陳兆南，2004.12.2 筆者論文初審意見）。

〔註 193〕介紹與討論「Alexender Wylie」（偉力文庫）這份收藏的文章以張秀蓉的〈牛津大學所藏有關臺灣的七首歌謠〉（《臺灣風物》v43n3，台北：臺灣風物雜誌社，1993.9.30，pp. 196～177）最爲詳細。
以下幾篇文章也有討論與介紹這份收藏：
（1）向達氏〈瀛涯瑣志〉，《北平圖書館館刊》v1n5（1936.9～10）。（轉引自黃得時〈關於臺灣歌謠的搜集〉）
（2）黃得時〈關於臺灣歌謠的搜集〉，《臺灣文化》v6n3.4（台北：臺灣文化協進會，，1949.10.1），pp.37～38。
（3）龍彼得《明刊閩南戲曲絃管選本三種》（台北：南天書局，1992 年）
（4）王順隆〈閩台「歌仔冊」書目・曲目〉，《臺灣文獻》v45n3（南投：臺灣省文獻委員會，1994.9），pp. 172～173。
（5）陳兆南〈臺灣歌仔綜錄〉，《逢甲中文學報》n2（台中：逢甲大學中國文學系，1994.4），p.50。

〔註 194〕詳見黃得時〈關於臺灣歌謠的搜集〉，《臺灣文化》v6n3.4（台北：臺灣文化協進會，1949.10.1），pp.37～38。

〔註 195〕包含 1994 年成立的「王育德文庫」約 150 冊，以及獲贈自美國某圖書館約 100 冊。
詳見王順隆〈「歌仔冊」書目補遺〉，《臺灣文獻》v47n1（南投：臺灣省文獻

195〕1995 曾子良搜集了 468 種的「閩南說唱歌仔（唸歌）資料蒐集計畫成果報告」交由行政院文建會收藏。〔註 196〕此外，位於南投縣的臺灣省文獻委員會的圖書室，原本有 15 種特藏的「歌仔冊」，由石陽睢舊藏轉贈，但是目前已不知去向。〔註 197〕

「歌仔冊」的私家收藏者為數日多，外國收藏較多的有：荷蘭籍的「施舟人（Kristofer M. Schipper）」（施博爾）〔註 198〕自 1960 年代來臺灣留學就開始收藏「歌仔冊」，總數超過 500 本，尚未公開。〔註 199〕「艾伯華（Wolfram Eberhard）」在 1964 年到 1968 年間在臺灣蒐集〔註 200〕，並著有《Taiwan Ballads：A Catalogue》（臺灣唱本提要），包含大量閩南語唱本與少量客語唱本，共有 197 種，其中「梁山伯與祝英台」又分為 54 集。日本籍「波多野太郎」收有「73 種，共 109 目」〔註 201〕。至於中國的收藏家，收藏品以中國唱本為

---

委員會，1996.3），pp.73～100。

〔註 196〕曾子良（搜集）「閩南說唱歌仔（唸歌）資料蒐集計畫成果報告」共 468 種（台北：行政院文建會，1995.4.30）。宜蘭縣文化局的臺灣戲曲館藏有影本，不能影印，只能借抄。

〔註 197〕2003 年 12 月初筆者請教逢甲大學中文系陳兆南教授，陳教授說臺灣省文獻委員會的圖書室這份收藏，多年前他曾經在館內借閱過，但是近年他要再去查閱時，館方人員告知這份資料已找不到。關於這份資料的介紹請見：陳兆南〈臺灣歌仔綜錄〉，《逢甲中文學報》n2（台中：逢甲大學中國文學系，1994.4），p.49。

〔註 198〕Kristofer M. Schipper 教授自己印的華文名片名為「施舟人」，「施博爾」是臺灣學者翻譯的名稱（轉述自 2003 年逢甲大學中文系陳兆南教授說法）。據台大張裕宏教授 1999 年的介紹，Kristofer M. Schipper 是荷蘭萊頓大學（Rijks University Leiden）兼法國高等學院教授。（見張裕宏〈踏話頭〉，《十九世紀歌仔冊 台省民主歌》，台北：文鶴出版公司，1999.5，p.5。）

〔註 199〕Kristofer M. Schipper 教授的收藏情形，請見以下兩篇文章：
（1）施博爾（施舟人·Kristofer M. Schipper）〈五百舊本「歌仔冊」目錄〉，《臺灣風物》v15n4（台北：臺灣風物雜誌社，1965.10.31），pp. 41～60。
（2）王順隆〈閩台「歌仔冊」書目·曲目〉，《臺灣文獻》v45n3（南投：臺灣省文獻委員會，1994.9），p.173。

〔註 200〕詳見艾伯華（Wolfarm Eberhard）〈Introduction〉，艾伯華（Wolfarm Eberhard）（著）、婁子匡（編）《臺灣唱本提要（Taiwan Ballads: A Catalogue）》（台北：東方文化書局，1974 夏）。（收在「亞洲民俗·社會生活專刊」第 22 輯，中國民俗學會/督印）
艾伯華是猶太人，出生在德國，後移居美國，已去世。（引自陳兆南教授,2005.1.13 口試）

〔註 201〕轉引自：王順隆〈閩台「歌仔冊」書目·曲目〉，《臺灣文獻》v45n3（南投：臺灣省文獻委員會，1994.9），p.174。

主，有陳勁之、林鵬翔、劉春曙等人；中國學者薛汕在 1985 年出版《書曲散記》〔註202〕一書，書中〈臺灣歌仔冊敘錄〉（寫於 1982.10.20）〔註203〕。介紹他收集到的 47 種臺灣歌仔冊，其中屬於竹林書局出版的有 41 種。

臺灣的收藏家不少，王順隆的收藏請見「閩南語俗曲唱本『歌仔冊』全文資料庫」〔註204〕，此外黃天橫、曾子良、陳健銘、陳兆南、王振義、林錦賢、臧汀生、杜建坊〔註205〕、陳慶浩〔註206〕、龍彼得〔註207〕、陳啓章、楊永智〔註208〕……也各有為數不少的收藏。〔註209〕

### （二）「歌仔冊」研究現況（1980 年代到 2004 年）

「歌仔冊」反映出「臺灣歌仔」的音樂美與語言美，這種說唱藝術原先是「乞丐」與「盲人」賴以活命的工具，結果竟成為臺灣民眾日常生活的主要娛樂，長期以來安慰著臺灣人被強權殖民統治的苦悶，撫平臺灣人艱困歲月的心酸與鬱卒。同時也擔負教育臺灣民眾人情世事與「識字」的功能，「歌仔冊」曾經是臺灣人祖先的至愛，「中華民國在臺灣」時期（戰後），對「歌仔冊」研究一開始也是將之包含在臺灣歌謠中加以討論，如本章第二節所討論的黃得時、吳瀛濤，才開始對「歌仔冊」有更系統與多元的研究，1960～

---

〔註202〕薛汕《書曲散記》（北京市：書目文獻出版社，1985）。

〔註203〕見薛汕《書曲散記》（北京市：書目文獻出版社，1985），pp.143～163。

〔註204〕王順隆〈閩南語俗曲唱本「歌仔冊」全文資料庫〉（http://www32.ocn.ne.jp/~sunliong/）。

〔註205〕杜建坊現住在台東縣。

〔註206〕陳慶浩，廣東潮州人，從香港移居法國，年近 60 歲。收藏有不少臺灣日治時期出版的「歌仔冊」。（陳兆南，2004.12.2 筆者論文初審意見）

〔註207〕龍彼得於 2004 年 3.4 月間去世，享年 80 多，與吳守禮交情深。（施師炳華、陳兆南，2004.12.2 筆者論文初審意見）

〔註208〕楊永智是東海大學中文系的助教。

〔註209〕關於現存「歌仔冊」的收藏情形，請見：

（1）曾子良〈閩台歌仔敘錄與存目〉，《臺灣閩南語說唱文學「歌仔」之研究及閩台歌仔敘錄與存目》（台北：東吳大學中文所博士論文，1990.6），pp.99～221。

（2）王順隆〈閩台「歌仔冊」書目・曲目〉，《臺灣文獻》v45n3（南投：臺灣省文獻委員會，1994.9），pp.172～175。

（3）王順隆〈「歌仔冊」書目補遺〉，《臺灣文獻》v47n1（南投：臺灣省文獻委員會，1996.3），pp.73～74）

（4）陳兆南〈臺灣歌仔綜錄〉，《逢甲中文學報》n2（台中：逢甲大學中國文學系，1994.4），pp.49～51。

（5）陳兆南《臺灣歌仔綜錄》（增訂版）。（近期將出版）

1964 年間王育德的〈談歌仔冊〉〔註210〕應屬開創者。

　　本節為了避免重複，凡是在本章第一節、第二節、第三節已經論述引用的論文，以及前述的對音樂與藝人的研究論文，都不再此討論。以下將結合研究方向與研究學者加以討論「歌仔冊」的研究現況。

　　1.「歌仔冊」的標音與註釋

　　「歌仔冊」使用漢字來記錄閩南語和臺灣 Holo 語系的說唱唱詞，關於「歌仔冊」的文字書寫特性，台語學者施師炳華指出：「歌仔冊產生於民間，以口頭說唱音為主，長期流行於民間，故其用字：多同音、音近、借義字，甚至在同一本書中，同一個音、義的字詞，用字也參差不一。」〔註211〕並指出「由音見義」是「歌仔冊」的最大特性。〔註212〕「歌仔冊」收藏家與研究學者陳兆南依臺灣使用的「歌仔冊」的出版地區分為「大陸系歌仔冊」與「台島系歌仔冊」〔註213〕，經由文字比對，他發現兩系「歌仔冊」在語言風格上有明顯變化：「台島系歌冊使用方言擬音白話字有升高現象。」而「大陸系歌冊使用『漳泉白話』語彙，也漸在台島系歌冊中消匿。」〔註214〕王育德在 1960～1964 年間發表的〈談歌仔冊（Ⅲ）〉中也指出臺灣出版「歌仔冊」在「漢字」的「表音化」上比清代在中國出版的「歌仔冊」大膽許多。〔註215〕許極燉也認為「歌仔冊」「採用通俗容易認讀的字音，在台語裡頗有把漢字推向拼音的氣勢。」〔註216〕

---

〔註210〕王育德〈談歌仔冊（Ⅰ）（Ⅱ）（Ⅲ）（補講）〉，《王育德全集 3：臺灣話講座（華文譯版）》第 17～20 講（台北：前衛出版社，2000.4），pp.179～223。

〔註211〕見施師炳華（註釋）《李三娘汲水歌》「凡例」（台北：國科會專題研究計劃報告，2003.7），p.9。

〔註212〕見施師炳華〈談歌仔冊的音字與整理〉，《成大中文學報》n8（台南：國立成功大學中文系，2000.6），p.210。

〔註213〕詳見陳兆南〈臺灣歌仔綜錄〉，《逢甲中文學報》n2（台中：逢甲大學中國文學系，1994.4），p.44。

〔註214〕詳見陳兆南〈臺灣歌仔綜錄〉，《逢甲中文學報》n2（台中：逢甲大學中國文學系，1994.4），p. 48。

〔註215〕王育德：「把清代的歌仔冊、上海出版的歌仔冊拿來跟臺灣的歌仔冊比較，就會發現前兩者漢字的用法很保守，對表音化不夠大膽。臺灣的歌仔冊何以如此勇氣可嘉，我們當然可以想像：那是受到有表音文字——假名——的日語的啟發。」（見王育德〈談歌仔冊（Ⅲ）〉，《王育德全集 3：臺灣話講座（華文譯版）》第 19 講，台北：前衛出版社，2000.4，p.210）

〔註216〕見許極燉《臺灣話通論》（台北：南天書局，2000.5），p.109。

　　「歌仔冊」是臺灣說唱「歌仔」的唱本，雖然，「由音見義」是「歌仔冊」的最大特性，但是完全以「漢字」來記錄「唸歌」的語言卻造成許多困擾，因爲「漢字」本來是爲「漢語」而設的文字，而「臺灣 Holo 話」和「中國閩南話」都不是「純」漢語的語言，「中國閩南話」是「漢語」與「古百越語」交互作用下所產生的新語言〔註217〕，根據王育德在 1960 年的研究，中國閩南話和北京話的同源詞只有 48.9%，〔註218〕日本學者 Sakai,Toru（酒井　亨）更進一步歸結出中國閩南話（Holo 語）中「愈基本、日常 ê 語詞，愈 kap 北京話 iah 是漢語無 kâng,是 Hö-ló 語的特色。」〔註219〕再來，「臺灣 Holo 話」經過三百年左右的演變，和「中國閩南話」也已是兩種不同的語言〔註220〕，林慶勳在《臺灣閩南語概論》書中就說：「因此有人稱臺灣閩南語是另一種語言，而不是單純的『方言』。」「這種現象，有點類似英語在北美洲的發展，最後稱它爲『美語』的情況。」〔註221〕

　　而「歌仔冊」又屬於臺灣說唱「唸歌」的唱本，如果要以漢字來記錄眞實語音，事實上有許多困難，因此，施師炳華認爲「對於歌仔冊的整理，有

---

〔註217〕關於「中國閩南語」的所屬語系與演變歷史，傳統的說法認爲「閩語」是「漢語」的支系，如：丁邦新《臺灣語言源流》（台北：臺灣學生書局，1985.2 四版，pp.2～5）、許極燉《臺灣語概論》（台北：臺灣語文研究發展基金會，1990.1.20 初版，1992.1.20 二版，p.167）、林慶勳《臺灣閩南語概論》（台北：心理出版社，2001.10 初版，pp.3～6）。
　　另外一種較新的說法則是認爲「閩語」的底層是「南亞語系」，不是「漢語」的一種方言。見 Noman, Jerry. 1988. Chinese. Cambridge: Cambridge Univ. Press.（轉引自 Sakai,Toru（酒井亨）〈探求 HŌ-LÓ 台語中間 Ê 非漢語語詞——羅馬字書寫法的正當性〉，《臺灣民族普羅大眾 ê 語文——白話字》，高雄：臺灣羅馬字協會出版，2003.12，p.50）。

〔註218〕轉引自自 Sakai,Toru（酒井亨）〈探求 HŌ-LÓ 台語中間 Ê 非漢語語詞——羅馬字書寫法的正當性〉，《臺灣民族普羅大眾 ê 語文——白話字》（高雄：臺灣羅馬字協會出版，2003.12），p.49。

〔註219〕詳見 Sakai,Toru（酒井亨）〈探求 HŌ-LÓ 台語中間 Ê 非漢語語詞——羅馬字書寫法的正當性〉，《臺灣民族普羅大眾 ê 語文——白話字》（高雄：臺灣羅馬字協會出版，2003.12），pp.49～50。

〔註220〕主張臺灣 Holo 話與中國閩南話應區別爲兩種語言，已是不爭的事實，臺灣研究台語的人普遍有此認知，可參見：許極燉《臺灣話通論》（台北：南天書局，2000.5，pp.1～11）、施師炳華〈臺灣話是啥乜碗糕話？〉（施師炳華，施師炳華，《行入台語文學的花園》，台南：眞平企業有限公司，2001.1，pp.57～58）、林慶勳《臺灣閩南語概論》（台北：心理出版社公司，2001.10，pp.3～6）。

〔註221〕見林慶勳《臺灣閩南語概論》（台北：心理出版社公司，2001.10），p.6。

必要註明其音。〔註222〕」同時，後人尊重與保存文獻既成的文字書寫傳統，所以「整理研究歌仔冊，必須保存原文，不能擅改原文。」〔註223〕

　　綜上所述，由於時代、地域與語言特性的不同，造成以「漢字」書寫的「歌仔冊」在今日閱讀起來頗感吃力，因此要讓現在的讀者更容易閱讀「歌仔冊」，甚至提供「唸歌」藝人說唱，對「歌仔冊」的注音與字詞解釋就成爲最基本的工作。而此一工作同時也爲台語研究提供豐富的文獻參考價值。

　　對「歌仔冊」的解讀，起初都是從字詞解釋下手，這方面的註解作有：1959 年賴建銘註解的《臺灣陳辦歌》〔註224〕，1985 年李李注釋的《新刊臺灣陳辦歌》〔註225〕，1960 年廖漢臣將 1936 年發表在《臺灣新文學》的《辛酉一歌詩》〔註226〕更名爲《戴萬生反清歌》〔註227〕，並加以校注，該歌在日治時期由楊清池演唱、賴和記錄、楊守愚潤稿。1985 年李李據廖漢臣註，而加以補註。〔註228〕2001 年官宥秀的碩士論文《臺灣閩南語移民歌謠研究》〔註229〕，附錄有「移民歌謠校注」，包含《新刊勸人莫過臺灣歌》、《周成過臺灣歌》、《甘國寶過臺灣歌》、《鄭國姓開臺灣歌》、《寶島新臺灣歌》、《臺灣歷史故事歌》等六本「歌仔冊」，每首歌前加上版本與背景說明，接著進行詳細的註解。以上這些註解爲後人理解「歌仔冊」的文字，助益不少，但是採用以

---

〔註222〕見施師炳華（註釋）《李三娘汲水歌》「凡例」（台北：國科會專題研究計劃報告，2003.7），p.9。

〔註223〕見施師炳華〈談歌仔冊的音字與整理〉，《成大中文學報》n8（台南：國立成功大學中文系，2000.6），p.210。

〔註224〕賴建銘（收藏、註解）《臺灣陳辦歌》，賴建銘，〈清代臺灣歌謠（中）〉，《台南文化（舊刊）》v6n4（台南市文獻委員會，1959.10.1），pp.87～89。

〔註225〕見李李《臺灣陳辦歌研究》第四章（台北：中國文化大學中文所碩士論文，1985.6），pp.75～113。

〔註226〕楊清池（演唱）、賴和（記錄）、楊守愚（潤稿）《辛酉一歌詩》（又名：天地會底紅旗反）（一）（二）（三），《臺灣新文學》（台中：臺灣新文學社，（一）：1936.9.19，v1n8，pp.125～132，（二）：1936.11.5，v1n9，pp.63～72，（三）：1936.12.28，v2n1，pp.63～67）。

〔註227〕廖漢臣（校註）《戴萬生反清歌》（原題：辛酉一歌詩，又題：天地會的紅旗反），廖漢臣，〈彰化縣的歌謠〉，《臺灣文獻》v11n3（台北：臺灣省文獻委員會，1960.9.27），pp.23～36。

〔註228〕楊清池（演唱）、賴和（記錄）、楊守愚（潤稿）、廖漢臣（校註）、李李（補註）《戴萬生反清歌》，李李，《臺灣陳辦歌研究》（台北：中國文化大學中文所碩士論文，1985.6），pp.151～190。

〔註229〕官宥秀《臺灣閩南語移民歌謠研究》（花蓮：花蓮師院民間文學所碩士論文，2001）。

華語漢字解說台語漢字的方式，沒有加上拼音文字或音標逐字加以標音，所以，後人在閱讀上仍感到困難重重。

同時採用注音及註釋方式來解讀「歌仔冊」的學者，始於台語與臺灣史專家王育德，他在 1960 到 1964 年間所發表的〈談歌仔冊〉，其中引述許多「歌仔冊」的文字都有附上拼音文字「臺灣羅馬字」（教會羅馬字、白話字），尤其在〈談歌仔冊（補講）〉將〈勸人莫過臺灣歌〉全文加上臺灣羅馬字、華語翻譯、導讀、字詞解釋。〔註 230〕

1997 年陳憲國、邱文錫編註《臺灣演義》〔註 231〕一書，收有三首敘述臺灣歷史的歌仔，包含〈臺灣民主國〉（原名〈台省民主歌〉）、〈辛酉一歌詩〉、〈西仔反〉，採用「教會羅馬音」與「台語ㄅㄆㄇ」標音，並加上詳細的歷史解釋與字詞解釋，用心良苦。可惜的是，《臺灣演義》一書擅改「歌仔冊」原文的漢字，而且還逕將〈台省民主歌〉改名爲〈臺灣民主國〉，研究者在參考引用時，就無法得知「歌仔冊」原文的用字情形。同時陳憲國、邱文錫編註的「歌仔冊」還有《陳三五娘》〔註 232〕一書，將收藏在中央研究院史語所傅斯年圖書館的〈陳三五娘〉與〈相諍歌〉加以注音和解釋。

1996 年到 1997 年間，林慶勳和學生共同將新竹「竹林書局」出版的《問路相褒歌》〔註 233〕加以標音〔註 234〕、註釋及華文翻譯。

黃勁連編註的《臺灣七字仔簿 7-12》〔註 235〕在 2001 年出版，採用羅馬字標音，加以字詞解釋，特別在每一本「歌仔冊」前面請多位台語研究者撰寫「本事」，收錄「歌仔冊」包含《鄭國姓開臺灣歌》、《周成過臺灣》、《二林鎮大奇案》、《義賊廖添丁》、《金快也跳運河》、《乞食‧藝旦歌》、《陳三五娘

〔註 230〕詳見王育德〈談歌仔冊（Ⅰ）（Ⅱ）（Ⅲ）（補講）〉，《王育德全集 3：臺灣話講座（華文譯版）》第 17～20 講（台北：前衛出版社，2000.4），pp. 179～223。

〔註 231〕陳憲國、邱文錫（編註）《臺灣演義》（台北：樟樹出版社，1997.8）。

〔註 232〕陳憲國、邱文錫（編註）《陳三五娘》（台北：樟樹出版社，1997.8）。

〔註 233〕見林慶勳（編）《《問路相褒歌》研究》（國立中山大學中國文學系，1998?），pp.1～48。

〔註 234〕此處用字和擬音採用張振興《臺灣閩南方言紀略》（台北：文史哲出版社，1993），詳見林慶勳（編）《《問路相褒歌》研究》（國立中山大學中國文學系，1998?），p.107。

〔註 235〕黃勁連（編註）《臺灣七字仔簿 7 鄭國姓開臺灣歌》、《臺灣七字仔簿 8 周成過臺灣》、《臺灣七字仔簿 9 二林鎮大奇案》、《臺灣七字仔簿 10 義賊廖添丁》、《臺灣七字仔簿 11 金快也跳運河》、《臺灣七字仔簿 12 乞食‧藝旦歌》（台南：台南縣文化局，2001.8）。

歌》、《桃花女周公鬥法》、《李三娘上水歌》、《金姑看羊》、《孟姜女配夫歌》、《白蛇傳》、《石平貴、王寶川歌》、《百花肖褒》，投入的心力頗多。可惜的是，黃勁連沒有交代這些「歌仔冊」的出處，而且在漢字的使用上，也直接以己意加以改字，使研究者無從得知這些「歌仔冊」原始文字的書寫樣貌。

在尊重「歌仔冊」用字與出處的基礎上，對「歌仔冊」加以注音與解釋的學者爲張裕宏和施師炳華。1999 年語言學者張裕宏校注的《臺省民主歌》〔註236〕出版，該書包含〈校注總論〉、〈校注引得〉、〈歌詞校注〉，並附有「歌仔冊」原始書影，〈歌詞校注〉採用一行「臺灣羅馬字」與一行「漢字」的書寫方式，並指出該校注所據版本有二：一是 1897 年上海點石齋的石印本，一是出處不詳的「殘卷」，張裕宏的校注詳細說明這兩種版本用字與內容的部分出入，並將自己校注的羅馬字加〔 〕標示，註解包含台語文字的書寫方式、音韻解說及歷史說明。是一本十分嚴謹的校注，嘉惠研究者頗多。

台語學者施師炳華在 2000 年發表〈談歌仔冊的音字與整理〉〔註237〕一文，強調整理「歌仔冊」必須尊重原文，從 2002 年至 2004 年施師炳華完成《李三娘汲水歌》、《周成過臺灣》、《最新運河奇案》、《最新落陰相褒歌》、《最新寶島歌》、《荔枝記陳三歌》〔註238〕等六本「歌仔冊」的註釋，標音採用 1998年 1 月 12 日教育部公告的「臺灣閩南語拼音系統」（簡稱 TLPA）。以《李三娘汲水歌》爲例，該書內容包含版本介紹、故事來源與情節介紹、凡例、「台語音標對照表」、「常用字對照表」、歌詞標音與註釋、並附有「竹林版與興新版的情節比較」、「古泉州音字對照表」、「文白異讀表」、「本書漳泉音互見舉例」、「本書用字爲偏泉腔之證明」、「用字整理舉例」、「語音的演變情形舉例」等，施師炳華長期研究與推行台語，「自覺有能力整理歌仔冊，並且責無旁貸」〔註239〕，因此申請國科會計劃，一本一本整理，使「歌仔冊」成爲易讀的通俗讀物，爲有志研究者作奠基工作。

以上對「歌仔冊」的註解都是直接從臺灣說唱唱本「歌仔冊」取材，洪

---

〔註236〕張裕宏（校注）《臺省民主歌》（台北：文鶴出版公司，1999.5）。

〔註237〕施師炳華〈談歌仔冊的音字與整理〉，《成大中文學報》n8（台南：國立成功大學中文系，2000.6），pp. 207～227。

〔註238〕施師炳華（註釋）《李三娘汲水歌》、《周成過臺灣》、《最新運河奇案》、《最新落陰相褒歌》、《最新寶島歌》、《荔枝記陳三歌》（台北：國科會專題研究計劃報告，2003.7、2004）。

〔註239〕詳見施師炳華（註釋）《李三娘汲水歌》（台北：國科會專題研究計劃報告，2003.7），序 p.2。

瑞珍的註解卻是直接從「唸歌」藝人楊秀卿的演唱而來，由楊秀卿演唱、王瑞珍編註的「歌仔冊」有三本：《廖添丁傳奇》（2001）、《哪吒鬧東海》（2002）、《新編勸世歌》（2004）〔註240〕，同時出版有聲 CD，在「製作人的話」中，洪瑞珍指出注音與註解，主要由邱文錫負責，在《哪吒鬧東海》中還收有歌詞中的「彩色魚仔圖索引」，顯得特別珍貴。

自己編歌，自彈自唱，出版有聲書，將自己寫的歌仔使加以標音、註解，並附上相關史料與圖片，就是全方位的「臺灣唸歌」藝人周定邦，他在台南成立了「臺灣說唱藝術工作室」，並在 2001 年出版《義戰嘄吧哖——台語七字仔白話史詩》〔註241〕，書中每一個字都加上羅馬音標，此處採用的是「臺灣語文學會」的「臺灣音標符號」（簡稱 TLPA），詳細的註解讓讀者能夠快速地進入其中，實在是用心良苦，可敬可佩。在 2003 年 11 月又出版自編的歌仔冊《臺灣風雲榜》〔註242〕，以臺灣民間信仰的眾多神仙爲主角，並採取「白話字」（臺灣羅馬字）與漢字對照的書寫方式。

從還原歷史的角度來校註《臺省民主歌》的專著是由陳郁秀編著、陳淳如註解、吳文星審訂的《臺灣民主歌》〔註243〕，陳郁秀說：「爲了讓後代子孫能夠更加深入認識臺灣過去的歷史，體會先民奮鬥的血淚」，請吳文星就歷史背景加以考證。陳郁秀編著的《臺灣民主歌》有三大特色：一是請國寶級藝人楊秀卿演唱整首歌，並錄 CD，二是對史事考察詳實深入，三是該書與《黃虎旗的故事——臺灣民主國文物圖錄》〔註244〕合爲套書出版〔註245〕，讓讀

〔註240〕（1）楊秀卿（演唱）、王瑞珍（編註）《廖添丁傳奇》（台北：臺灣台語社，2001.4）。

（2）楊秀卿（演唱）、王瑞珍（編註）《哪吒鬧東海》（台北：臺灣台語社，2002.10）。

（3）楊秀卿、楊再興（彈唱）、王瑞珍（編註）《哪吒鬧東海》（台北：臺灣台語社，2004.12）。（洽詢電話：0939-994201）

〔註241〕周定邦（創作、演唱）《義戰嘄吧哖——台語七字仔白話史詩》（台南：臺灣說唱藝術工作室，2001.7）。（1 冊 2CD）

〔註242〕周定邦（創作）《臺灣風雲榜》（台南市立圖書館，2003.11）。

〔註243〕陳郁秀（編著）、陳淳如（註解）、吳文星（審訂）、楊秀卿（演唱）《臺灣民主歌》（台南市：國立臺灣歷史博物館籌備處、台北市：財團法人白鷺鷥文教基金會，2002.4）。

〔註244〕黃昭堂、姚嘉文、吳密察、李明亮、李子寧（撰文）《黃虎旗的故事——臺灣民主國文物圖錄》（台南市：國立臺灣歷史博物館籌備處、國立臺灣博物館，2002.4）。

〔註245〕這套書只送不賣，詳洽台北市：財團法人白鷺鷥文教基金會（02-23931088）。

者對臺灣民主國有更立體與深刻的認識。這本書的文字註解由陳淳如負責，不論在史事上，或是台語解說，都豐富深入。最大的遺憾在於完全沒有標出漢字的音讀。

　　2003 年黃信超完成碩士論文《台閩奇案歌仔研究》〔註246〕，指導教授爲陳兆南。論文分爲上、下篇，上篇是「奇案歌仔研究」，下篇爲「奇案歌冊校注」，共校注有十六種奇案歌仔，包含《陳世美不認前妻歌》、《張文貴歌》、《包公審尿湖歌》、《新編五鼠鬧宋宮歌》、《徐湖審石獅歌》、《黃宅中審蛇歌》、《道光君斬太子歌》、《七屍八命歌》、《破腹驗花歌》、《詹典嫂告御狀》、《爲夫伸冤歌》、《通州奇案殺子報歌》、《二林鎮大奇案歌》、《基隆七號房慘案歌》、《台南運河奇案歌》、《周成過臺灣歌》。黃信超採取的校注方法，是一種創舉，他先將「歌仔冊」原稿掃描成電子檔，再經由電腦排版軟體之助，採取左欄爲原稿書影、右欄爲他的校注文字的編排方式，他的校注方式爲：先將字詞以「臺灣閩南語拼音系統」（簡稱 TLPA）標音，再加以華語翻譯。這種保存「歌仔冊」原樣、重現文獻原貌的做法，值得學習。

　　此外，曾子良在 1997 年發表的〈臺灣朱一貴歌考釋〉〔註247〕，從語言文字與歷史考證的角度切入，證明長期被誤認爲是閩南語系「歌仔冊」的《臺灣朱一貴歌》，其實是福州話系的說唱唱本，此一考證意義非凡。研究者必當注意此一發現，以免引用早期研究文獻，還誤以爲現存的《臺灣朱一貴歌》是閩南語系的「歌仔冊」。曾子良在這篇文章中，對《臺灣朱一貴歌》做了很詳細的解說，可惜曾子良的註解沒有逐字加上拼音文字或音標。

　　2.「歌仔冊」音韻、詞彙、語言、文字研究

　　從語言研究的角度對「歌仔冊」的研究，可從押韻、平仄、詞彙、文字、語言風格等角度切入。

　　臧汀生在 1979 年完成碩士論文《臺灣民間歌謠研究》〔註248〕，該書後來由臺灣商務印書館出版，更名爲《臺灣閩南語歌謠研究》〔註249〕，該書第

---

〔註246〕黃信超《台閩奇案歌仔研究》（花蓮：花蓮師院民間文學所碩士論文，2003）。
〔註247〕（1）曾子良〈臺灣朱一貴歌考釋〉《首屆臺灣民間文學學術研討會論文集》
　　　　　（彰化：臺灣省磺溪文化學會，1997.6），pp. 268～299。
　　　　（2）曾子良〈《臺灣朱一貴歌》考釋〉，《臺灣文獻》v50n3（南投：臺灣省文
　　　　　獻委員會，1999.9），pp. 87～123。
〔註248〕臧汀生《臺灣民間歌謠研究》（台北：政治大學中文研究所碩士論文，1979.5）。
〔註249〕臧汀生《臺灣閩南語歌謠研究》（台北：臺灣商務印書館，1980.5）。

五章爲〈論結構〉，引用大量「歌仔冊」文字，討論其「句子」、「表現法」、「章句與字詞」、「用韻形式」、「韻字」，在此基礎上，1989 年他完成博士論文《臺灣閩南語民間歌謠新探》〔註250〕，該書第六章〈臺灣民間歌謠的結構〉、第七章〈傳統文字記錄之討論〉、第八章〈台語文字化之討論〉，從語言文字的角度，引用諸多「歌仔冊」文字加以論證。臧汀生在 1988 年發表〈試論臺灣閩南語民間歌謠之文字記錄〉〔註251〕，這篇文章源自他的博士論文第七章〈傳統文字記錄之討論〉，列舉大量「歌仔冊」的文字，論述臺灣閩南語民間歌謠的文字記錄方法爲「擬音」與「擬意」二途，在結語中，他點出這兩種方法的優缺點，認爲臺灣民間歌謠的記錄方法，尙待學者專家集思廣義。臧汀生在 1990 年又發表〈臺灣民間歌謠韻字之討論〉〔註252〕，這篇文章源自他的博士論文第六章〈傳統文字記錄之討論〉的第五節〈韻字的討論〉，文中列舉不少「歌仔冊」的韻字加以討論，發現有「漳泉音混」、「用韻寬緩」、「不論介音」三種用韻特色。1996 年臧汀生出版《台語書面化研究》一書，該書第三章〈傳統民間口語文獻的面貌與用字方法〉〔註253〕，以新竹「竹林書局」發行的《勸改賭博歌》爲例，先逐句解說，再歸納其用字法則，期能協助大家認識臺灣傳統民間口語文獻。

臧汀生的研究並不是專就「歌仔冊」而論，而是將「歌仔冊」納入臺灣閩南語民間歌謠中加以舉證，或是從台語文字化的角度，選擇「歌仔冊」加以研究。以下幾位學者，則專門研究「歌仔冊」的語言文字。

1985 年李李完成碩士論文《臺灣陳辦歌研究》〔註254〕。該書共分八章，包含《臺灣陳辦歌》的歷史背景、注釋、問題探討、文學形式及用韻，最後並舉出臺灣歌謠中有關民族意識及動亂的作品來加以比較，特別抄出《戴萬生反清歌》（辛酉一歌詩）〔註255〕全文，並依據廖漢臣的註解，又加以補註及

〔註250〕臧汀生《臺灣閩南語民間歌謠新探》（台北：政治大學中文研究所博士論文，1989.6）。

〔註251〕臧汀生〈試論臺灣閩南語民間歌謠之文字記錄〉，《民俗曲藝》n55（台北：財團法人施合鄭民俗文化基金會，1988.9），pp. 12～30。

〔註252〕臧汀生〈臺灣民間歌謠韻字之討論〉，《民俗曲藝》n63（台北：財團法人施合鄭民俗文化基金會，1990.1），pp. 87～101。

〔註253〕臧汀生〈傳統民間口語文獻的面貌與用字方法〉，《台語書面化研究》（台北：前衛出版社，1996.4），pp.28～70。

〔註254〕李李《臺灣陳辦歌研究》（台北：中國文化大學中文研究所碩士論文，1985.6）。

〔註255〕李李自言他採用的版本爲：廖漢臣〈彰化縣的歌謠〉，《臺灣文獻》v11n3（台

背景解說，接著從結構、遣詞用字、表現手法、用韻、內容意識等角度，比較《臺灣陳辦歌》與《戴萬生反清歌》〔註 256〕。同時，李李也抄出〈士林土匪仔歌〉〔註 257〕的全文，但是沒有進一步與《臺灣陳辦歌》做比較。1992 年李李發表〈一首抗清歌謠──「臺灣陳辦歌」〉〔註 258〕，內容出自他的碩士論文。

王順隆從 1997 以來，陸續發表〈從七種全本《孟姜女歌》的語詞、文體看「歌仔冊」的進化過程〉、〈閩南語"歌仔冊"的詞彙研究──從七種《孟姜女歌》的語詞看"歌仔冊"的進化過程〉、〈「歌仔冊」韻字的研究〉、〈「歌仔冊」的押韻形式及平仄問題〉〔註 259〕。

王順隆發表的〈從七種全本《孟姜女歌》的語詞、文體看「歌仔冊」的進化過程〉和〈閩南語"歌仔冊"的詞彙研究──從七種《孟姜女歌》的語詞看"歌仔冊"的進化過程〉這兩篇論文的內容其實是一樣的，他仔細比較七種《孟姜女歌》（出版時間從 1870 年代到 1970 年代）的語詞和文體特徵，指出「在歌仔冊起源的階段，外地的唱本不經任何改寫也能在當地流傳開來。」〔註 260〕在結論中，王順隆勾勒中國閩南語系「俗曲」（說唱）唱本的形成過程：〔註 261〕

---

北：臺灣省文獻委員會，1960.9.27），pp.23～36。

〔註 256〕詳見李李《臺灣陳辦歌研究》（台北：中國文化大學中文研究所碩士論文，1985.6），pp.151～193。

〔註 257〕李李引用的版本為：何連福（口述）、吳萬水（筆紀）〈士林土匪仔歌〉，《臺灣風物》v4n5（1954.5.31），pp.55～56。

〔註 258〕李李〈一首抗清歌謠──「臺灣陳辦歌」〉，《臺灣風物》v42n4（台北：臺灣風物雜誌社，1992.12），pp. 25～45。

〔註 259〕（1）王順隆〈從七種全本《孟姜女歌》的語詞、文體看「歌仔冊」的進化過程〉，《臺灣文獻》
v48n2（南投：臺灣省文獻委員會，1997.6），pp. 165～186。
（2）王順隆〈閩南語"歌仔冊"的詞彙研究──從七種《孟姜女歌》的語詞看"歌仔冊"的進化過程〉，《第 5 屆國際閩方言研討會論文集》（中國廣州：暨南大學出版社，1999.4），pp. 188～210。
（3）王順隆〈「歌仔冊」韻字的研究〉，「第三屆臺灣語文論文發表會」（新竹：，1999.12.11），pp. 1～5。
（4）王順隆〈「歌仔冊」的押韻形式及平仄問題〉，《民俗曲藝》n136（台北：財團法人施合鄭民俗文化基金會，2002.6），pp. 201～238。

〔註 260〕見王順隆〈從七種全本《孟姜女歌》的語詞、文體看「歌仔冊」的進化過程〉，《臺灣文獻》v48n2（南投：臺灣省文獻委員會，1997.6），p. 169。

〔註 261〕詳見王順隆〈從七種全本《孟姜女歌》的語詞、文體看「歌仔冊」的進化過

俗曲唱本不同於當時流行的彈詞、小說，有輕便、簡短、通俗、低價的種種優點，所以在問世之後，立即打入中下階層的廣大市場，這是清末中國各地刊行唱本蔚爲風氣的原因。當閩南書商們看好刊印唱本這一門行業之後，爲了提高自家商品的競爭能力，就將以外地方言書寫的唱本改爲閩南方言，或是把原來就流傳於閩南民間的小曲、俗謠刻成書版刊行。

閩南唱本從「導入」至「本地化」，再進而「長篇化」、「通俗化」，以至「衰亡」，這整個過程並不一定是文學形態發展的必然過程，而是在商業本位下造成的必然結果。

王順隆在 2002 年發表的〈「歌仔冊」的押韻形式及平仄問題〉可以說是 1999 年發表的〈「歌仔冊」韻字的研究〉的增補版，在〈「歌仔冊」的押韻形式及平仄問題〉，王順隆先交代「資料來源」，接著討論「歌仔冊的押韻型式」、「韻字的平仄問題」。在「歌仔冊的押韻型式」中，他指出：「若根據各種押韻形態出現的時期來分，歌仔冊可粗略地劃分爲以下三個時期：原始期～隨興期～成熟期。」〔註262〕並指出成熟期的「歌仔冊」幾乎皆爲四句押韻的作品。在「韻字的平仄問題」中，他也提出獨到的見解：

字音的實際調值才是決定歌仔冊韻字選用的條件，與傳統漢語聲韻學的平仄無關。亦即，歌仔冊的韻腳反映的是「低高低高」（或「〇高低高」）的實際音高關係，而非「〇平仄平」的語言聲調關係。〔註263〕

1999 年林慶勳發表〈臺灣歌仔簿押韻現象考察——以《人心不知足歌》爲例〉〔註264〕也是研究「歌仔冊」的押韻。他以《人心不知足歌》爲例，指出其韻腳特點爲：1.每四句換一次韻腳，幾乎四句韻角都是仄起平收。2.韻母不同的押韻。並歸結出「歌仔冊」押韻字的五個特色：1.同字形而文白異讀；2.選用假借字：（1）爲避免本字別有讀音而選用，（2）爲求通俗易懂而選用；3.選用訓讀字；4.省字以求整齊；5.用字奇特。在 1998 年林慶勳還將他與學生在課

程〉，《臺灣文獻》v48n2（南投：臺灣省文獻委員會，1997.6），pp.175～176。

〔註262〕詳見王順隆〈「歌仔冊」的押韻形式及平仄問題〉，《民俗曲藝》n136（台北：財團法人施合鄭民俗文化基金會，2002.6），pp.206～207。

〔註263〕見王順隆〈「歌仔冊」的押韻形式及平仄問題〉，《民俗曲藝》n136（台北：財團法人施合鄭民俗文化基金會，2002.6），p.212。

〔註264〕林慶勳〈臺灣歌仔簿押韻現象考察——以《人心不知足歌》爲例〉，《第 5 屆國際閩方言研討會論文集》（中國廣州：暨南大學出版社，1999.4），pp. 172～187。

堂上討論完成的《《問路相褒歌》研究》[註265]編輯出版，該書第二部份為《問路相褒歌》研究，包含有「內容與表現手法」、「押韻現象與分析」、「訓用字特點」、「假借字析論」、「特殊詞語」等。

　　姚榮松在 2000 年發表〈臺灣閩南語歌仔冊的用字分析與詞彙解讀——以《最新落陰相褒歌》為例〉[註266]，這篇論文是 1998 年發表的〈臺灣閩南語歌仔冊的詞彙解讀——以《最新落陰相褒歌》為例〉[註267]的增補版。從「用字」與「詞彙」的角度來研究「歌仔冊」，他指出：

> 歌仔所以能作為文字作品來讀，本字仍是樞紐，如果一個七字句中，有三個非本字，理解上就比較困難，因此，就整個詞彙系統說，本字仍居大宗，其次是借音字比例偏高，這不僅反映了閩南語書面語規範之不足，也反映了漢字的特質，我們以為漢字固然是一種表意文字，或者更科學一點，說它是意音文字，其應用之關鍵仍是作為標音文字，對一位編歌者而言，如何正確標識歌仔的讀法，使歌者容易使用才是其選字的意圖，從而約定俗成。[註268]

施師炳華在 2004 年完成〈《寶島新臺灣歌》與《鄭國姓開台歌》的比較〉[註269]，他從《寶島新臺灣歌》與《鄭國姓開台歌》兩本「歌仔冊」的用字、用詞、內容順序的異同，證明《寶島新臺灣歌》的發行年代早於《鄭國姓開台歌》，並推測這是因為「出版商為了增加商品種類與銷路，乃就《寶島新臺灣歌》換個書名、前後順序顛倒，改為《鄭國姓開台歌》。」從文字研究進入到版本的考證的研究，對後來的研究者助益很大。

　　從語言來研究「歌仔冊」的碩士論文，有五篇：一是 2002 年陳雍穆撰寫、姚榮松指導的《孟姜女歌仔冊之語言研究——以押韻與用字為例》[註270]，

〔註265〕林慶勳（編）《《問路相褒歌》研究》（國立中山大學中國文學系，1998）。

〔註266〕姚榮松〈臺灣閩南語歌仔冊的用字分析與詞彙解讀——以《最新落陰相褒歌》為例〉，《國文學報》n29（台北：國立臺灣師範大學國文系，2000），pp. 193～230。

〔註267〕姚榮松〈臺灣閩南語歌仔冊的詞彙解讀——以《最新落陰相褒歌》為例〉，董忠司（主編），《臺灣語言及其教學國際研會論文集》（臺灣語言文化中心，1998.5.31），pp. 321～339。

〔註268〕見姚榮松〈臺灣閩南語歌仔冊的用字分析與詞彙解讀——以《最新落陰相褒歌》為例〉，《國文學報》n29（台北：國立臺灣師範大學國文系，2000），p. 217。

〔註269〕施師炳華（註釋）《寶島新臺灣歌》（台北：國科會專題研究計劃報告，2004.7）。

〔註270〕陳雍穆《孟姜女歌仔冊之語言研究——以押韻與用字為例》（台北：臺灣師

主要在探討孟姜女「歌仔冊」的押韻現象、用字；二是 2002 年陳姿听撰寫、董忠司指導的《臺灣閩南語相褒類歌仔冊語言研究——以竹林書局十種歌仔冊為例》〔註 271〕，挑選新竹「竹林書局」出版的十種「相褒歌」，分析其用韻、用字、詞彙。三是 2003 年郭淑惠完成《歌仔冊《八七水災歌》語言研究》〔註 272〕，針對竹林書局所出版的《八七水災歌》，觀察其語言現象，探討《八七水災歌》的內容和表現手法、押韻、詞彙。四是 2004 年李蘭馨撰寫、董忠司指導的《「開臺」、「過臺」台語歌仔冊之用韻死與詞彙研究》〔註 273〕。五是 2004 年江美文撰寫、董忠司指導的《臺灣勸世類歌仔冊之語文研究 —— 以當前新竹市竹林書局所刊行台語歌仔冊為範圍》〔註 274〕。

張淑萍在 2003 年發表〈臺灣閩南語歌仔冊用字現象分析 —— 以「勸世了解新歌」為例〉〔註 275〕，從訓用字、借音字、方言字等三種用字形式，來分析竹林書局出版的《勸世了解新歌》的文字，並整理《勸世了解新歌》的用字疏失，探討歌仔冊的書寫現象。

### 3.「歌仔冊」與臺灣社會、臺灣歷史的研究

從臺灣歷史的角度來切入「歌仔冊」的研究，時常會同時探討到臺灣政治與社會。第一本從歷史角度研究「歌仔冊」的專著是 1985 年李李的碩士論文《臺灣陳辦歌研究》〔註 276〕。李李在〈前言〉中說明其研究方式與目的:「『臺灣陳辦歌』是在清官方文書外，現存唯一可代表當時民間立場的資料，故彌足珍貴。藉此歌，我們可以與史料加以比照印證，並能從中獲得一些史籍無載之民間傳聞，與彼時動亂中人民之情態。」「透過『臺灣陳辦歌』，我們亦

---

大國文所碩士論文，2002）。

〔註 271〕陳姿听《臺灣閩南語相褒類歌仔冊語言研究—以竹林書局十種歌仔冊為例》（新竹：新竹師院臺灣語言與語文教育研究所碩士論文，2002）。

〔註 272〕郭淑惠《歌仔冊《八七水災歌》語言研究》（高雄市：國立中山大學中文研究所碩士論文，2003）。

〔註 273〕李蘭馨《「開臺」、「過臺」台語歌仔冊之用韻與詞彙研究》（新竹市：國立新竹師範學院進修暨推廣部教師在職進修臺灣語言與語文教育研究所，2004）。

〔註 274〕江美文《《臺灣勸世類歌仔冊之語文研究—— 以當前新竹市竹林書局所刊行台語歌仔冊為範圍》（新竹市：國立新竹師範學院進修暨推廣部教師在職進修臺灣語言與語文教育研究所語文教學碩士班，2004）。

〔註 275〕張淑萍〈臺灣閩南語歌仔冊用字現象分析—— 以《勸世了解新歌》為例〉，《中正大學中國文學研究所研究生論文集刊》n5（嘉義：中正大學中文所，2003.5），pp.125〜145。

〔註 276〕李李《臺灣陳辦歌研究》（台北：中國文化大學中文研究所碩士論文，1985.6）。

能對清道光年間，民間歌謠發展的情形，有一些了解認識。」〔註277〕該書共分八章，包含《臺灣陳辦歌》的歷史背景、注釋、問題探討、文學形式及用韻，最後並舉出臺灣歌謠中有關民族意識及動亂的作品來加以比較，特別抄出《戴萬生反清歌》（辛酉一歌詩）〔註278〕全文，並依據廖漢臣的註解，又加以補註及背景解說，接著從結構、遣詞用字、表現手法、用韻、內容意識等角度，比較《臺灣陳辦歌》與《戴萬生反清歌》〔註279〕。同時，李李也抄出〈士林土匪仔歌〉〔註280〕的全文，但是沒有進一步與《臺灣陳辦歌》做比較。1992年李李發表〈一首抗清歌謠──「臺灣陳辦歌」〉〔註281〕，內容出自他的碩士論文。1993年張秀蓉發表〈牛津大學所藏有關臺灣的七首歌謠〉〔註282〕，指出她所看到的《臺灣陳辦歌》版本與李李所引用的版本文字稍有出入，並指出牛津大學所藏的《新刊臺灣陳辦歌》微捲收藏於「臺灣大學圖書館」。

與《臺灣陳辦歌》同樣是描寫清領時期臺灣民變的《辛酉一歌詩》，1995年連慧珠在碩士論文《「萬生反」──十九世紀後期臺灣民間文化之歷史觀察》〔註283〕一書中，從歷史與民間文化研究的角度，做了很詳細的探討，連慧珠採用的版本是1936年發表在《臺灣新文學》的〈辛酉一歌詩〉（又名：〈天地會底紅旗反〉）〔註284〕，同時她還將之與疑似是客語作品的〈新編戴萬生作反歌〉〔註285〕作深入的比較。由於連慧珠的論文題目看不出其研究的範圍是「歌

〔註277〕詳見李李《臺灣陳辦歌研究》（台北：中國文化大學中文研究所碩士論文，1985.6），pp.3～4。

〔註278〕李李自言他採用的版本為：廖漢臣〈彰化縣的歌謠〉，《臺灣文獻》v11n3（台北：臺灣省文獻委員會，1960.9.27），pp.23～36。

〔註279〕詳見李李《臺灣陳辦歌研究》（台北：中國文化大學中文研究所碩士論文，1985.6），pp.151～193。

〔註280〕李李引用的版本為：何連福（口述）、吳萬水（筆紀）〈士林土匪仔歌〉，《臺灣風物》v4n5（1954.5.31），pp.55～56。

〔註281〕李李〈一首抗清歌謠──「臺灣陳辦歌」〉，《臺灣風物》v42n4（台北：臺灣風物雜誌社，1992.12），pp. 25～45。

〔註282〕張秀蓉〈牛津大學所藏有關臺灣的七首歌謠〉，《臺灣風物》v43n3（台北：臺灣風物雜誌社，1993.9.30）， pp. 188～185。

〔註283〕連慧珠《「萬生反」──十九世紀後期臺灣民間文化之歷史觀察》（台中：東海大學歷史系碩士論文，1995.6）。

〔註284〕楊清池（演唱）、賴和（記錄）、楊守愚（潤稿）《辛酉一歌詩》，《臺灣新文學》（台中：臺灣新文學社，（一）：1936.9.19，v1n8，pp.125～132，（二）：1936.11.5，v1n9，pp.63～72，（三）：1936.12.28，v2n1，pp.63～67）。

〔註285〕天賜（1915重抄）、洪敏麟（藏）《新編戴萬生作反歌》，連慧珠，《「萬生反」──十九世紀後期臺灣民間文化之歷史觀察》（台中：東海大學歷史系碩士

仔冊」，因此，筆者目前還沒有見到研究「歌仔冊」的學者參考她的論文，倒是研究戴萬生事件的歷史學者羅士傑在碩士論文《清代的地方菁英與地方社會 —— 以清同治年間的戴潮春事件為討論中心》中曾提及。〔註286〕

1988 年陳兆南發表〈皇民的悲歌 —— 臺灣歌仔的抗日心聲〉〔註287〕，論述「歌仔冊」中對日治時期臺灣人武裝抗日活動與反抗精神的歌詞，包含《臺灣民主歌》（原名應為《台省民主歌》）、《士林土匪歌》、《抗日救國歌》、《過去臺灣歌》、《昭和敗戰新歌》、《歡迎祖國歌》。勾勒出臺灣日治時期的「歌仔冊」的抗議色彩，不過，這篇文章只是簡論，沒有逐字逐句詳細論述。

1987 年鄭志明發表〈臺灣勸善歌謠的社會關懷〉〔註288〕，後來收錄在他的《文學民俗與民俗文學》〔註289〕一書中，鄭志明自言這篇文章的「勸世歌謠」指的是「歌仔簿」的歌仔。文章討論到「勸世歌謠的形式與內容」、「金錢取向的人際關係」、「家庭倫理的教化內容」，指出「勸世歌謠實具有針砭頑俗補弊救偏的社會功能」。

1990 年周榮杰發表〈臺灣歌謠的產生背景〉〔註290〕，討論臺灣漢語民歌的產生背景，共分 26 則，每則摘選臺灣漢語歌謠部份歌詞，接著以史料為之註釋，再加上背景說明。其中有不少歌詞是選自「歌仔冊」，可惜沒有交代歌詞的出處，連歌名也沒有交代，研究者要引用參考時，就會有些困擾。

1996 年陳健銘發表〈從歌仔冊看臺灣早期社會〉〔註291〕，從尊重與保存

論文，1995.6），pp.141～155。

〔註286〕詳見羅士傑《清代的地方菁英與地方社會 —— 以清同治年間的戴潮春事件為討論中心》（新竹：國立清華大學歷史研究所碩士論文，2000），pp.15～16。

〔註287〕陳兆南〈皇民的悲歌 —— 臺灣歌仔的抗日心聲〉，《臺灣新生報》（1988.10.25），22 版文化點線面。

〔註288〕鄭志明〈臺灣勸善歌謠的社會關懷（上）〉，《民俗曲藝》n45（台北：財團法人施合鄭民俗文化基金會，1987.1），pp. 103～119。
鄭志明〈臺灣勸善歌謠的社會關懷（下）〉，《民俗曲藝》n46（台北：財團法人施合鄭民俗文化基金會，1987.3），pp. 142～151。

〔註289〕鄭志明〈臺灣勸善歌謠的社會關懷〉，《文學民俗與民俗文學》第 18 章（嘉義：南華管理學院，1999.6），pp. 486～512。

〔註290〕周榮杰〈臺灣歌謠的產生背景（一）〉，《民俗曲藝》n64（台北：財團法人施合鄭民俗文化基金會，1990.2），pp. 17～42。
周榮杰〈臺灣歌謠的產生背景（二）〉，《民俗曲藝》n65（台北：財團法人施合鄭民俗文化基金會，1990.5），pp. 107～124。

〔註291〕陳健銘〈從歌仔冊看臺灣早期社會〉，《臺灣文獻》v47n3（南投：臺灣省文獻委員會，1996.9），pp. 61～110。

文獻原貌的研究態度出發，在這篇論文中，討論與介紹的說唱唱本包含臺灣
Holo 語系與臺灣客語系，每一首都盡可能交代其作者、版本資料、典藏地點，
並有歌詞摘錄，其中《渡台悲歌》他還將自己收藏的殘本與黃榮洛的完整本
逐一校對，文章最後還付上一些珍貴的「歌仔冊」書影。陳健銘在介紹每一
首歌時，都會從歷史背景的角度做導讀，他將時期分文「明鄭開台時期」、「清
朝統治時期」、「日人佔據時期」、「臺灣光復至今」四期，再依「歌仔冊」的
出版年代先後加以分析。這些「歌仔冊」是陳健銘十幾年來所蒐集的一小部
分而已，他在結語中指出「歌仔冊」未來的研究方式：「如何結合民間學者與
文化機構的力量，儘快著手完成這項極具時代意義的文化工程，應該是蠻值
得我們細心思考的課題。」陳健銘這篇論文為有志從臺灣歷史與社會的角度
來研究「歌仔冊」的人，提供了很好的索引，嘉惠筆者論文寫作甚大。

1998 年呂興昌發表〈古早七字入文林：論鹿耳門漁夫的臺灣白話史詩〉
〔註292〕，論述鹿耳門漁夫創作的臺灣長篇敘事歌《臺灣白話史詩》〔註293〕，
呂興昌先從臺灣日治時期民間歌謠的演變史論起，接著討論二次戰後的台語
詩歌，接著他指出將「從母語本身那種包含著血肉與歷史記憶的美感能量」
為出發點，藉著討論鹿耳門漁夫的《臺灣白話史詩》，重新思考母語與文學之
間的種種辯證關係。呂興昌指出《臺灣白話史詩》特別重庶民而輕英雄豪傑，
同時批判了臺灣人的劣根性。最後，呂興昌從文學表現手法提出《臺灣白話
史詩》的缺憾。

2000 年陳淑容發表〈庶民觀點的臺灣意象——以歌仔冊《寶島新臺灣歌》
kap《鄭國姓開台歌》為例〉〔註294〕，這篇論文的重點在於探討「歌仔冊」中
的臺灣意象，從歷史與社會文化的角度來解說《寶島新臺灣歌》與《鄭國姓
開台歌》的歌詞，並時時加上自己對歷史的批判，最後她指出《寶島新臺灣
歌》和《鄭國姓開台歌》從二次戰後初期一直流傳到今日，具有庶民的觀點
與意義。

〔註292〕呂興昌〈古早七字入文林：論鹿耳門漁夫的臺灣白話史詩〉，1998.12.25 上網，
網站：臺灣文學研究工社，站長：呂興昌，http://ws.twl.ncku.edu.tw/hak-chia/l/
lu-heng-chhiong/hi-hu.htm，2004.1.11 下載。
〔註293〕鹿耳門漁夫《臺灣白話史詩》（台南：台笠出版社，1998.3）。
〔註294〕陳淑容〈庶民觀點的臺灣意象——以歌仔冊《寶島新臺灣歌》kap《鄭國姓
開台歌》為例〉，《第 2 屆臺灣文學學術研討會：詩歌中的臺灣意象》（台南：
成功大學中文系，2000.3.11），pp. 1～11。

　　2001 年官宥秀完成由曾子良指導的碩士論文《臺灣閩南語移民歌謠研究》〔註295〕，討論有關臺灣移民墾殖的民間歌謠，雖名為「歌謠」，不過「歌仔冊」才是本論文主要的研究重心，論文附錄有「移民歌謠校注」，包含《新刊勸人莫過臺灣歌》、《周成過臺灣歌》、《甘國寶過臺灣歌》、《鄭國姓開臺灣歌》、《寶島新臺灣歌》、《臺灣歷史故事歌》等六本「歌仔冊」。論文正文共分八章，對臺灣移民歌謠有很詳細與多元的討論，包含移民歌謠的歷史內涵、思想感情、語言現象、文學價值等。在結論中，官宥秀指出：

> 綜觀移民歌謠中所反映的思想情感，始終如一的是追逐財利的思
> 想、矛盾煎熬的情感、冒險進取的精神、勸善教化的態度；在鄉土
> 意識方面，清代前期吐露的是對大陸內地的懷念眷顧之情，一心想
> 得到財利衣錦還鄉，呈現過客心態；清代後期則有所轉變，字裡行
> 間反而流佈著認同臺灣的本土意識。〔註296〕

由於臺灣是地球上的一個年輕島嶼，特殊的地理環境，自然也為臺灣帶來許多的自然災害，此外，人為疏失所造成的災害也不少，臺灣的「歌仔冊」對此現象也留下一些記錄。2003 年 11 月呂興昌發表〈臺灣歌仔冊中的災難書寫〉〔註297〕，討論「歌仔冊」中的臺灣災難歌，包含地震、水災、火災。1935 年中部大地震，呂興昌舉嘉義「玉珍漢書部」的《最新中部地震歌》和台中「瑞成書局」的《中部大震災新歌》加以討論；1958 年高雄市苓雅區荣市場大火災，呂興昌舉新竹「竹林書局」的《苓雅市場大火災》和嘉義「張玉成」出版的《高雄苓雅市場大火災歌》加以討論；1959 年臺灣中部的「八七水災」，呂興昌舉新竹「竹林書局」的《八七水災歌》加以討論。接著呂興昌綜合這些臺灣災難歌，歸結其書寫特色為「親臨其境的觀察與關懷」、「災情的敘述」、「受難的意義」。

　　2003 年郭淑惠完成《歌仔冊《八七水災歌》語言研究》碩士論文〔註298〕，

〔註295〕官宥秀《臺灣閩南語移民歌謠研究》（花蓮：花蓮師院民間文學所碩士論文，2001）。

〔註296〕見官宥秀《臺灣閩南語移民歌謠研究》（花蓮：花蓮師院民間文學所碩士論文，2001），p.193。

〔註297〕呂興昌〈臺灣歌仔冊中的災難書寫〉，《戰後初期臺灣文學與思潮國際學術研討會》（台中：東海大學中國文學系，2003.11.30），pp.1～8。

〔註298〕郭淑惠《歌仔冊《八七水災歌》語言研究》（高雄市：國立中山大學中文研究所碩士論文，2003）。

針對竹林書局所出版的《八七水災歌》，觀察其語言現象，探討《八七水災歌》的內容和表現手法、押韻、詞彙。最後並附錄有：《八七水災歌》的原文標音及翻譯。郭淑惠指出《八七水災歌》的修辭大都顯得自然，展現民間文學純樸中又富變化的一面。並推知《八七水災歌》在語音方面呈現漳、泉腔混合的現象。並肯定《八七水災歌》中保留了不少現在已不常聽聞的台語特殊詞彙，可以作為研究方言詞彙演變的依據。

2003 年 11 月曾子良發表〈臺灣地震歌——兼懷民族說唱藝人吳天羅先生〉〔註 299〕，以臺灣地震歌為研究主題，這篇論文發表在國立臺灣藝術大學中國音樂學系主辦的《2003 年說唱藝術學術研討會》，文中先將數首士大夫創作的地震詩歌與幾首民間歌仔中的地震歌相比較，以突顯歌仔冊中的地震歌的價值。接著介紹臺灣歌仔藝人吳天羅，並對他在 1999 年 12 月 25 日現場演唱的《臺灣集集大地震歌》，進行文字校對與注釋。吳天羅先生已在 2000 年去世，本文將他的演唱作品以文字方式重新發表與保存，意義非凡。

「奇案歌仔」是「歌仔冊」中的一大主題，這類歌仔之所以會流行，源於人們無聊的生活與好奇的本性，內容反映庶民生活文化，多取材自社會新聞。黃信超在 2003 年完成碩士論文《台閩奇案歌仔研究》〔註 300〕，指導教授為陳兆南。論文分為上、下篇，上篇是「奇案歌仔研究」，下篇為「奇案歌冊校注」。「奇案歌仔研究」共分六章，包含「清官公案類奇案歌仔」、「司法懸案類奇案歌仔」、「奇情軼事類奇案歌仔」、「奇案歌仔之故事結構與故事類型」。共討論十七種奇案歌仔，除了《林投姐》以外，其他十六種收在下篇「奇案歌冊校注」中，歌名為《陳世美不認前妻歌》、《張文貴歌》、《包公審尿湖歌》、《新編五鼠鬧宋宮歌》、《徐湖審石獅歌》、《黃宅中審蛇歌》、《道光君斬太子歌》、《七屍八命歌》、《破腹驗花歌》、《詹典嫂告御狀》、《為夫伸冤歌》、《通州奇案殺子報歌》、《二林鎮大奇案歌》、《基隆七號房慘案歌》、《台南運河奇案歌》、《周成過臺灣歌》。

黃信超以「奇案歌仔」這一民間故事主題為研究，這種故事主題的民間文學研究方法，可以從中看出庶民社會的集體意識或思想。黃信超在結論中說：「本文整理十七則歌仔奇案故事之後，依照構成奇案故事之主體的『迫

〔註 299〕本文收錄於《2003 年說唱藝術學術研討會論文集》（國立傳統藝術中心、國立臺灣藝術大學/出版發行，2003.12 初版），pp.213～223。
〔註 300〕黃信超《台閩奇案歌仔研究》（花蓮：花蓮師院民間文學所碩士論文，2003）。

害者』、『控訴者』、『仲裁者』加以分類，得到『壞心腸的親戚』、『負心漢』、『賭咒應驗』、『貞妻爲夫伸冤』、『冤魂作祟』、『神奇的幫助者』、『御前申冤』、『清官斷案』、『誘犯自白』、『閻羅仲裁』十種故事類型。」〔註301〕

　　2004年6月柯榮三完成碩士論文《有關新聞事件之臺灣歌歌仔冊研究》〔註302〕，指導教授爲呂興昌。「新聞事件歌仔」其內容有許多屬於「奇案歌仔」，本論文研究臺灣的歌仔冊，而黃信超的《台閩奇案歌仔研究》則包含福建的歌仔冊。這本論文正文共分五章，包含：殺人事件、災禍事件、風月事件、竊盜事件，研究的歌仔冊有十種：《二林大奇案歌》、《基隆七號房慘案歌》、《謀殺親夫大血案》、《爲戀慘案勸世歌》、《中部地震歌》、《高雄苓雅市場大火災歌》、《八七水災歌》、《台南運河奇案歌》、《乞食開藝旦歌》、《義賊廖添丁歌》。作者逐一考述這些歌仔冊的版本與內容，再依類別論析這些歌仔冊的主題與特色，期望透過此一研究，讓大家了解「庶民看待這些新聞的文學眼光與詮釋這些事件的普世價值觀。」〔註303〕

　　黃信超與柯榮三的碩士論文，以貼近庶民文化的主題爲研究範圍，開創臺灣歌仔冊的研究的新方向，並讓臺灣歌仔冊呈現更多元繽紛的價值。

　　2004年10月余佩眞發表〈從日治時期「臺灣歌仔冊」及出版社林立看民族意識的興起〉〔註304〕，企圖臺灣日治時期「歌仔冊」出版的情形，來探究其所反映的臺灣民族意識，這篇論文包含「臺灣歌仔冊出現的黃金期」、「巧合與發展的複雜因素」、「臺灣歌仔冊在三零年代的意義」這三個單元。余佩眞指出「臺灣歌仔冊」在1930年代大量在台出版的現象，有兩種意義：一是「實踐臺灣話文與漢字的保存」，二是「歌仔冊凝聚臺灣民族意識」，透過「歌仔冊」的流傳，使臺灣群眾意識到臺灣人與日本人的區別。余佩眞的研究，指出1930年代「臺灣歌仔冊」對臺灣文化與臺灣人意識的貢獻。

　　4. 從民間故事的主題來研究「歌仔冊」

〔註301〕見黃信超《台閩奇案歌仔研究》（花蓮：花蓮師院民間文學所碩士論文，2003），p.138。

〔註302〕柯榮三《有關新聞事件之臺灣歌歌仔冊研究》（台南市：國立成功大學臺灣文學系碩士論文，2004.6）。

〔註303〕見柯榮三《有關新聞事件之臺灣歌歌仔冊研究》（台南市：國立成功大學臺灣文學系碩士論文，2004.6，摘要）。

〔註304〕余佩眞，〈從日治時期「臺灣歌仔冊」及出版社林立看民族意識的興起〉，《2004臺灣羅馬字國際研討會論文集》（國家臺灣文學館（主辦），國立成功大學臺灣文學系（承辦），2004.10.9～10（舉辦）），pp.32～1～32～14。

　　以民間故事爲主題的「歌仔冊」，依故事的發生地，可分爲三種：一是臺灣，二是中國，三是虛構世界。再依故事起源創始地，可分爲兩種：一是臺灣自創的故事，二是原創於中國的故事。又依「歌仔冊」的初次出版地點，可分爲：臺灣、中國。

　　研究「歌仔冊」的民間故事主題，就目前所知，故事發生地在中國閩南泉州與潮州的「陳三五娘」故事，最早被研究，研究篇章也最多。

　　1985 年「陳香」編著的《陳三五娘研究》〔註305〕出版，該書主要在討論小說、戲曲、泉戲、潮戲中的「陳三五娘」故事，該書最後一單元爲「陳三五娘」故事的影響，批評「『歌仔簿』（俗曲）」中的「陳三五娘」故事「雜亂無章，往往任意將故事的情節顚倒或割裂，甚至於有迹近淫穢而又荒誕不經的。」〔註306〕接著陳香列舉出他曾經收藏以及現藏的陳三五娘系列「歌仔冊」，共四十三種，陳香批判以上這些歌仔簿「病在篡改」、「弊在歪曲」。此外，他對歌仔簿的語言也有所批評，他認爲用閩南白話土字入歌，唱起來雖有韻味，但是就閱讀者而言，會「覺得全部不知所云」，認爲早期的歌仔簿語言用字較「雅」，因爲早期作者胸有文墨，而後期歌仔簿語言用字甚至「俗」不可耐，因爲作者是「市井鄉野之輩」，信手亂湊。從陳香這段批評就可以知道他是認同「文人」的「雅」，而鄙視「市井鄉野之輩」的「俗」，他是從雅文學的立場來批判「歌仔簿」，而不是從「民間文學」與「俗文學」的立場出發。筆者不大認同這種研究方法，因爲「歌仔簿」是民間說唱藝術的唱本，也是俗文學的資產，研究「歌仔簿」理當從民間文學、俗文學的角度出發。

　　陳香所抄出的歌仔簿歌名，他說有三十幾種歌仔簿是在中國時所蒐集，但是戰後遷徙來臺灣時，沒有帶出來，「惟書名及摘要，卻尚留在箚記之中。」可是在這裡，陳香卻沒有註明這四十三種歌仔簿，那些是僅存書目，那些是在臺灣新購的。陳香指出這些「流傳於閩南民間的陳三五娘歌仔簿」「最早的年代是明永曆三年（1649），最晚是民國十七年（1928）。」又說：「『《荔鏡傳奇緣》』（歌仔簿），雖僅註明『明永曆己酉刻』，無附出處。然察其所用的全是泉州方言，足可肯定其刻於泉州無疑。」〔註307〕並引出《荔鏡傳奇緣》前八句歌詞，第一句是「唱出只歌分恁聽」。現存清朝時期出版的「歌仔冊」是常使用「唱歌詩」這種說法做爲開頭。1994 年王順隆在〈閩台「歌仔冊」書

---

〔註305〕陳香（編著）《陳三五娘研究》（台北：臺灣商務印書館，1985.7）。
〔註306〕見陳香（編著）《陳三五娘研究》（台北：臺灣商務印書館，1985.7），p.117。
〔註307〕見陳香（編著）《陳三五娘研究》（台北：臺灣商務印書館，1985.7），p.123。

目・曲目〉一文中提出他對「陳香」這四十三種歌仔簿的看法：〔註308〕

> 可惜的是，這些足以將「歌仔冊」歷史往前推算近二〇〇年的古稀
> 唱本並未隨作者一同撤退臺灣，如今已行蹤不明。我們無意懷疑該
> 文的可靠性，但這些僅憑陳氏個人以前的箚記所抄錄出的書目，幾
> 乎都還未見於其他文獻。因此，若要將之視爲一個改寫歷史的證據，
> 似嫌不足，暫時把它當作一份參考資料吧。

1988年陳兆南發表〈陳三五娘唱本的演化〉〔註309〕，透過版本比較，論述兩個世紀來「歌仔冊」的變化軌跡。陳兆南將所見的七種陳三五娘的「歌仔冊」，依年代先後分成三系：「全歌系」、「四部系」、「混合系」。在後期唱本「混合系」又名「抄本系」，只有1920年代的手抄本一本，陳兆南指出：「我相信抄本所呈現的融合迹象，是一般民間曲藝共有的活性，但它卻說明了後期唱本產生的第一個方法 —— 組合。後期唱本產生的第二項方法則在新撰。」最後，陳兆南得到三項結論：一是「版本」，二是「編次」，三是「情節」。在「編次」中，他指出陳三五娘唱本編次有三次變化，他認爲「這些編次上的改變，並非意味著歌仔藝人的表演方式有所改變，實則爲書販訂價議購之便利。」在「情節」中，他指出「說唱藝人」與聽眾的互動，促使「歌仔冊」的情節因地制宜，加油添醋，使得後期唱本的情節大量膨脹。

1993年劉美芳完成碩士論文《陳三五娘研究》〔註310〕，指導教授爲曾永義。這篇論文借助文字資料與田野調查，企圖具體呈現「陳三五娘」豐富的面貌，反映民間文學的變異性，以爲閩南地方戲曲研究的初步成果。論文共分五章：「陳三五娘故事的發展」、「歌謠說唱中的陳三五娘」、「戲曲中的陳三五娘」、「陳三五娘在民間劇種中的現況」、「陳三五娘故事在其他文學藝術中的呈現」。由此可知，劉美芳採取的研究資料與前述陳香的《陳三五娘研究》十分類似，不過，她在田野調查上所下的功夫遠勝於陳香，而且，她是站在認同民間文學的角度來研究，與陳香的立場大不相同。在第二章「歌謠說唱中的陳三五娘」中，劉美芳以閩台「歌仔說唱」、泉州「南音」及潮州「歌仔」爲代表。1997年2.劉美芳又發表〈偷情與宿命的糾纏 —— 臺灣『陳三五娘』

〔註308〕引自王順隆〈閩台「歌仔冊」書目・曲目〉，《臺灣文獻》v45n3（南投：臺灣省文獻委員會，1994.9），p. 173。

〔註309〕陳兆南〈陳三五娘唱本的演化〉，《民俗曲藝》n54（台北：財團法人施合鄭民俗文化基金會，1988.7），pp. 9～23。

〔註310〕劉美芳《陳三五娘研究》（台北：東吳大學中文所碩士論文，1993）。

的版本探析〉〔註311〕，這篇論文的研究重心在第三單元「臺灣版『陳三五娘』
情節結構的分析」，分別從「歌謠說唱」、「歌仔戲」、「小說」、「電影、電視劇
（歌仔戲除外）」、「舞台劇與舞劇」加以分析，在「歌謠說唱」中又分為「歌
仔唱本」、「說唱」兩項，在論述後期臺灣的十一種手抄本時，劉美芳發現臺
灣手抄本中有一些字句具有鮮明的臺灣地域色彩，「使得臺灣的歌冊發展在翻
刻大錄印本之外，終於有了自己的面貌。」接著在「說唱」中，劉美芳認為
說唱藝人的演出機動性與變異性很強，因此「錄音」「其實也不過是一次的演
出文本而已。」她比較了兩個演唱版本：一由「徐鳳順」編作、邱查某主唱，
二由黃秋田演唱，劉美芳指出邱查某的演唱方式大抵保留了傳統的說唱方
式，純唱而無口白；而黃秋田則採用「改良式唸歌」，有唱有口白，曲調也更
多樣化。

　　「金花女」故事和「陳三五娘」一樣，都是源自中國閩南地區，而後流
傳到臺灣來的故事。1988年周純一發表〈從萬曆本金花女到歌仔簿金姑看羊——
—金花女故事探討〉〔註312〕，這篇論文重在討論從「潮州劇場」到「閩南歌
仔」「金花女」故事表現方法與情節的演變，採用的資料包含兩本「歌仔冊」
和兩位說唱藝人的唸歌錄音帶。兩本「歌仔冊」：一是廈門「文德堂書局」發
售的《金姑趕羊歌》，收藏於中央研究院歷史語言研究所傅斯年圖書館（編號
M-104）；二是竹林書局的《改編金姑看羊歌》。周純一在此將全文重新打字刊
出，可惜沒有註明該「歌仔冊」的出版日期與版次。兩位說唱藝人：一是黃
秋田，他的唸歌錄音帶內容出自竹林書局的《改編金姑看羊歌》；二是呂柳仙，
他的唸歌錄音帶故事情節與前述兩本「歌仔冊」有所出入，周純一認為「可
能是藝人們口口相傳累積的成品」，「增加許多場高潮，附會雖多，只要能招
攬聽眾則心願已足。」〔註313〕

　　周純一在1989年發表的〈桃花搭渡研究〉〔註314〕，採取與「金花女」

〔註311〕劉美芳〈偷情與宿命的糾纏——臺灣『陳三五娘』的版本探析〉，《首屆臺灣
　　　　民間文學學術研討會論文集》（彰化：臺灣省磺溪文化學會，1997.6），pp. 300
　　　　～322。
〔註312〕周純一〈從萬曆本金花女到歌仔簿金姑看羊——金花女故事探討〉，《民俗曲
　　　　藝》n54（台北：財團法人施合鄭民俗文化基金會，1988.7），pp. 24～56。
〔註313〕詳見周純一〈從萬曆本金花女到歌仔簿金姑看羊——金花女故事探討〉，《民
　　　　俗曲藝》n54（台北：財團法人施合鄭民俗文化基金會，1988.7），pp. 53～55。
〔註314〕周純一〈桃花搭渡研究（上）〉，《民俗曲藝》n58（台北：財團法人施合鄭民
　　　　俗文化基金會，1989.3），pp. 54～97。周純一〈桃花搭渡研究（下）〉，《民俗

相似的研究方法，探討源自於中國的民間小戲「桃花搭渡」故事，論述其在不同時間、地點、藝術形式、語言中所產生的變異。比對的資料包含潮劇劇本、閩南高甲戲和南曲、客家海陸豐戲、臺灣客家山歌、臺灣歌仔、臺灣車鼓小戲、臺灣閩南語爆笑劇。在「六、臺灣歌仔、車鼓小戲與閩南語爆笑劇桃花搭渡」中，周純一將現存最早的「歌仔冊」《新傳桃花過渡歌》的原刊影印刊出，這是道光丙戌年（道光 6 年，西元 1826 年）「新鐫」的「歌仔冊」，可以說是現存閩台「歌仔冊」最早的刊本，周純一認爲「車鼓戲」的唱詞應該是源自這本「歌仔冊」，再經過長時間藝人的演出經驗累積，而蛻變成新竹「竹林書局」的《新桃花過渡歌》。

　　「二十四孝」故事挾著道德勸化的功用，長期流行於中國的俗文學作品中，李芝瑩在 2000 年發表〈閩南二十四孝歌仔研究〉〔註 315〕，這篇論文透過故事原型與歌仔簿及歌仔做比較研究，探討民間文學的變異性，並將官方宣講的二十四孝與民間勸化對比研究，以突顯民間文學的特色。李芝瑩比較兩本「歌仔冊」的內容，一是《二十四孝新歌》，一是《家貧出孝子歌》，都是新竹「竹林書局」1980 年代出版的版本。接著她討論「二十四孝歌仔內容的承繼與變異」，在結論中李芝瑩指出「歌仔」的情節比官方的宣講有著更多的傳奇性，較引人入勝，對「孝」的要求標準也較能反映庶民思想。

　　梁祝故事伴隨漢移民傳入臺灣，以「梁祝」故事爲研究主題論文有兩種，一是洪淑苓在 2003 年 11 月發表的〈臺灣說唱文學中的梁祝故事〉〔註 316〕。二是 2004 年秦毓茹撰寫、徐亞湘指導的《梁祝故事流布之研究—— 以臺灣地區歌仔冊與歌仔戲爲範圍》〔註 317〕，該論文研究臺灣地區的梁祝故事，先探討梁祝故事的淵源與演變外，了解其在說唱曲藝、戲劇上的發展，才對臺灣梁祝故事展開探討。在歌仔冊方面，秦毓茹按照時間的脈絡，將歷年來臺灣梁祝故事歌仔冊版本，大致分爲「萌芽期」、「興盛期」、「黑暗期」、「衰落期」、「黯淡期」，歸納出梁祝歌仔冊版式演化的脈絡及特色。論文中舉 1930 年代

　　曲藝》n59（台北：財團法人施合鄭民俗文化基金會，1989.5），pp. 85～108。
〔註 315〕李芝瑩〈閩南二十四孝歌仔研究〉，《大漢學報》n14（2000.5），pp. 207～217。
〔註 316〕本文收錄於《2003 年說唱藝術學術研討會論文集》（國立傳統藝術中心、國立臺灣藝術大學/出版發行，2003.12 初版）。
〔註 317〕秦毓茹（著）、徐亞湘（指導）《梁祝故事流布之研究—— 以臺灣地區歌仔冊與歌仔戲爲範圍》（國立花蓮師範學院民間文學研究所碩士論文，2004（92 學年））。

臺灣梁祝歌仔冊的代表作《三伯英台歌集》，從情節結構、題材演變、藝術特色與民俗價值等方面加以分析探討。

　　《周成過臺灣》是一首描寫臺灣移民社會故事的「歌仔」，1994 年王釧芬完成碩士論文《「周成過臺灣」故事的形成及演變》〔註318〕，指導教授為李豐楙。王釧芬採取的研究方式與 993 年劉美芳的《陳三五娘研究》頗為類似，不過由於《周成過臺灣》是發生在台北的故事，所以在田野調查方面，王釧芬可以著力的地方更多。該書主要章節為：「周成故事的形成背景及其分析」、「故事情節的演變及分析」、「周成故事成熟期典型的析論」、「『負心漢』類型文學之承襲及其轉變」。論文中盡可能將所有與周成故事有關的資料加以討論比較，包含傳說、地方戲曲、說唱曲藝、電視、電影、錄影帶、文人創作的小說等，企圖將周成故事放在社會文化脈絡中來解釋。雖然這本論文不單是討論「歌仔冊」中的《周成過臺灣》，不過，論文中不但討論了「歌仔冊」中的《周成過臺灣》，還訪問兩位臺灣說唱「唸歌」藝人：楊秀卿、邱查某。這種從不同藝術型式來論析同一故事的研究方法，對「歌仔冊」的研究而言，是很有意義但也很費時耗力的工作。1997 年王釧芬發表的〈『周成過臺灣』故事的演變及分析〉〔註319〕應是碩士論文的精華版。

　　王釧芬指出：「『歌仔』的說唱文學，隨移民流傳於臺灣，有悠久的歷史，因此可說，『歌仔』說唱周成故事必不晚於新劇搬演周成故事。目前所蒐集的文獻中，無法找出說唱周成故事的最早資料，僅能由田野調查 —— 說唱者的口述資料來推測周成故事 的說唱歷史。」這裡以「歌仔」悠久的歷史來論定「歌仔」的周成故事早於「新劇」，顯得武斷，如「廖添丁」的故事，新竹「竹林書局」出版的《義賊廖添丁》，開頭幾行的歌詞就說道：「來廣添丁兮古代，有看新劇著兮知，恰早無看真無彩，阮緊翻歌印出來。」〔註320〕指出「歌仔

<hr>

〔註318〕王釧芬《「周成過臺灣」故事的形成及演變》（台北：東吳大學中文所碩士論文，1994.6）。

〔註319〕王釧芬〈『周成過臺灣』故事的演變及分析〉，《首屆臺灣民間文學學術研討會論文集》（彰化：臺灣省磺溪文化學會，1997.6），pp. 211～239。

〔註320〕引自《義賊廖添丁》第一集（新竹：竹林書局，1990.8 第九版）p.1。中央研究院歷史語言研究所傅斯年圖書館藏有「梁松林」編作的「歌仔冊」《臺灣義賊——新歌廖添丁》（傅圖書碼：M～421），台北：興新出版社/印行，台北：義成圖書社/總經銷，1955 年 5 月版。內容與竹林書局大同小異，由於目前未見竹林書局最早的版本年代，加上竹林書局的歌仔冊有很多是翻抄自早期他家書商版本，而且梁松林的「歌仔冊」創作量十分豐富，因此，梁松林應

冊」的故事是改編自「新劇」。

據臺灣說唱藝人邱查某的說法，王釧芬推測：「邱女士之師承說唱系統，當可推至民國初年。」據楊秀卿表示，她所演唱的周成故事，是改編自梁松林所編的歌仔簿；但是，王釧芬所蒐集的周成故事「歌仔冊」，只有新竹「竹林書局」出版的《周成過臺灣歌》，依王釧芬的考查，「目前關於歌仔簿的書目，亦僅著錄此種。」因此，王釧芬保守推測梁松林所編的周成「歌仔冊」大約流行於 1930 年代。

「白賊七」是昔日臺灣民間故事中家喻戶曉的人物，今日臺灣人仍習慣以「白賊七」來代指愛說謊話的人；在臺灣歌仔冊中也有《白賊七新歌》。1998年 3 月陳兆南發表〈「白賊七」故事研究〉〔註321〕，這篇論文以「白賊七」這個故事為研究對象，研究文本包含歌仔簿以及民間故事，雖然歌仔簿不是本論文唯一的研究文本，但是陳兆南在書中列舉五種《白賊七新歌》的歌仔簿，並舉出白賊七故事在歌仔簿中所衍生出來的新情節，突顯歌仔簿的價值。

1999 年鄭志明出版《文學民俗與民俗文學》一書，其中收有〈從「戶蠅蚊仔大戰歌」談民間文學的創作意識〉〔註322〕，這篇論文對《戶蠅蚊仔大戰歌》的論述有兩大要點：「第一，民間文學的創作意識來自於公眾的經驗想像；第二，民間文學的創作意識來自於藝人的推理想像」。據鄭志明說法，《戶蠅蚊仔大戰歌》的原作者是基隆「宋文和」，可惜沒有進一步說明宋文和出版的發行年代與出版商，鄭志明此處研究的版本是新竹「竹林書店」的版本。《戶蠅蚊仔大戰歌》是一首虛構的動物戰爭歌，鄭志明指出：「作者將其創作的觸角伸入想像的神仙世界裡，其創作技巧由擬人化走入擬仙化，即由人鬥人的社會場景轉變為抽象的仙拼仙。」〔註323〕鄭志明指出《戶蠅蚊仔大戰歌》動物分成兩派的對抗行為，反映出臺灣漢人移民社會早期的械鬥與後來的派系鬥爭，認為「民間文學的創作價值就不單是文學性的，還有社會性的價值存

---

是廖添丁故事的原創者，梁松林的《臺灣義賊——新歌廖添丁》的開頭幾句有：「卜廣現代的故事，野無出版印在書，一位有名的男子，在著中部塊住居，這人出在咱本省，名是號做廖添丁。」這裡卻沒有說是改編自「新劇」。

〔註321〕見《臺灣民間文學學術研討會論文集》(新竹市：國立清華大學中文系，1998.3.7
　　　　～8 舉辦)，pp.225～241。
〔註322〕鄭志明〈從「戶蠅蚊仔大戰歌」談民間文學的創作意識〉，《文學民俗與民俗
　　　　文學》第 15 章 (嘉義：南華管理學院，1999.6)，pp.422～441。
〔註323〕詳見鄭志明〈從「戶蠅蚊仔大戰歌」談民間文學的創作意識〉，《文學民俗與
　　　　民俗文學》第 15 章 (嘉義：南華管理學院，1999.6)，p.426。

在。」〔註324〕鄭志明接著指出「歌仔冊」的作者大多具有藝人身份，在藝人與聽眾的互動中，使得這首「歌仔」充滿豐富的想像力，越出常規，洋溢著戲謔情趣。在論文最後，鄭志明提出他對民間文學研究的看法，並討論到民間文學的傳承與創新的問題，也批判了許多學者的研究心態：

> 但是一種民間文學或藝術受學者重視，反而不是一件好事，因為學
> 者的文學觀念有時太形而上了，與民間的價值意識有很大的差距，
> 因此建立民間文學自身的理論與評論就極為迫切了，那麼舊有的民
> 間文學恰好可以提供我們理論與價值的反省。〔註325〕

鄭志明對「學者」的批評，表明了他的研究態度，也可使從事民間文化與文學研究者做自我警惕與學習。

陳兆南 2003 年發表〈臺灣說唱的哪吒傳說〉〔註326〕，研究「歌仔冊」如何表現「哪吒故事」，並討論哪吒系列「歌仔冊」的本末及其版本。論文中比較分析「歌仔冊」中現存的三種哪吒故事版本，包含台北「黃塗活版所」1929 年出版的《哪吒鬧東海歌》、嘉義「捷發漢書部」1931 年出版的《哪吒鬧東海歌》、新竹「竹林書局」1957 年出版的《李哪吒抽龍筋歌》。陳兆南追查現存各種「歌仔冊」書目及昔日「歌仔冊」的廣告書單，他發現：

> 黃塗版的哪吒故事歌仔冊，既非廈門舊版的重刊，則為新編創的歌
> 仔冊自無疑義，而黃塗活版所的《哪吒鬧東海歌》也可視為哪吒系
> 列歌仔冊之始。〔註327〕

陳兆南此一發現，對於臺灣「歌仔冊」的出版史深具意義，也為黃塗活版所的歷史定位加分不少。因為黃塗活版所出版的「歌仔冊」絕大多數是翻印自中國的「歌仔冊」。像陳兆南這種重視版本比較，並善用「歌仔冊」的「廣告書單」來追查「歌仔冊」的出版史，是很值得研究者學習的。在〈臺灣說唱的哪吒傳說〉論文中，陳兆南進一步討論「哪吒傳說歌仔冊的母題與故事類型」，他認為哪吒傳說在故事學上包含兩個母題：「卵生英雄」與「復活母題」。

---

〔註324〕見鄭志明〈從「戶蠅蚊仔大戰歌」談民間文學的創作意識〉，《文學民俗與民俗文學》第 15 章（嘉義：南華管理學院，1999.6），p.432。

〔註325〕見鄭志明，〈從「戶蠅蚊仔大戰歌」談民間文學的創作意識〉，《文學民俗與民俗文學》第 15 章（嘉義：南華管理學院，1999.6），p.438。

〔註326〕陳兆南〈臺灣說唱的哪吒傳說〉，《第一屆哪吒學術研討會論文集》（台北：新文豐出版公司，2003.3），pp. 489～525。

〔註327〕見陳兆南〈臺灣說唱的哪吒傳說〉，《第一屆哪吒學術研討會論文集》（台北：新文豐出版公司，2003.3），p.496。

在 2002 年楊秀卿演唱的《哪吒鬧東海》〔註 328〕由洪瑞珍製作出版，包含一本歌冊和兩片 CD，日後對哪吒故事的研究應該再加上這一個演唱版本。

### 5. 從民間信仰、民俗、宗教角度的「歌仔冊」研究

1988 年陳健銘發表〈曾二娘歌和金橋科儀〉〔註 329〕，這篇論文分爲兩部分，一是討論比較三種「歌仔冊」中的「曾二娘歌」，一是討論臺灣漢人習俗「金橋科儀」中的法事戲「粧曾二」，「金橋科儀」是人死後做「頭七」與「三七」時舉行的超渡亡魂法事。陳健銘在論文列舉「曾二娘」「歌仔冊」的七種不同版本，說明其出版日期、出版商、收藏情形。他指出「曾二娘歌」的「作品本身除了強調懲惡勸善外，還深具寓教於樂，移風易俗的社會功能，因此普遍獲得民眾的接受和歡迎。」〔註 330〕

1990 年李國俊發表〈閩南「落陰」歌謠初探〉〔註 331〕，他解釋「落陰」「泛指民間舉行之各類請神入冥、牽亡儀式」，「落陰歌謠」就是「伴隨落陰儀式進行時唱念之歌謠」。他指出這種習俗是閩南地區的習俗，後來也傳到臺灣來。這篇文章共分四個單元：「閩南各類落陰歌謠與相關習俗」、「見於南管樂曲的尪姨歌」、「見於歌仔冊之落陰歌謠」、「臺灣牽亡陣所唱之『牽亡歌』」。在「見於歌仔冊之落陰歌謠」中，李國俊舉《新刊神姐歌》、《曾二娘歌》、《落陰相褒歌》加以探討，《新刊神姐歌》是早期的木刻本，沒有交代出版時間，李國俊指出：「『神姐歌』全文以五言歌謠爲主體，中間穿插許多三言、四言或七言句子」，他引用陳兆南的說法〔註 332〕，認爲「當是較早期受樂曲系影響的雜言體唱詞」。透過李國俊的研究，可以發現「歌仔冊」中的落陰歌，「內容雖有牽引亡魂、行

---

〔註 328〕楊秀卿（演唱）、王瑞珍（編註）《哪吒鬧東海》（台北：臺灣台語社，2002.10）。

〔註 329〕陳健銘〈曾二娘歌和金橋科儀〉，《民俗曲藝》n54（台北：財團法人施合鄭民俗文化基金會，1988.7），pp. 108～125。（後來收在：陳健銘，《野台鑼鼓》，台北：稻鄉出版社，1989 初版，1995 再版。）

〔註 330〕見陳健銘〈曾二娘歌和金橋科儀〉，《民俗曲藝》n54（台北：財團法人施合鄭民俗文化基金會，1988.7），p.111。

〔註 331〕李國俊的〈閩南「落陰」歌謠初探〉（《漢學研究》，台北：漢學研究中心，1990.8，v8n1，pp. 683～699），這篇文章應是李國俊的〈閩南尪姨歌研究〉（《民俗曲藝》n54，台北：財團法人施合鄭民俗文化基金會，1988.7，pp. 126～151）的增訂版，特別加入「歌仔冊」加以討論。

〔註 332〕陳兆南的原文爲：「較早的『歌仔』偶而還受到樂曲系唱腔的影響，所以早期的歌冊如《番婆弄歌》《神姐歌》者，尚有雜言體的唱詞。」（見陳兆南，〈臺灣歌仔略說〉，臺灣：《大華晚報》，第 11 版「讀書人」，1988 年 7 月 31 日）感謝陳兆南教授提供本篇文章的掃描圖檔（2003.12.1）。

走陰府之陰森氣氛，卻又顯得生動活潑、熱鬧有趣。」〔註333〕

### 6.「歌仔冊」的女性研究

以「歌仔冊」的「女性」爲研究主題的論文，目前僅知有周純一發表的〈臺灣說唱歌仔的女性描述〉〔註334〕，這篇文章於 2003.11.15 發表於「2003 年說唱藝術學術研討會」，由台北的國立臺灣藝術大學中國音樂學系主辦。

此外，2004 年王慧蓮完成碩士論文《臺灣民間歌謠婦女婚姻與角色研究》〔註335〕，該論文所討論的歌謠包含少部分「歌仔冊」，論文主要分爲〈民間歌謠中的婦女婚姻〉與〈民間歌謠中的婦女角色〉兩大部分。

就筆者所見，「歌仔冊」中的「女性」形象豐富多變，反映了民間對女性的種種看法與角色期許。目前對此一主題的研究仍顯太少，是很值得研究的新領域。

「臺灣歌仔」在過去漫長的歲月中，曾經因爲臺灣人祖先的熱愛而風靡，也曾經對昔日臺灣人發揮心靈安慰與知識啓蒙的功用；但是，在 21 世紀初的臺灣，「臺灣歌仔」的研究與推廣都還有很大的發展空間，值得表演藝術、音樂、文學、語言、歷史、文化……等領域的學者專家投入研究。因此筆者不厭其煩，詳細地討論「臺灣歌仔」的相關文獻，希望能拋磚引玉。

筆者在蒐集「臺灣歌仔」相關文獻的過程中，耗費很多的時間與金錢，也蒙受許多善心人士的慷慨協助。希望本論文的撰寫可以提供研究者一個入門的指引，讓有心研究的同好，可以更有效率與快速的找到所需要的資訊與資料，使「臺灣歌仔」的多元內涵與多重價值，可以具體且豐富的呈現在世人面前，讓臺灣人的子孫不再對祖先一無所知、漠不關心。

---

〔註333〕見李國俊〈閩南「落陰」歌謠初探〉，《漢學研究》v8n1（台北：漢學研究中心，1990.8），p.699。

〔註334〕本文收錄於《2003 年說唱藝術學術研討會論文集》（國立傳統藝術中心、國立臺灣藝術大學/出版發行，2003.12 初版）。

〔註335〕王慧蓮（著）、鍾慧玲（指導）《臺灣民間歌謠婦女婚姻與角色研究》（私立東海大學中國文學系碩士論文），2004（92 學年））。

# 第三章 「歌仔冊」中的臺灣政治敘事歌及其研究

　　以臺灣歷史上重大政治事件爲主題的「歌仔」，又以反抗統治者的抵抗事件爲最多，包含清代的「民變」與「武裝抗日」事件，臺灣人的抗官事件，爲何會受到說唱文學「歌仔」創作者的重視，而傳唱於民間呢？究竟，臺灣說唱文學「歌仔冊」是如何來詮釋這些臺灣政治事件呢？

　　這些「臺灣歷史政治歌」大多應該曾在臺灣人的生活中被演唱、被傾聽，應該也因此挑動了歌者與聽眾的情緒，透過這樣的說唱演出，臺灣民眾從中得到情感的發洩、思想的教育，這其中的種種所反映的臺灣歷史詮釋觀點，與其他純粹是書面文學的文人詩詞文章不同，許多甚至與官方史書觀點互相對抗，當然也有歌誦統治者立場的「歌仔」，這些差異，與「歌仔」身爲「說唱音樂演出」的藝術特質大有關係。以下，依時期先後，簡介這些「歌仔」，並討論其研究文獻。

## 第一節　清領時期的臺灣政治史敘事歌

　　1684 年臺灣被大清帝國劃爲版圖，採取消極治台政策的清國政府，始終不信任臺灣人，行政首長與軍隊完全將臺灣人排斥在外，貪官污吏促使臺灣人「三年一小反，五年一大亂」。

　　以台人「民變」（台人抗清國官府事件）爲主題，敘述 1832～1833 年發生的「張丙事件」，名爲《臺灣陳辦歌》的歌仔冊有兩種版本，內容相同，但

用字略異，一是《新刊臺灣陳辦歌》，影本收藏於「中央圖書館臺灣分館」，二是《新刊臺灣陳辦歌》，影本收錄在李李《臺灣陳辦歌研究》一書中〔註1〕。

　　以1862～1865年發生的「戴潮春事件」有兩種歌仔版本，一是《辛酉一歌詩》（又名：天地會的紅旗反、戴萬生反清歌），約在1925年由楊清池彈唱，賴和將之記錄爲文字，1936年楊守愚（筆名宮安中）整理發表在《臺灣新文學》雜誌〔註2〕；二是高雄縣田寮鄉曾乾舜先生的父親的毛筆手抄本，無歌名，此以第一句歌詞名之爲《相龍年一歌詩》〔註3〕。

　　由於《臺灣陳辦歌》、《辛酉一歌詩》（戴萬生反清歌）及《相龍年一歌詩》是本論文主要研究文本，因此，這三首歌的研究現況已見本論文第一章第三節，此處省略不詳論。

　　在大清帝國統治臺灣時期，敘述1884～1885年間「清法戰爭」法軍進打臺灣的基隆與淡水的歌仔冊有《西仔反》，原稿由「黃灶生」後代收藏，收在陳憲國、邱文錫編註的《臺灣演義》〔註4〕一書中。這是目前僅見的《西仔反》版本，十分珍貴，可惜陳憲國、邱文錫沒有進一步交代這本歌仔冊的原始版本資料，也沒有附上書影。陳憲國、邱文錫的註解包含台語用字解釋與歷史背景解說，對解讀文獻盡了很大的心力。並且逐字加上羅馬音標與ㄅㄆㄇ音標。如前所述，陳憲國、邱文錫編註的《臺灣演義》一書對於原始文獻的漢字用字都有所更動。

　　此外，曾子良在1997年發表的〈臺灣朱一貴歌考釋〉〔註5〕，從語言文

〔註1〕　（1）《新刊臺灣陳辦歌》影本，收藏於「中央圖書館臺灣分館」，3葉（6面）。
　　　　（2）《新刊臺灣陳辦歌》影本，收在李李的《臺灣陳辦歌研究》（台北：中國文化大學中文所碩士論文，1985.6），3葉半（7面）。

〔註2〕　楊清池（演唱）、賴和（記錄）、楊守愚（潤稿）《辛酉一歌詩》（又名：天地會底紅旗反）（一）（二）（三），《臺灣新文學》（台中：臺灣新文學社，（一）：1936.9.19，v1n8，pp.125～132，（二）：1936.11.5，v1n9，pp.63～72，（三）：1936.12.28，v2n1，pp.63～67）。

〔註3〕　曾乾舜先生的父親（手抄）《相龍年一歌詩》（原歌無題目，此以該歌首句爲題目），毛筆手抄本歌仔冊，高雄縣田寮鄉西德村蛇仔穴，日治時期，共25頁。（蔡承維先生提供影本）

〔註4〕　陳憲國、邱文錫（編註）〈西仔反〉，《臺灣演義》（台北：樟樹出版社，1997.8），pp.177～188。（原稿由「黃灶生」後代提供）

〔註5〕　（1）曾子良〈臺灣朱一貴歌考釋〉，《首屆臺灣民間文學學術研討會論文集》（彰化：臺灣省磺溪文化學會，1997.6），pp. 268～299。
　　　　（2）曾子良〈臺灣朱一貴歌考釋〉，《臺灣文獻》v50n3（南投：臺灣省文獻委員會，1999.9），pp. 87～123。

字與歷史考證的角度切入，證明長期被誤認爲是閩南語系「歌仔冊」的《臺灣朱一貴歌》，其實是福州話系的說唱唱本。研究者必當注意此一發現，以免引用早期研究文獻，還誤以爲現存的《臺灣朱一貴歌》是閩南語系的「歌仔冊」。本論文只討論臺灣 Holo 語（台語）系的歌仔冊，因此不討論《臺灣朱一貴歌》。

# 第二節　日治時期的臺灣歷史敘事歌

　　1895 年清國和日本國簽訂「馬關條約」，將臺灣「永遠讓於」日本國，被中國拋棄的臺灣人在 1895 年 5 月 25 日成立「臺灣民主國」，1897 年歌唱此一歷史的《台省民主歌》在清國出版， 現存的文字版本有三，一是上海「點石齋石印」的《臺省民主歌》，爲荷蘭籍的「施舟人（Kristofer CE Schipper）」（施博爾）〔註6〕藏本；二是上海石印書局出版的《臺省民主歌》，收錄在「中央圖書館臺灣分館」所藏的《臺灣俗曲集》中；三是張裕宏引述的「殘本」〔註7〕。在演唱文獻方面，有楊秀卿演唱的〈台省民主歌〉，對照「歌仔冊」，楊秀卿的只演唱前面四分之一的歌詞，收錄在陳郁秀的《音樂臺灣》〔註8〕有聲書。

　　日本國軍隊從 1895 年 5 月 29 日從北臺灣的「澳底」進佔臺灣，此間與臺灣反抗軍激戰，到 1895 年 10 月 21 日進駐台南城，臺灣接收工作雖大抵完成。臺灣總督在 1898 年頒布「匪徒刑罰令」，打擊抗日台人，但是直到 1915 年，臺灣人的武裝抗日行動卻層出不窮，「歌仔冊」中敘述這些抗日事件的有兩種，一是〈士林土匪仔歌〉〔註9〕，由何連福口述、吳萬水筆紀，歌唱 1895 到 1899 年間發生在北臺灣的「簡大獅」抗日游擊行動；二是《義戰嗊吧哖——台語七字仔白話史詩》〔註10〕，由周定邦創作、自彈自唱，歌唱 1915

〔註6〕 Kristofer M. Schipper 教授自己印的華文名片名爲「施舟人」，「施博爾」是臺灣學者翻譯的名稱。（轉述自 2003 年逢甲大學中文系陳兆南教授説法）據台大張裕宏教授 1999 年的介紹，Kristofer M. Schipper 是荷蘭萊頓大學（Rijks University Leiden）兼法國高等學院教授（見張裕宏，〈踏話頭〉，張裕宏，《十九世紀歌仔冊・台省民主歌》，台北：文鶴出版公司，1999.5，p.5）。

〔註7〕 見張裕宏（校注）《臺省民主歌》（台北：文鶴出版公司，1999.5）。

〔註8〕 陳郁秀《音樂臺灣》（台北：時報文化出版公司，1996.12.25），pp.150～158，CD 第 1 片第 1 首。

〔註9〕 何連福（口述）、吳萬水（筆紀）〈士林土匪仔歌〉，《臺灣風物》v4n5（1954.5.31），pp.55～56。

〔註10〕 周定邦（創作、演唱）《義戰嗊吧哖——台語七字仔白話史詩》（台南：臺灣

年發生在南臺灣的「余清芳抗日事件」（又稱「西來庵事件」、「噍吧哖事件」）。
〔註11〕

　　日本國從 1895 年開始統治臺灣，1896 年日本國會通過「第 63 號法律」
（世稱「六三法」），使臺灣總督將行政、立法、司法等大權獨攬於一身，1921
～1945 年改換為「第三號法案」（世稱「法三號」），〔註12〕臺灣人在日本嚴酷
的殖民統治下渡過了 50 年的歲月，竹林書局發行的「歌仔冊」《過去臺灣歌》
〔註13〕，控訴這段時期臺灣人所遭受的政治與司法迫害，以及日本官員受賄
貪汙的惡行惡狀。此外，1907 年手抄本《警丁歌》，由陳健銘收藏，陳健銘在
〈從歌仔冊看臺灣早期社會〉〔註14〕一文中說《警丁歌》歌唱臺灣青年被日
本政府徵調去當「警丁」（軍夫）的經歷，該文還抄出部份歌詞，對研究者提
供很好的資訊。

　　1937 年 7 月到 1945 年 8 月之間，日本國發動「大東亞戰爭」，1942 年 4
月開始向臺灣人募兵，1944 年 9 月開始在臺灣強制徵兵，到 1945.8.15 日本天
皇宣布投降，臺灣人無端被捲入這場殺戮戰爭，從 1943 年 11 月 25 日開始到
1945 年 8 月，美國與同盟國的戰機空襲臺灣各地。竹林書局發行的「歌仔冊」
《昭和敗戰新歌》（封面題名《日本拜戰擂檯對答》）〔註15〕，敘述這段臺灣
軍伕參與南洋戰爭與臺灣人躲空襲的慘痛經驗。

## 一、《臺灣民主歌》的研究現況

　　1895 年大清帝國和日本國簽訂「馬關條約」，將臺灣「永遠讓於」日本國，

　　　　說唱藝術工作室，2001.7）。（1 冊 2CD）
〔註11〕「余清芳抗日事件」（「西來庵事件」、「噍吧哖事件」）發生於 1915 年（大正 4
　　　　年），是臺灣漢人武裝抗日事件中犧牲最多、最慘烈的一次。主謀是余清芳，
　　　　起事地點在台南市的廟宇西來庵，抗日行動爆發的地點在噍吧哖（今台南縣
　　　　玉井鄉）。詳見李筱峰《臺灣史 100 件大事》上冊 pp.122～128（台北：玉山
　　　　社出版公司，1999.10）。
〔註12〕本段歷史資料引自李筱峰《臺灣史 100 件大事》（上）（台北：玉山社出版公
　　　　司，1999.10），pp.103～104。
〔註13〕《過去臺灣歌》（新竹：竹林印書局，1958.7），3 葉半（7 面）。逢甲大學中文
　　　　系陳兆南教授收藏。
〔註14〕見陳健銘〈從歌仔冊看臺灣早期社會〉，《臺灣文獻》v47n3（南投：臺灣省文
　　　　獻委員會，1996.9），pp.76～79。
〔註15〕《昭和敗戰新歌》（封面題名：日本拜戰擂檯對答）（新竹：竹林印書局，全二
　　　　本）。中央研究院傅斯年圖書館「俗文學——說唱——閩南歌仔」珍藏書目。

被清國拋棄的臺灣人在 1895 年 5 月 25 日成立「臺灣民主國」，1897 年歌唱此一歷史的《台省民主歌》在清國出版，或名《臺灣民主歌》。吳文星指出：「《臺灣民主歌》是一首史事歌謠，其與吟唱同治年間戴潮春事件的《辛酉一歌詩》，並稱臺灣革命歌謠的雙璧。」〔註16〕

　　現存的《臺灣民主歌》文字版本有三，一是上海「點石齋石印」的《臺省民主歌》，為荷蘭籍的「施舟人（Kristofer Œ. Schipper）」（施博爾）〔註17〕藏本；二是上海石印書局出版的《臺省民主歌》，收錄在「中央圖書館臺灣分館」所藏的《臺灣俗曲集》中；三是張裕宏引述的「殘本」〔註18〕。

　　關於《臺灣民主歌》的研究文獻如下：

　　1997 年陳憲國、邱文錫編註的《臺灣演義》一書，收錄〈臺灣民主國〉〔註19〕，陳憲國、邱文錫將原歌名《臺灣民主歌》更名為《臺灣民主國》，但未加以說明，就尊重文獻的角度來看，應交代說明。該書的註解以台語字詞的解釋為主，並就部分歷史背景加以註解，逐字加上羅馬音標與ㄅㄆㄇ音標，為研究者解讀文獻，用心良苦。可惜的是，《臺灣演義》一書將「歌仔冊」原文的漢字加以改寫，並且沒有提出說明，使得研究者參考引用時，無法得知「歌仔冊」原文的用字情形。邱文錫先生告訴筆者，他所採用的版本是國立中央圖書館臺灣分館所珍藏的《新刻手抄臺灣民主歌》，這本歌仔冊收在《臺灣俗曲集》〔註20〕中，封面印有「石印書局發兌」字樣，未見出版日期。

　　在尊重原始文獻的基礎上，對歌仔冊《臺省民主歌》逐行加上羅馬字拼音文字與校注解釋的學者是語言學者張裕宏。1999 年張裕宏校注的《臺省民

---

〔註16〕見陳郁秀（編著）、陳淳如（註解）、吳文星（審訂）、楊秀卿（演唱）《臺灣民主歌》（台南市：國立臺灣歷史博物館籌備處、台北市：財團法人白鷺鷥文教基會，2002.4），p.5。

〔註17〕Kristofer M. Schipper 教授自己印的華文名片名為「施舟人」，「施博爾」是臺灣學者翻譯的名稱。（轉述自 2003 年逢甲大學中文系陳兆南教授說法）據台大張裕宏教授 1999 年的介紹，Kristofer M. Schipper 是荷蘭萊頓大學（Rijks University Leiden）兼法國高等學院教授（見張裕宏，〈踏話頭〉，張裕宏，《十九世紀歌仔冊台省民主歌》，台北：文鶴出版公司，1999.5，p.5）。

〔註18〕見張裕宏（校注）《臺省民主歌》（台北：文鶴出版公司，1999.5）。

〔註19〕陳憲國、邱文錫（編註）〈臺灣民主國〉，《臺灣演義》（台北：樟樹出版社，1997.8），pp.11～90。

〔註20〕國立中央圖書館臺灣分館所珍藏的《臺灣俗曲集》，分上中下三冊，已經全部製成微捲。

主歌》〔註21〕出版，該書採用兩種版本加以校對：一是 1897 年（光緒 23 年丁酉年）上海點石齋的石印本，歌名爲《臺省民主歌》，封面有「光緒丁酉秋鎸」、「上海點石齋石印」字樣，獲贈於荷蘭籍的「施舟人（Kristofer M. Schipper）」（施博爾）；一是出處不詳的「殘卷」，這個殘本在最後比其他版本多出「借問只歌乜人編，正是曉神良君先」這兩句，最後並寫有「民主國歌終」。張裕宏的校注詳細說明這兩種版本用字與內容的部分出入，並將自己校注的羅馬字加〔〕標示，註解包含台語文字的書寫方式、音韻解說及歷史說明。是一本十分嚴謹的校注。

從還原歷史的角度來校註《臺省民主歌》的專著是由陳郁秀編著、陳淳如註解、吳文星審訂的《臺灣民主歌》〔註22〕，這本書中收有原版的書影，從原版歌仔冊書影可見原名是《臺省民主歌》，編者將它改爲《臺灣民主歌》；該歌仔冊封面還有「光緒丁酉秋鎸」、「上海點石齋石印」字樣，並有「峰松珍本」的朱印泥影，筆者推測是這本歌仔冊原是「劉峰松」〔註23〕所收藏。筆者將這本歌仔冊的書影與與張裕宏校注的《臺省民主歌》中的上海點石齋的石印本加以比對，發現是同一家出版社同一年出版的同一版本：不過張裕宏校注的那一本《臺省民主歌》封面沒有「峰松珍本」印記，而陳郁秀編著的這一本《台省民主歌》的紙張中間有一處有破損。

陳郁秀說這本《臺省民主歌》約在 1990 年左右，她與盧修一偶然發現，在 1996 年請唱歌藝人楊秀卿演唱片段歌詞，由盧修一講解，收在《音樂臺灣》有聲書。〔註24〕「爲了讓後代子孫能夠更加深入認識臺灣過去的歷史，體會先民奮鬥的血淚」，陳郁秀再度請楊秀卿女士將整首歌重新演唱，錄製成 CD，

〔註21〕張裕宏（校注）《臺省民主歌》（台北：文鶴出版公司，1999.5）。

〔註22〕陳郁秀（編著）、陳淳如（註解）、吳文星（審訂）、楊秀卿（演唱）《臺灣民主歌》（台南市：國立臺灣歷史博物館籌備處、台北市：財團法人白鷺鷥文教基金會，2002.4）。

〔註23〕劉峰松（1941～），現任國史館臺灣文獻館館長，爲現任彰化縣長翁金珠的夫婿，彰化縣「財團法人半線文教基金會」（附設「臺灣文化資料館」）的發起人。劉峰松是臺灣文獻收藏家，後來將所有珍藏的臺灣文獻捐給「臺灣文化資料館」（彰化縣員林鎮員水路二段 356 號 2 樓，TEL：04-8332170）。2000年獲我國文建會「文耕獎」。參見劉峰松〈從書痴到彰化新文化運動的義工〉（http://www.tces.chc.edu.tw/center1/lanhouse/pasoa/index4.htm，2004.11.3 參考）。

〔註24〕盧修一（講解）《音樂臺灣》（台北：白鷺鷥文教基金會，1996，CD2 片），第一片第 1 首。

並請吳文星就歷史背景加以考證。吳文星指出：《臺灣民主歌》與《辛酉一歌詩》「並稱臺灣革命歌謠的雙璧。」〔註25〕陳郁秀編著的《臺灣民主歌》有三大特色：一是請國寶級藝人楊秀卿演唱整首歌，並錄 CD，二是對史事考察詳實深入，三是該書與《黃虎旗的故事——臺灣民主國文物圖錄》〔註26〕合為套書出版〔註27〕，讓讀者對臺灣民主國有更立體與深刻的認識。

這本書的文字註解由陳淳如負責，經由相關文獻的比對、考證，詳加註解其中的史事，在書後所附的參考書目中，未見到張裕宏校注的《臺省民主歌》與陳憲國、邱文錫編註的《臺灣民主國》。為了比較這三種註解的異同，筆者將陳淳如對台語字詞的解釋，與張裕宏的校注，以及陳憲國、邱文錫的註解加以比詳細比對，發現陳淳如部分的台語註解與陳憲國、邱文錫《臺灣民主國》中的註解用詞與句法極為相似，如果陳淳如曾經參考陳憲國、邱文錫的註解，應該加以說明，以示對前人的尊重。不過，陳淳如的註解，不論在史事上，或是台語解說，都更為豐富深入。而在版本的校對上，以及對字音的考證上，以張裕宏校注的《臺省民主歌》最具學術參考價值。

陳郁秀編著、陳淳如註解、吳文星審訂的《臺灣民主歌》，最大的遺憾在於完全沒有標出漢字的音讀，如果能結合張裕宏校注的《臺省民主歌》的羅馬字，這本校註就會更完整與可讀。此外，筆者感到很可惜，只為楊秀卿、楊再興夫妻錄製聲音光碟還不夠；如果能將楊秀卿、楊再興夫妻彈唱的實際情形錄影並製成影像光碟，還原「唸歌」藝術的演出實況，可以讓讀者更容易了解「唸歌」藝術。

## 二、《義戰嗶吧哖——台語七字仔白話史詩》的研究現況

周定邦創作、自彈自唱的《義戰嗶吧哖——台語七字仔白話史詩》〔註28〕，書前收有許正勳、董峰政、方耀乾撰寫的「序」，可視為這首歌仔的初步評論，

---

〔註25〕見陳郁秀（編著）、陳淳如（註解）、吳文星（審訂）、楊秀卿（演唱）《臺灣民主歌》（台南市：國立臺灣歷史博物館籌備處、台北市：財團法人白鷺鷥文教基金會，2002.4），p.5。

〔註26〕黃昭堂、姚嘉文、吳密察、李明亮、李子寧（撰文）《黃虎旗的故事——臺灣民主國文物圖錄》（台南市：國立臺灣歷史博物館籌備處、國立臺灣博物館，2002.4）。

〔註27〕這套書只送不賣，詳洽台北市：財團法人白鷺鷥文教基金會（02-23931088）。

〔註28〕周定邦（創作、演唱）《義戰嗶吧哖——台語七字仔白話史詩》（台南：臺灣說唱藝術工作室，2001.7）。（1 冊 2CD）

簡述如下：

　　許正勳在〈用母語叫醒臺灣魂 —— 序周定邦詩集《義戰嗎吧哖》〉〔註29〕指出民間說唱傳播歷史的功能很強，這是歷史學者所不及的。

　　董峰政在〈擇「臺灣說唱」的頭旗〉〔註30〕肯定周定邦「擇『臺灣說唱』的頭旗，做一個『現代七字仔歌』的開路先峰。」

　　方耀乾在〈毋願臺灣魂失落佇深山林內〉〔註31〕指出周定邦的創作是立基於紮實的田野調查，這是昔日說唱藝人較欠缺的。方耀乾舉出周定邦《義戰嗎吧哖 —— 台語七字仔白話史詩》這本「歌仔冊」比傳統的「歌仔冊」優秀的地方有四點：

　　一、伊對台語是有研究的人，書寫的用字袂烏魯木齊、茶刀鬥鋤頭柄。
　　二、每一字頂面攏有注羅馬音，看的人欲唸或者是欲唱，音攏袂重耽。
　　三、伊是一個台語詩人，文學的底蒂在，文本的書寫也有較峘的文學性。
　　四、伊本身也是說唱的專家。

## 三、日治時期「抗議日本統治的臺灣歌仔」研究現況

　　1988年陳兆南發表〈皇民的悲歌 —— 臺灣歌仔的抗日心聲〉〔註32〕，論述「歌仔冊」中對日治時期臺灣人武裝抗日活動與反抗精神的歌詞，包含《臺灣民主歌》（原名應爲《台省民主歌》）、《士林土匪歌》、《抗日救國歌》、《過去臺灣歌》、《昭和敗戰新歌》、《歡迎祖國歌》。勾勒出臺灣日治時期的「歌仔冊」的抗議色彩，不過，這篇文章只是簡論，沒有逐字逐句詳細論述，所以這些「歌仔冊」值得再深入探析，筆者的論文將結合歷史與文學的研究，繼續深究此一內涵。又，《抗日救國歌》這首歌描寫的地點是中國的抗日，內容應與臺灣無關。

　　陳健銘在1996年發表的〈從歌仔冊看臺灣早期社會〉〔註33〕，在「參、

〔註29〕見周定邦《義戰嗎吧哖 —— 台語七字仔白話史詩》（台南：臺灣說唱藝術工作室，2001.7），pp.序 1～2。

〔註30〕見周定邦《義戰嗎吧哖 —— 台語七字仔白話史詩》（台南：臺灣說唱藝術工作室，2001.7），p.序 3。

〔註31〕見周定邦《義戰嗎吧哖 —— 台語七字仔白話史詩》（台南：臺灣說唱藝術工作室，2001.7），p. 序 4。

〔註32〕陳兆南〈皇民的悲歌 —— 臺灣歌仔的抗日心聲〉，《臺灣新生報》（1988.10.25），22 版文化點線面。

〔註33〕陳健銘〈從歌仔冊看臺灣早期社會〉，《臺灣文獻》v47n3（南投：臺灣省文獻

日人佔據時期」簡介《台省民主歌》、《士林土匪仔歌》，其中 1907 年手抄本
《警丁歌》，這首歌是僅見於此，十分珍貴。《警丁歌》歌唱臺灣青年被日本
政府徵調去當「警丁」（軍夫）的經歷，陳健銘還抄出部份歌詞，並加以簡單
註解，對研究者提供很好的資訊。在「肆、臺灣光復至今」，陳健銘介紹 1946
年邱清壽書局出版的《接迎祖國河山光復歌》〔註 34〕，這首歌僅見於此，敘
述 1945 年前後的臺灣歷史，陳健銘摘錄部分歌詞，並加以註解。

## 第三節　中華民國統治時期的臺灣政治史敘事歌

　　1945 年 10 月 25 日「臺灣光復」，臺灣人對「祖國」歡心期待，這時有汪
思明在廣播電台演唱的「念歌」《歡迎祖國》，歌唱當時臺灣各界歡迎「祖國」
的情形與臺灣人對未來的自我期許與夢想。1946 年邱清壽書局也出版了《接
迎祖國河山光復歌》〔註 35〕，由陳健銘收藏，論述 1940 年代臺灣受英、美飛
機空襲，日本戰敗的情形，並歌誦祖國光復臺灣。

　　滿心期待祖國的臺灣人，卻被「祖國」嫌棄，被批判為「受日本奴化教
育」，「臺灣省行政長官公署」的 21 名高層官員只有 1 位臺灣人，316 名中層
人士中也只有 17 位臺灣人；〔註 36〕「臺灣光復」也使得臺灣被捲入中國的「國
共內戰」，「祖國」的貪官污吏最後引爆了 1947 年的「二二八大屠殺」〔註 37〕。
鹿耳門漁夫創作的〈二二八見證歌〉〔註 38〕，是目前僅知以「二二八」為主
題的七字仔敘事歌。

　　1949 年 10 月 1 日「中華人民共和國」舉行開國大典，同年 12 月 7 日「中
華民國」政府播遷臺灣，1949 年 5 月到 1987 年 7 月臺灣實施「戒嚴」，1950
年 4 月臺灣公布「懲治叛亂條例」，同年 6 月公布「動員勘亂時期檢肅匪諜
條例」，在 1949 年到 1987 年間的「白色恐怖」時期，臺灣出發生了 29000

　　　　委員會，1996.9），pp. 61～110。
〔註 34〕見陳健銘〈從歌仔冊看臺灣早期社會〉，《臺灣文獻》v47n3（南投：臺灣省文
　　　　獻委員會，1996.9），pp.95～96。
〔註 35〕見陳健銘〈從歌仔冊看臺灣早期社會〉，《臺灣文獻》v47n3（南投：臺灣省文
　　　　獻委員會，1996.9），pp.95～96。
〔註 36〕本段歷史數據引自李筱峰《臺灣史 100 件大事》（下）（台北：玉山社出版公
　　　　司，1999.10），pp.6～7。
〔註 37〕1947 年的「二二八」有各種說法，此處引用臺灣史專家「楊碧川」講法。
〔註 38〕鹿耳門漁夫〈二二八見證歌〉，《臺灣白話史詩》（台南：台笠出版社，1998.3），
　　　　pp.198～203。

多件的政治獄，有 14 萬人受難，其中 3000～4000 人被處決。〔註39〕王育德〔註 40〕創作的《現時臺灣政治歌》〔註 41〕描寫這段時期臺灣的政治情況，這首歌採用一句五言的方式，但仍可視爲是一首「臺灣歌仔」。

## 第四節　「臺灣史詩」類型的臺灣政治史敘事歌

有幾首「歌仔」橫跨不同時期，具有臺灣通史敘事歌性質，這些歌有長有短，文字的文獻有：竹林書局在 1950 年代發行的《寶島新臺灣歌》〔註42〕和《鄭國姓開臺灣歌》〔註43〕，敘述期間從明鄭時期到中華民國在臺灣時期。鹿耳門漁夫在 1995～1997 年間創作的《臺灣白話史詩》〔註44〕，敘述時期包含臺灣原住民「當家做主」時期、荷據時期、鄭氏王朝、清領時期、日治時期。李坤城在 1991 年創作〈原鄉Ⅱ〉〔註45〕，也是一首仿照傳統七字仔歌的臺灣通史敘事歌，敘述四百年來的臺灣身世，不過演唱者羅大佑的演唱採取台語新式流行歌唱法，不同於傳統的念歌。

具有臺灣通史敘事歌性質的演唱文獻，還有：吳天羅演唱的《臺灣史詩》〔註46〕和楊秀卿演唱的〈勸世說唱（1）七字調接江湖調〉〔註47〕，都收錄在

〔註39〕本段歷史數據轉引自李筱峰《臺灣史 100 件大事》（下）（台北：玉山社出版公司，1999.10），pp.39～40。白色恐怖時期政治獄的數據是李筱峰引述自當時任立法委員的「謝聰敏」的調查。

〔註40〕1949 年王育德從臺灣逃亡日本，後來並成爲「台獨聯盟」的創辦人。王育德是第一位將「歌仔冊」定位爲「臺灣人的文化遺產」的學者，並從臺灣史、臺灣語言、臺灣文化等角度來探討歌仔冊。

〔註41〕王育德〈現時臺灣政治歌〉，原本印在日本的「台獨聯盟」傳單，後來收在《王育德全集 11：創作＆評論集》（台北：前衛出版社，2002.7），pp.85～89。

〔註42〕《寶島新臺灣歌》（新竹：竹林印書局，1956.6 一版，1990.6 九版，全二本），6 葉（12 面）。

〔註43〕《鄭國姓開臺灣歌》（新竹：竹林印書局，1958.10 一版，1987.5 八版，全二本），6 葉（12 面）。

〔註44〕（1）鹿耳門漁夫〈臺灣白話史詩〉，《臺灣白話史詩》（台南：台笠出版社，1998.3），pp.78～97。
　　　　（2）鹿耳門漁夫〈臺灣白話史詩〉，《鹿耳門漁夫詩集》（台南：台南市立圖書館，2002.12），pp.11～67。

〔註45〕李坤城（創作）、羅大佑（演唱）〈原鄉Ⅱ〉，《原鄉》（台北：滾石唱片，1991）。

〔註46〕吳天羅（演唱）、張炫文（記譜）〈臺灣史詩〉，《臺灣說唱音樂》（台中：臺灣省教育廳交響樂團，1986.6），pp.121～126。（附 Tape）

〔註47〕楊秀卿（演唱）、張炫文（記譜）〈勸世說唱（1）七字調接江湖調〉，《臺灣說

張炫文《臺灣說唱音樂》的錄音帶中，可惜只節錄部分。雲林縣文化局出版
《雲林縣閩南語謠集（二）》，收錄吳天羅演唱的長篇敘事歌〈臺灣歷史說唱〉
〔註48〕；《雲林縣閩南語謠集（五）》，更將吳天羅〈臺灣歷史說唱〉、〈大地動〉、
〈歲月流轉〉〔註49〕等三份念歌的手稿整理出版：該書並收錄有台西鄉丁進
燈所演唱臺灣歷史敘事歌〈五十年前的事件〉〔註50〕。又，2002 年 5 月出版
的《宜蘭縣口傳文學》收錄有宜蘭噶瑪蘭後裔陳秋香演唱的敘事歌〈噶瑪蘭
古早無歷史〉、〈我的阿祖眞本等〉〔註51〕。這些歌謠的搜集與整理，爲臺灣
歌仔的保存與研究助益不少，可惜，沒有發行影音出版品，僅靠文字整理，
無法得知臺灣歌仔演唱的實際情形與音樂特色。

## 一、《過去臺灣歌》、《寶島新臺灣歌》、《鄭國姓開臺灣歌》的研究
### 現況

　　1996 年陳健銘在〈從歌仔冊看臺灣早期社會〉一書中列舉新竹「竹林書
局」發行的《鄭國姓開台歌》（有兩種版本：1.全本、2.上下本，內容有些許
不同）、《寶島新臺灣歌》、《過去臺灣歌》，認爲這三種歌仔冊的內容十分相似，
而繁簡不同〔註52〕。

　　2000 年陳淑容發表〈庶民觀點的臺灣意象──以歌仔冊《寶島新臺灣歌》
kap《鄭國姓開台歌》爲例〉，經過內容的詳細比對，又引述陳健銘說法，「來
大膽推測《寶島新臺灣歌》ê 出版年代應該比《鄭國姓開臺灣歌》卡早，《鄭
國姓開臺灣歌》有可能按《寶島新臺灣歌》ê 版本來修改，變做卡接近中國白
話文方式 ê 口氣來出版。」〔註53〕，這篇論文的重點在於探討歌仔冊中的臺

---

　　　唱音樂》（台中：臺灣省教育廳交響樂團，1986.6），pp.24～28。（附 Tape）
〔註48〕見胡萬川、陳益源總編輯《雲林縣閩南語謠集（二）》（雲林縣文化局，2000.12
　　　出版），pp.2～90。
〔註49〕見胡萬川、陳益源總編輯《雲林縣閩南語謠集（五）》（雲林縣文化局，2003.5
　　　出版），pp.68～162。
〔註50〕字數有七百多字。
〔註51〕兩首歌共計 240 句，1680 字以上，見邱坤良等 5 人著《宜蘭縣口傳文學》（宜
　　　蘭縣政府，2002.5），pp.482～489。
〔註52〕詳見陳健銘〈從歌仔冊看臺灣早期社會〉，《臺灣文獻》v47n3（南投：臺灣省
　　　文獻委員會，1996.9），pp. 66～67。
〔註53〕見陳淑容〈庶民觀點的臺灣意象──以歌仔冊《寶島新臺灣歌》kap《鄭國姓
　　　開台歌》爲例〉，《第 2 屆臺灣文學學術研討會：詩歌中的臺灣意象》（台南：
　　　成功大學中文系，2000.3.11），p.2。

灣意象，從歷史與社會文化的角度來解說《寶島新臺灣歌》與《鄭國姓開台歌》的歌詞，並時時加上自己對歷史的批判，最後她指出《寶島新臺灣歌》和《鄭國姓開台歌》從二次戰後初期一直流傳到今日，具有庶民的觀點與意義。

2001 年官宥秀完成由曾子良指導的碩士論文《臺灣閩南語移民歌謠研究》〔註54〕，包含《鄭國姓開臺灣歌》、《寶島新臺灣歌》這兩首歌仔，將其與「移民」主題有關的內容加以討論，包含歷史內涵、思想感情、語言現象、文學價值等。該論文的附錄並將這兩首歌全文加以文字註釋，嘉惠研究者，可惜沒有逐字標音。

註解《鄭國姓開臺灣歌》，並逐字加以羅馬字標音的是黃勁連，2001 年他編註的《臺灣七字仔簿 7 鄭國姓開臺灣歌》〔註55〕出版，註解包含台語用字與歷史背景。可惜是黃勁連沒有交代他所依據的原始版本爲何，而且又依己意將漢字加以改動，在文獻的保存與研究這方面美中不足。該書並收有王宗傑所寫的〈《鄭國姓開臺灣歌》本事〉〔註56〕，這篇文章先介紹相關的史事，再進一步導讀《鄭國姓開臺灣歌》的內容，全文以台語漢字書寫。

施師炳華在 2004 年完成《寶島新臺灣歌》註釋，該書附錄有〈《寶島新臺灣歌》與《鄭國姓開台歌》的比較〉〔註57〕，該文是在 2000 年時，受到陳淑容的論文啓發而撰寫。施師炳華認爲陳淑容的推測應無爭議，但是陳淑容的論文重在「臺灣意象」的探討，沒有詳細就兩書的關係析論，因此他從《寶島新臺灣歌》與《鄭國姓開台歌》兩本歌仔冊的用字、用詞、內容順序的異同，證明《寶島新臺灣歌》的發行年代早於《鄭國姓開台歌》。並推測這是因爲「出版商爲了增加商品種類與銷路，乃就《寶島新臺灣歌》換個書名、前後順序顛倒，改爲《鄭國姓開台歌》。」施師炳華此一論證，從文字研究進入到版本的考證的研究，對後來的研究者助益很大。

陳兆南收藏有一本竹林書局 1958 年 7 月 8 日發行的《過去臺灣歌》，共 7

〔註54〕 官宥秀《臺灣閩南語移民歌謠研究》（花蓮：花蓮師院民間文學所碩士論文），2001。

〔註55〕 黃勁連（編註）《臺灣七字仔簿 7 鄭國姓開臺灣歌》（台南：台南縣文化局，2001.8）。

〔註56〕 王宗傑《鄭國姓開臺灣歌》本事〉，黃勁連（編註），《臺灣七字仔簿 7 鄭國姓開臺灣歌》（台南：台南縣文化局，2001.8），pp. 3～18。

〔註57〕 施師炳華（註釋）《寶島新臺灣歌》（台北：國科會專題研究計劃報告，2004.7）。

面，82 行，每行 4 句，共 328 句。其內容主要敘述臺灣人在日治時期痛苦的被殖民經歷。歌詞前面 30 句爲臺灣簡史，從鄭成功寫到 1945 年中華民國接管臺灣，歌詞最後 24 行歌誦中華民國與蔣介石，並以反攻大陸做結。筆者以《寶島新臺灣歌》、《鄭國姓開台歌》的歌詞比對，發現絕大部分歌詞相同；而《寶島新臺灣歌》與《鄭國姓開台歌》詳細敘述清領時期臺灣人的生活，則未見於《過去臺灣歌》。因此，《過去臺灣歌》極有可能是《寶島新臺灣歌》、《鄭國姓開台歌》的原始版本。

## 二、鹿耳門漁夫《臺灣白話史詩》的研究現況

「鹿耳門漁夫」本名蔡奇蘭（1944〜）〔註58〕，在 1995〜1997 年間創作的《臺灣白話史詩》〔註59〕，該書前面收有周長楫、施師炳華、龔顯宗、莊柏林、林德政等人所寫的「序」，這些書序大多具有導讀與評論的性質，逐一說明如下：

周長楫的〈序文〉〔註60〕贊賞《臺灣白話史詩》以臺灣七字仔詩記載幾千年的臺灣歷史，概括簡約又有意象，氣勢宏大又有情味。

施師炳華的〈七字仔史詩〉〔註61〕指出鹿耳門漁夫是一位「繁華落盡見眞純」的詩人，接著先簡介「七字仔」與「歌仔冊」，指出臺灣的「七字仔」（褒歌）藝術水準不輸給中國的「詩經」。接著從幾點來論評鹿耳門漁夫的作品：「一、自然天成的韻律」、「二、活跳跳的語言」、「三、運用諺語」、「四、反映臺灣文化、政治、民風」、「五、深厚的臺灣情」。指出《臺灣白話史詩》是「臺灣『史無前例』的臺灣史詩」。最後，施師炳華認爲《臺灣白話史詩》在「用字」方面，如何能使讀者容易看懂，達到「意義」和「台語音」配合恰當，仍有可以改進的空間。

---

〔註58〕 蔡奇蘭，男性，1944 年出生於台南土城子，早年經商，現專注於詩歌創作，成立「台江詩社」，創辦「台江詩刊」，現旅居加拿大，被譽爲「七字仔大師」。（見鹿耳門漁夫《鹿耳門漁夫詩集》，台南市立圖書館（編印），2002.12，封面摺頁作者介紹）

〔註59〕 鹿耳門漁夫〈臺灣白話史詩〉，《臺灣白話史詩》（台南：台笠出版社，1998.3），pp.78〜97。

〔註60〕 見鹿耳門漁夫《臺灣白話史詩》（台南：台笠出版社，1998.3），pp. 2〜6。

〔註61〕 見鹿耳門漁夫《臺灣白話史詩》（台南：台笠出版社，1998.3），pp. 7〜18。後來收在：施師炳華《行入台語文學的花園》（台南：眞平企業有限公司，2001.1），pp. 247〜254。

　　龔顯宗的〈史論型的臺灣俗曲——序《鹿耳門漁夫詩集》〉〔註 62〕，稱《臺灣白話史詩》爲「史曲」，他解釋道：「乃由於這些敘述臺灣歷史的作品，以「七言歌仔簿」的形式完成，音樂性很濃，入耳易記，過目不忘，合組成一首交響曲。」接著他依照《臺灣白話史詩》的歷史階段，逐段加以簡介與評論。最後，指出《臺灣白話史詩》顯然是受到《鄭國姓開臺灣歌》很大的影響與啓發，「難得可貴的是他能以現代人的眼光，賦予新的意義與思想，既『述』又『作』，遠較《三字經》、《二十四史演義》更具時代性。」

　　莊柏林的〈七字大師一氣呵成之作——爲鹿耳門漁夫詩集序〉〔註 63〕，指出《臺灣白話史詩》具有自然的韻律，是天生的歌謠。而且肯定《臺灣白話史詩》在詩體上具有開創性，「在臺灣文學史上，應可占一席之地。」

　　林德政的〈序〉〔註 64〕簡介他與鹿耳門漁夫相識的往事，引述鹿耳門漁夫自言他從小聆聽母親念唱《周成過臺灣》、《雪梅思君》等七字仔歌的往事，論證鹿耳門漁夫的臺灣七字仔歌具有深厚的根柢。

　　1998 年呂興昌發表〈古早七字入文林：論鹿耳門漁夫的臺灣白話史詩〉〔註 65〕，論述鹿耳門漁夫創作的臺灣長篇敘事歌《臺灣白話史詩》〔註 66〕，呂興昌先從臺灣日治時期民間歌謠的演變史論起，接著討論二次戰後的台語詩歌，接著他指出將「從母語本身那種包含著血肉與歷史記憶的美感能量」爲出發點，藉著討論鹿耳門漁夫的《臺灣白話史詩》，重新思考母語與文學之間的種種辯證關係。呂興昌指出鹿耳門漁夫「堅持土腔土調，其實含有抗議的成份在。他很清楚他不是寫給那些華語人口看的，他根本就是在尋找新的讀者群，他不是不懂也不是完全不在乎優美文字的魅力。」

　　對於《臺灣白話史詩》，呂興昌指出：「面對漁夫這一系列的作品，可以感受到他嚴謹地將繁複的臺灣史事加以通俗化的用心與努力，如果我們不在『史詩』這名詞上做太多的期待」，「而是把他定位在史論、史評等詠史之作的範疇裡，那麼我們將會發現，漁夫在扼要描繪他所認爲最具代表性的臺灣

〔註 62〕見鹿耳門漁夫《臺灣白話史詩》（台南：台笠出版社，1998.3），pp. 19～28。
〔註 63〕見鹿耳門漁夫《臺灣白話史詩》（台南：台笠出版社，1998.3），pp. 29～35。
〔註 64〕見鹿耳門漁夫《臺灣白話史詩》（台南：台笠出版社，1998.3），pp. 36～39。
〔註 65〕呂興昌〈古早七字入文林：論鹿耳門漁夫的臺灣白話史詩〉（1998.12.25 上網，網站：臺灣文學研究工社，站長：呂興昌，http://ws.twl.ncku.edu.tw/hak-chia/l/lu-heng-chhiong/hi-hu.htm，2004.1.11 下載）。
〔註 66〕鹿耳門漁夫《臺灣白話史詩》（台南：台笠出版社，1998.3）。

史事的同時，是有一個企圖的，那就是顛覆長期以來大中國思考模式的臺灣史觀。」此外，呂興昌指出《臺灣白話史詩》特別重庶民而輕英雄豪傑，同時批判了臺灣人的劣根性。以上論點，給予《臺灣白話史詩》很高的評價。最後，呂興昌從文學表現手法提出《臺灣白話史詩》的缺憾：「僅將焦點放在臧否批判的詠史脈絡，而不作更詳盡的情節描寫與人物刻劃，或者說太依賴史實而飽受其牽制，以致應有的虛構想像等文學要素較少發揮，這樣的困境或許是漁夫下個階段可再予突破的課題。」呂興昌對《臺灣白話史詩》的論點，為有志從事臺灣傳統七字仔歌的創作者提出很好的建議。

## 三、吳天羅《臺灣歷史說唱》的研究現況

　　吳天羅，雲林縣土庫鎮人，生於 1930 年， 在 2000 年去世。1986 年時，吳天羅演唱的《臺灣史詩》〔註 67〕部分被張炫文收錄在《臺灣說唱音樂》的錄音帶中，可惜只節錄部分。

　　2000 年 12 月雲林縣文化局出版《雲林縣閩南語謠集（二）》，書前特別指出：「謹以本書懷念雲林縣國寶級說唱藝術大師吳天羅先生」，這本書收錄吳天羅演唱的長篇敘事歌〈臺灣歷史說唱〉〔註 68〕，並附以華語譯文；這是陳益源在 1997 年 5 月 13 日所採錄的演唱版本。陳益源在這本書前的〈序〉中指出：「〈臺灣歷史說唱〉自明末臺灣的開發一路唱下來，是吳天羅的拿手絕活之一。這首長篇敘事歌謠，結合了吳天羅十一、二歲時從七十多歲的阿媽那裡聽來的『幾代仔人的傳說』，以及他本身在日本佔領臺灣時代的實際生活經驗，他採用傳承自民間而又兼具即興創作的七言四句聯形式來表現，說說唱唱；而臺灣歷史命運的坎坷，臺灣社會治安的多變，乃至臺灣百姓生活的辛酸苦楚，自然流露其間。」陳益源確信這首歌謠是「臺灣長篇敘事歌謠的重要代表作，將來一定還會受到臺灣文學研究者更大的注目」。〔註 69〕

　　在 2003 年 5 月出版的《雲林縣閩南語謠集（五）》，更將吳天羅〈臺灣歷

---

〔註 67〕吳天羅（演唱）、張炫文（記譜）〈臺灣史詩〉，《臺灣說唱音樂》（台中：臺灣省教育廳交響樂團，1986.6），pp.121～126。（附 Tape）

〔註 68〕見胡萬川、陳益源總編輯《雲林縣閩南語謠集（二）》（雲林縣文化局，2000.12 出版），pp.2～90。

〔註 69〕詳見胡萬川、陳益源總編輯《雲林縣閩南語謠集（二）》（雲林縣文化局，2000.12 出版），pp.序 7～13。

史說唱〉、〈大地動〉、〈歲月流轉〉〔註 70〕等三份念歌的手稿整理出版，並有字詞註釋，可惜沒有同時出版影音紀念專輯。筆者還沒有見到有學者深入研究吳天羅的〈臺灣歷史說唱〉，希望不久能有學者對此加以深究。

2003 年 11 月曾子良發表〈臺灣地震歌──兼懷民族說唱藝人吳天羅先生〉〔註 71〕，這篇文章的主題在於探討與台灣有關的歌謠，其中第三單元爲「吳天羅及其〈集集大地震歌〉」，曾子良先介紹說唱藝人吳天羅的生平，並將他在 1999 年 12 月演唱的〈集集大地震歌〉加以注釋，及探討其內容。這一篇文章讓我們對於說唱藝人吳天羅的藝術表現有更詳細的認識。

以上「歌仔冊」中的「臺灣政治敘事歌」的研究文獻，大多數都是屬於簡介、導讀與文字註解或校對的方式；但是，將這些歌仔冊綜合比較討論的研究至今未見。筆者在本章一一討論迄今相關的研究：一方面，爲大家勾勒出「歌仔冊」中的臺灣政治史敘事歌的樣貌；另一方面，也爲有心研究這些文獻的人，提供相關研究的現況索引。筆者誠摯的期望有更多的學者，以更多元的研究角度，來研究本章所介紹的這些臺灣珍貴資產。

〔註 70〕見胡萬川、陳益源總編輯《雲林縣閩南語謠集（五）》（雲林縣文化局，2003.5 出版），pp.68～162。

〔註 71〕曾子良〈臺灣地震歌──兼懷民族說唱藝人吳天羅先生〉在 2003.11.16 發表於《2003 年說唱藝術學術研討會》（台北：國立臺灣藝術大學中國音樂學系/主辦），後收錄於《2003 年說唱藝術學術研討會論文集》（國立傳統藝術中心、國立臺灣藝術大學/出版發行，2003.12 初版）。

# 第四章　張丙武裝抗清事件與《新刊臺灣陳辦歌》內容解析

　　在清國統治時期的臺灣，有三件重大政治事件成為台語「歌仔冊」的歌唱對象：一是張丙事件，二是戴潮春事件，三是法軍攻台事件，這三個事件都直接挑戰了大清帝國對臺灣的統治權，是臺灣戰爭史上的重大事件，其中「張丙事件」和「戴潮春事件」屬於臺灣人反抗清國貪官污吏的「民變」，「法軍攻台事件」則是外敵入侵的國際事件。本章以歌唱「張丙事件」的《新刊臺灣陳辦歌》為研究對象，先交代其歷史背景，再解析該歌仔冊的內容，最後探討該歌仔冊對臺灣歷史的詮釋。

　　《臺灣陳辦歌》敘述道光 12 年（1832）到道光 13 年（1833）發生的「張丙事件」，研究文獻如下：

　　1959 年賴建銘在〈清代臺灣歌謠〉〔註 1〕一文中，介紹《臺灣陳辦歌》的歷史背景，指出《臺灣陳辦歌》「實為『張丙』而作」，認為 1832～1833 年的「張丙事件」是「帶有政治改革的民族革命運動」，並肯定《臺灣陳辦歌》「是一篇抗清運動的敘事詩」。〔註 2〕然後將他所收藏的《臺灣陳辦歌》全文重新打字刊出，並就部份文字加上簡單的歷史註解。

　　1985 年李李完成碩士論文《臺灣陳辦歌研究》〔註 3〕，在「前言」中，

〔註 1〕賴建銘（收藏、註解）《臺灣陳辦歌》，賴建銘，〈清代臺灣歌謠（中）〉，《台南文化（舊刊）》v6n4（台南市文獻委員會，1959.10.1），pp.87～89。
〔註 2〕見賴建銘〈清代臺灣歌謠（中）〉，《台南文化（舊刊）》v6n4（台南市文獻委員會，1959.10.1），p.87。
〔註 3〕李李《臺灣陳辦歌研究》（台北：中國文化大學中文所碩士論文，1985.6）。

李李指出：就「陳辦、張丙之役」而言，「『臺灣陳辦歌』是在清官方文書外，現存唯一可代表當時民間立場的資料，故彌足珍貴。」〔註4〕該書第二章簡介臺灣歌謠史，第三章論述《臺灣陳辦歌》的歷史背景，第四章爲《臺灣陳辦歌》注釋，接著從歷史研究的角度來探討《臺灣陳辦歌》的作者立場與歌謠主旨，並比較《臺灣陳辦歌》與史籍記載相異之處。又從文學研究的角度來論述《臺灣陳辦歌》的文學形式與用韻、遣詞用字與字體。最後列舉臺灣歌謠中有關民族意識與動亂的作品與《臺灣陳辦歌》做比較。其中屬於「念歌」的文本有《戴萬生反清歌》（原名《辛酉一歌詩》）〔註5〕以及〈士林土匪歌〉〔註6〕。1992年李李發表〈一首抗清歌謠——「臺灣陳辦歌」〉〔註7〕，爲碩士論文的精華版。

## 第一節　統治論述中的張丙武裝抗清事件

統治論述主要是指官方文獻的論述，論述者包含帝王、各級官員以及依附統治者的知識份子，內容包含宮廷檔案、官員奏摺、官修方志史書、文集雜著，這一類的論述反映了官方的態度，認同統治者的立場。〔註8〕

張丙事件發生於道光12年（1832）到道光13年（1833）的臺灣西部平原，以當時人記當時事的第一手史料文獻如下：一是收錄當時各級官員與清宣宗往來公文的《大清宣宗成皇帝實錄》〔註9〕；二是事後不久，曾在道光13

---

〔註4〕見李李《臺灣陳辦歌研究》（台北：中國文化大學中文所碩士論文，1985.6），p.3。

〔註5〕楊清池（演唱）、賴和（記錄）、宮安中（潤稿）、廖漢臣（校註）、李李（補註）《戴萬生反清歌》，李李，《臺灣陳辦歌研究》（台北：中國文化大學中文所碩士論文，1985.6），pp.151～190。

〔註6〕何連福（口述）、吳萬水（筆紀）〈士林土匪歌〉，李李，《臺灣陳辦歌研究》（台北：中國文化大學中文所碩士論文，1985.6），pp.195～198。

〔註7〕李李〈一首抗清歌謠——「臺灣陳辦歌」〉，《臺灣風物》v42n4（台北：臺灣風物雜誌社，1992.12），pp.28～30。

〔註8〕關於統治論述的內涵，許文雄在〈相看都討厭：清朝統治者和臺灣人民互相敵對的態度〉中指出：「皇帝的諭、旨、廷寄，官員的奏摺、題本、和著作組成統治論述。」（發表在「第七屆臺灣歷史與文化研討會——主題：社會變遷及族群融合」，台中：東海大學通識教育中心，2004.2.6～7舉辦，p.1～2。）

〔註9〕《大清宣宗成皇帝實錄》中與臺灣有關的部份收錄在《清宣宗實錄選輯》一書。（臺灣銀行經濟研究室/編，《清宣宗實錄選輯》，南投：臺灣省文獻委員會/印行，1997.6.30。本書依據1964年2月臺灣銀行發行的臺灣文獻叢刊第188

年（1833）任職臺灣道台的周凱（1779～1837）〔註10〕所整理的〈記臺灣張丙之亂〉〔註11〕；三是鳳山縣貢生鄭蘭在道光15年（1835）所寫的〈勦平許逆紀事（並序）〉〔註12〕。以下主要依據上述史料，再參酌相關研究文獻，交代張丙事件的來龍去脈。

# 一、起因：道光 12 年（1832）閏 9 月

　　清、道光12年（1832）閏9月，兩起發生嘉義縣的事件，引發了歷史上有名的民變——「張丙事件」；一是發生於嘉義縣下茄冬南堡「店仔口」（在今台南縣白河鎮白河里）〔註13〕的「劫米」事件，二是發生於嘉義縣打貓西堡「北崙仔莊」（今新港鄉北崙村）與打貓南堡「雙溪口」（今溪口鄉）的「閩粵械鬥」。

## 1. 貪官可恨

　　道光12年（1832）夏季臺灣發生大旱災，各莊為求自活，立約禁止將米運出，嘉義縣下茄冬南堡「店仔口」（在今台南縣白河鎮白河里）的禁米的首領是張丙。張丙在店仔口賣魚，他的祖先來自福建漳州府的南靖，定居嘉義已經有三代，張丙在店仔口以講求忠信著名，交游廣泛，包含游民與盜匪。

　　這時有商人陳壬癸在店仔口購買到數百石的米，無法運出，便買通當地生員吳贊，請吳贊協助運米出店仔口。這件事被吳贊的族人吳房知道，吳房是一位逸盜，約詹通一起去截搶吳贊所運的米。

　　吳贊忿而狀告嘉義縣令邵用之，指控張丙是強盜的同黨。嘉義縣令誅殺

種重新勘印。）

〔註10〕周凱，字仲禮，學者稱芸皋先生，浙江富陽人，道光13年（1833）署臺灣兵備道，11月回任福建興泉永道，道光16年（1836）9月在權臺灣道，隔年7月在臺灣病逝。參見張子文、郭啟傳、林偉洲《臺灣歷史人物小傳——明清暨日據時期》（台北市：國家圖書館/編印，2003.12初版），pp.202～203。

〔註11〕周凱〈記臺灣張丙之亂〉，《內自訟齋文集》，1840年（道光20年）印行（周凱，《內自訟齋文集》，臺灣銀行經濟研究室/編輯，臺灣文獻叢刊第82種，台北：臺灣銀行/發行，1960.5，pp.31～43）。

〔註12〕鄭蘭〈勦平許逆紀事（並序）〉，盧德嘉，《鳳山縣採訪冊》〈藝文二・兵事（下）〉（1894年（光緒20年）《臺灣方志集成・清代篇——第一輯》，高賢治/主編，第28冊，台北：宗青圖書出版公司/印行，轉印自：臺灣銀行「臺灣文獻叢刊第73種」），pp.425～433。

〔註13〕見國史館臺灣文獻館採集組（編輯）《臺灣地名辭書：卷七台南縣》（南投：國史館臺灣文獻館，2002.12），p.184。

吳房，並通緝張丙。張丙責怪縣令不但沒有將私自運米出境的吳贊和陳壬癸等人治罪，還是非不分，只會辦搶米的人，因此，張丙打算將吳贊捉來以私刑處理。吳贊聽到消息，帶著妻小奔赴嘉義縣城求助，被張丙帶人在半路攔截；但是，吳贊等人卻在縣令派來的官兵保護下，安然脫逃。張丙認定嘉義縣令邵用之收賄，痛恨不已。〔註14〕

### 2. 閩粵械鬥〔註15〕

道光 12 年（1832）閏 9 月（西曆 10～11 月），義義縣發生閩粵械鬥，打貓西堡的福佬人與打貓南堡的客家人因細故而火拼。

打貓西堡北崙仔莊福佬人陳故摘取打貓南堡雙溪口客家人張阿凜的芋葉，被揍傷，求助於陳辦。有搶劫前科的陳辦為族人打抱不平，聚眾去搶張阿凜的芋頭。閏 9 月 10 日（西曆 11 月 2 日）張阿凜一怒之下，也率眾去焚毀陳辦的房屋，並牽走陳實的牛。〔註16〕

雙溪口是一個勢力強大的客家莊，張阿凜的力量不容小覷，因此陳辦尋求其他村莊福佬人來協助他報仇。隔日陳辦便約了一夥福佬兄弟：陳連、張丙、詹通、劉仲、劉港、劉邦頂、賴牛、王奉、陳委、洪番仔、吳允、許六、吳貓、李武松，共 300 人多人，前往双溪口客家莊火拼，初戰不利，陳辦這邊的人被張阿凜的人打傷。

---

〔註14〕張丙被吳贊告官的經過，參見《大清宣宗成皇帝實錄》卷239，道光 13 年 6
　　　月 29 日 諭內閣：「生員吳贊（即吳化育）雇募義勇，協守嘉義，並捐助賞番
　　　銀二千圓，本可錄取微勞，惟以生員代人包送米石，被搶後並不查明搶犯，
　　　輒將張丙牽控，激成事端，實為此案肇釁之人。」（臺灣銀行經濟研究室/編，
　　　《清宣宗實錄選輯》，南投：臺灣省文獻委員會/印行，1997.6.30，p.149。）
　　　又參見《大清宣宗成皇帝實錄》卷240，道光 13 年 7 月 1 日諭內閣：「上年臺
　　　灣逆匪張丙等滋事，其始因搶米起釁，經吳贊牽控張丙，該縣不辦包米，轉
　　　出賞格，查拏張丙。……乃邵用之不協輿情、呂志恒果於自用，遂致戕官攻
　　　城，竟同負嵎之勢。及訊問該逆因何造反，尚稱地方官辦事不公，雖係□逆
　　　一面之詞，如果循聲卓著，該逆等何能藉口？」（臺灣銀行經濟研究室/編，《清
　　　宣宗實錄選輯》，南投：臺灣省文獻委員會/印行，1997.6.30，p.151。）
〔註15〕參見許文雄（許達然）〈械鬥和清朝臺灣社會〉，《臺灣社會研究季刊》n23
　　　（1996.7），p.18。
〔註16〕陳辦與張阿凜的互攻經過，參見《大清宣宗成皇帝實錄》卷239，道光 13 年
　　　6 月 29 日諭內閣：「其張阿凜本係被搶事主，既經控縣，復因陳辦聞拏逃逸、
　　　焚其房屋，並誤牽陳實牛隻作抵，致陳辦藉口攻莊，張阿凜復糾眾回攻。」（臺
　　　灣銀行經濟研究室/編，《清宣宗實錄選輯》，南投：臺灣省文獻委員會/印行，
　　　1997.6.30，p.149）

這時，正巧臺灣鎮總兵劉廷斌帶兵北巡，張丙等人不想將事情鬧大，便悄悄回到店仔口，但是張阿凜又找人去攻擊陳辦的村莊，後來陳辦的妻子自殺身亡。

陳辦、陳連、王奉便又率眾攻擊田林、交平、下崙仔等客家莊。閏9月25日陳辦等人搶奪嘉義縣大埔林汛（今大林）的武器，被總兵劉廷斌追擊到東勢湖（在今民雄鄉），陳辦的手下有2人被殺。此時，北路協副將葉長春和嘉義縣令邵用之也帶兵來到，陳辦被夾擊在紅山仔。閏9月28日，陳辦與王奉等福佬人，攻打埔姜崙莊（在今斗南）客家聚落，被官兵追擊，官兵殺王興、王泉，陳辦與王奉逃往店仔口向張丙求救。

張丙日前才因為店仔口禁米事件，對貪官污吏恨之入骨，此時，他認定官兵偏袒客家人，專殺福佬人，於是決定與陳辦、詹通、王奉等人起義反抗政府。

## 二、戰爭第一期：道光12年（1832）10月1日～30日

店仔口的劫米事件與陳辦等人的閩粵械鬥，正好都發生在道光12年的閏9月，加上兩地都在嘉義縣內，而且陳辦與張丙等人都是福佬人，加上都成為官方追捕的通緝犯，這些因素，促成陳辦與張丙等人結盟起義，張丙自稱開國大元帥，年號天運，封陳辦、詹通、黃番婆、陳連、吳扁為元帥，封劉仲、劉港、劉邦頂、王奉、陳委、洪番仔、吳貓、李武松、許六、孫惡為先鋒，封柯亭為軍師，吳允自稱開國功臣，賴牛自稱元帥。以張丙為總大哥，分大、小四十二股〔註17〕，各股的股首和元帥稱為大哥，股首以下是旂首，旂首以下是旂腳。每一股有一百多人到數百人。

張丙下令，凡是捉到官兵的人有賞；而殺、淫、搶及平民百姓的股眾，則加以重罰，並當場處死兩位淫掠百姓的手下，以此取得百姓的信任與幫助。張丙等人的軍糧來自於百姓的捐輸，百姓出錢購買張丙軍旂以求保庄的收入是軍費主要來源，至於軍備則來自於搶奪官方武器。

道光12年10月1日張丙領軍攻入嘉義縣鹽水港佳里興巡檢署，殺教讀

〔註17〕張丙手下股首數量，周凱〈記臺灣張丙之亂〉記載有42股（p.34），但據《大清宣宗成皇帝實錄》卷239，道光13年6月29日諭軍機大臣等：「據張丙供出賊匪大股首27股、小股首14股，共41股。」（臺灣銀行經濟研究室/編，《清宣宗實錄選輯》，南投：臺灣省文獻委員會/印行，1997.6.30，pp.149～150。）

古嘉會與汛兵，接著進攻下茄冬、北勢坡、八槳溪各汛，正式向官府開戰。

10 月 12 日北路彰化縣的黃城受張丙之邀，在林圯埔（今南投竹山）豎旗起義。10 月 13 日（10 日？）南路鳳山縣福佬人許成在觀音山角宿庄（今高雄楠梓）豎旗起義。至此，道光 12 年 10 月，臺灣西海岸從南部的鳳山縣，到臺灣縣、臺灣府、嘉義縣，迄北路的彰化縣，〔註18〕都成爲爭戰之地。

### 1. 嘉義縣境戰況：店仔口、鹽水港、笨港、斗六門

#### （1）「鹽水港」附近戰況

道光 12 年 10 月 1 日張丙領軍攻入嘉義縣鹽水港嘉里興巡檢署，殺教讀古嘉會與汛兵，接著進攻下茄冬、北勢坡、八槳溪各汛，正式向官府開戰。

10 月 7 日詹通、黃番婆率眾攻下鹽水港，守備張榮森被殺，巡檢施模、外委蘇連發勝受傷。

10 月 11 日，張丙的軍隊再次搶掠鹽水港。

#### （2）「店仔口」附近戰況

道光 12 年（1832）10 月 1 日張丙率軍搶奪官汛武器，嘉義縣知府邵用之領官兵追逐張丙的軍隊，在店仔口邵用之等官兵反而被張丙的軍隊包圍，邵用之被張丙等人毒打羞辱一番，死後還被分屍。

10 月 2 日，臺灣府知府呂志恒爲了解救邵用之，帶領臺灣鄉勇 200 人前往店仔口，南投縣丞朱懋〔註19〕隨行，在大排竹（在今台南縣白河鎮大竹里）〔註20〕與張丙的軍隊交戰，呂志恒被張丙的軍隊用長槍刺傷，墜馬而死，朱懋、左營游擊都司周進龍、外委曾聚寶與兵丁數十人也陣亡。因爲朱懋是一位好官，張丙後悔殺他。

#### （3）「笨港」附近戰況

10 月 12 日，陳辦帶兵攻笨港汛，被縣丞文煊、千總蔡凌標擊退。笨港汛是嘉義所屬各汛中，唯一沒有被張丙的軍隊焚毀掠奪的。

---

〔註18〕臺灣從 1812 年（嘉慶 17 年）到 1874 年（同治 13 年）年間的行政區域爲一府四縣三廳：臺灣府→鳳山縣、臺灣縣、嘉義縣、彰化縣、淡水廳、噶瑪蘭廳、澎湖廳，隸屬於福建省。

〔註19〕乾隆 24 年（1759 年）設南投縣丞於南投街，爲彰化縣的分支機構。朱懋在道光 11 年（1831 年）在南投興建「藍田書院」。

〔註20〕見國史館臺灣文獻館採集組（編輯）《臺灣地名辭書：卷七台南縣》（南投：國史館臺灣文獻館，2002.12），p.204。

（4）「曾文溪」戰況

臺灣府代理知府王衍慶派遣都司蔡長青領兵 900 名，在 10 月 11 日運軍火前去救援嘉義縣城，蔡恭得知消息，與劉仲、劉港、劉邦頂、江七、曾吉、蔡臨、杜烏番、陳太山、劉眉滾，10 月 16 日起在曾文溪與蔡長青軍隊交戰，10 月 19 日，蔡長青與官兵 200 多人被殺，軍火盡失。〔註21〕

（5）嘉義縣其它戰況

10 月 4 日，張丙派部分軍隊搶攻大武壠汛軍備，鄉民救走受傷的巡檢秦師韓。張丙軍隊又攻加溜灣汛。

10 月 12 日以後，陳辦、陳連進攻大埤頭與双溪口的客家庄，失敗。

## 2. 嘉義縣城戰況

10 月 3 日，張丙軍隊圍攻嘉義縣城，城內無大將，不敢出戰，典史張繼昌求助於百姓，嘉義城的民兵才閉城堅守。此時，張丙的軍隊紛紛來到城外，股首有蔡恭、梁辦、莊文一、吳鰍、陳開陶、黃元德、陳太山、劉眉滾、杜烏番、張廖，股眾在一萬五、六千人以上，兩軍對峙多日。

臺灣鎮總兵劉廷斌正巧北巡，帶領 200 名兵力前往嘉義城救援，途中被張丙的軍隊圍堵，劉廷斌的軍隊退逃到嘉義城附近，被張丙的先峰劉仲夾擊，此時，前福建水師提督王得祿從弟王得蟠率領本地鄉勇救援，一路保護劉廷斌進入嘉義縣城。其間，安平協副將周承恩殺張丙軍隊數十人後被殺。當劉廷斌要進入嘉義縣城時，城內民兵誤以為是張丙的軍隊施詐，發砲攻擊城外，因為施砲技術不佳，砲過高而沒有擊中劉總兵等人，而且還誤中張丙的軍隊，結果，導致張丙軍隊後退。

劉廷斌進入嘉義城後，不但城中已軍械盡失，傍晚時，獄囚還放火燒監獄，意圖逃出，劉廷斌下令捕殺逃獄者，並任命張繼昌暫代嘉義知縣，整修軍備，召募本地民勇。張丙軍隊以牛皮檔、竹梯攻城，劉廷斌親自率領本地民勇應戰，兩軍日夜交戰，各有傷亡。一直到 10 月 8 日，張丙的軍隊才從嘉義縣城撤走。劉廷斌派人在嘉義城外築土圍護城，五天後完成。

10 月 14 日張丙的軍隊再度進攻嘉義縣城，張丙派元帥黃番婆將鹽水港的罷砲運來城下，結果無法發砲，便命令虜來的官兵發砲，官兵故意一直將砲

---

〔註21〕蔡長青等官兵在曾文溪被截殺的資料，參見據《大清宣宗成皇帝實錄》道光
12 年 12 月 26 日諭內閣（臺灣銀行經濟研究室/編，《清宣宗實錄選輯》，南投：
臺灣省文獻委員會/印行，1997.6.30，pp.111～112。）

往高處發射，大家懷疑這是神明在守護嘉義城，嘉義城連攻不下，三天後，張丙再度自嘉義縣城撤軍。

10月23日，張丙的軍隊焚毀嘉義北門，劉廷斌率兵勇應戰，各有傷亡。之後，張丙威脅角仔寮民莊，勒索百姓銀穀，並命百姓爲其紮營。

10月30日，張丙的軍隊又圍攻嘉義縣城，與城中民兵交戰，股首陳太山、劉眉滾被殺。

張丙攻嘉義縣近一個月，一直攻不下，威望下降，而他手下的眾多股首分距各莊以自飽，有些還自封爲鎮南、鎮北、中路、南路元帥，吳充還收買人心，打算取代張丙的地位，依附張丙的手下大將只剩孫惡與柯亭。張丙終於放棄進攻嘉義縣城，和股眾四處搶奪民莊。

此後，張丙的軍隊完全淪爲百姓痛苦的來源，於是富有的村莊，由士紳出資，募集鄉勇，高舉「義民」旗與張丙的軍隊交戰。

### 3. 臺灣府、臺灣縣戰況

臺灣縣人林海也在舊社莊豎旗，聚眾一百多人，進攻羅漢門，被同知王衍慶、沈欽霖所敗，殺其手下，林海中箭脫逃，轉而投靠鳳山縣的許成。

在嘉義縣被圍困時，有消息傳出張丙軍隊計畫攻打臺灣府城，臺灣道台平慶任命王衍慶暫代臺灣府知府，全力備戰，臺灣府的士紳募民勇參戰，城內富戶出資供應軍費，貢生陳以寬涉險內渡求救。臺灣城內人心惶惶，打算搭船逃離，代理知府王衍慶下令：「敢言走者斬！」並殺張丙的元帥劉仲派去的間諜吳連。

劉仲、劉港、劉邦頂、蔡恭在張丙率眾包圍嘉義縣城時，潛回大穆降，計畫攻取臺灣府城，但是，因爲間諜吳連被殺，又回去助張丙攻嘉義縣城。蔡恭則在麻豆莊屯兵。

### 4. 北路：彰化縣戰況

在嘉義縣被圍困初期，彰化縣令李廷璧就與鹿港同知王蘭佩勸民聯莊互相防禦。後來，在10月12日，彰化縣人黃城，受張丙之約，在嘉義縣和彰化縣界的林圮埔（今南投竹山）豎旗起義，黃城稱興漢大元帥，用明朝年號，以和尚允報爲謀主。

彰化縣令李廷璧與副將葉長春，以免除一死，吸收黃城的手下，得到簡象等8人，他們轉爲協助官兵守衛地方。黃城的軍隊因此轉戰南方的嘉義縣。

### 5. 南路：鳳山縣戰況

#### （1）福佬人「許成」武裝抗清

南路的鳳山縣也有閩粵械鬥的情況。鳳山縣觀音里的福佬人許成（綽號大肚），於 10 月 13 日〔註22〕在觀音山角宿庄（今高雄楠梓）豎旗起義，與張丙採用同一年號「天運」，眾推許成為大哥，封吳歐先為軍師，柯神庇為先峰，以消滅客家人為口號，阻止鳳山縣的米運往臺灣府，並打算進攻臺灣府。

張丙聞訊，派人扛著臺灣府知府呂志恒所乘的轎子迎接許成，打算邀請許成來投靠自己，還設宴款待許成的股眾，結果許成的股眾吃不飽，合作破局，許成便在南路鳳山縣自立門戶。

10 月 14 日，許成攻阿公店，被埤頭千總許日高所破，於是放棄攻取臺灣府，轉攻鳳山縣。

10 月 23 日，許成、林海聚眾攻掠東港，殺巡哨兵 27 名。

10 月 30 日，許成率股眾包圍在埤頭的鳳山縣署，夜晚放火燒竹圍城牆，逼進縣署，知縣託克通阿與千總岑廷高在縣庭以大砲反擊，許成的股眾敗逃，林海被殺。

#### （2）客家人「李受」假「義民」之名作亂

臺灣府代理知府王衍慶依照往例，以書札曉諭鳳山縣客家莊的士紳，請他們召募義勇前往臺灣府城聽候調派。10 月 23 日，鳳山縣客家莊監生李受（假名：李直），藉臺灣府知府王衍慶命令，斂銀穀，募義勇，聚眾日多，自製義民旗六面。

因為福佬人許成有滅粵的口號，李受以自保為理由，不但不前往臺灣府，還乘機搶掠福佬人的村莊，連日攻掠萬丹、阿猴等地，為害百姓更甚於許成。

## 三、戰爭第二期：道光 12 年（1832）10 月 30 日～12 月

10 月 30 日，張丙從嘉義縣城敗退，放棄先前不搶奪淫殺百姓民家的約定，與股眾四處擾民，各地方士紳募集鄉勇當「義民」，保衛地方，對抗張丙等人的入侵，結果，張丙的股首葉斷被殺，杜烏番、張廖果、吳貂、柯和尚、郭桃被士紳擒獲，賴牛被嘉義縣代理知縣張繼昌所捉，都在市集被斬首示眾。此時，只剩下游民還附合張丙等人。

---

〔註22〕此處採用鳳山縣鄭蘭〈勦平許逆紀事（並序）〉（1835）的說法，指出許成在10 月 13 日豎旗，而周凱〈記臺灣張丙之亂〉指出許成在 10 月 10 日豎旗。

11月1日，福建陸路提督馬濟勝從廈門搭船，率領2000名兵力，在鹿耳門上岸。11月3日金門鎮總兵竇振彪也在鹿港登陸，負責疏通北路。

在張丙的勢力大減，而官軍勢力增加的情形之下，張丙武裝抗清的事件進入第二階段，也就是被官兵追擊殺戮的階段。

### 1. 臺灣府戰況

11月1日，福建陸路提督馬濟勝率領2000名兵力，登陸鹿耳門。11月3日，福建陸路提督馬濟勝率領2000名兵力，駐軍在臺灣府北門外校場，當時有一萬多名的難民跪在道路兩旁申冤求救。馬濟勝告訴難民清廷已調派10萬兵力，近日會抵達臺灣。

馬濟勝認爲「賊眾我寡，當步步爲營」，因此，在廈門購買數千個裝米的麻布袋，在臺灣府也繼續搜購。

### 2. 嘉義縣境戰況：斗六門、茅港尾、鐵線橋

#### （1）「斗六門汛」附近戰況

斗六門汛（今雲林縣斗六市）界於嘉義、彰化之間，設有縣丞、守備、千總各一員，帶兵防守，與嘉義、彰化兩縣有輔車相依之勢，是軍事地位重要的大汛。道光12年（1832）10月初，張丙圍攻嘉義縣城，斗六門汛的縣丞方振聲、守備馬步衢、千總陳玉威擔心被張丙軍隊圍攻，便在汛地建造土圍，插竹成柵，開挖壕溝。

10月12日在彰化縣起義的黃城，受到彰化縣官民的防衛，無法往北擴展地盤，加上黃城本來就是官方要捕捉的「積賊」，先前斗六門汛守備馬步衢屢次捉他不到，還拆毀黃城的房屋，於是黃城與梁辦、莊文一、吳貓的軍隊轉攻南方的斗六門汛。斗六門縣丞方振聲、守備馬步衢、千總陳玉威等官兵設險防禦，兩軍交戰，黃城的軍隊無法攻下斗六門。

11月1日，在黃城打算撤兵之際，得到斗六門監生張清紅的協助，而繼續圍攻斗六門。斗六門街富戶監生張清紅，人稱張紅頭（又稱張彩五），因爲馬步衢擔憂賊眾兵單，召張清紅募鄉勇協守，張清紅不從，與馬步衢衝突，便命令族人張成自稱大元帥，結集民眾來協助黃城攻竹圍城。〔註23〕

---

〔註23〕據《大清宣宗成皇帝實錄》道光13年3月22日諭內閣：「據瑚松額等馳奏……該縣監生張彩五（即張紅頭），經千總馬步衢令其雇募鄉勇，張紅頭既不允從，輒敢起意糾集無賴，幫同圍攻，致賊勢既潰復熾，……」（臺灣銀行經濟研究室/編，《清宣宗實錄選輯》，南投：臺灣省文獻委員會/印行，1997.6.30，pp.138

11 月 3 日晚上，黃城的軍隊逼近斗六門竹圍城。此時，先前逃難到斗六門的護嘉義都司事千總許荊山，因爲懼怕，竟然破壞竹圍城牆而逃走，結果，也爲黃城的軍隊開了一扇入口，黃城軍隊進入斗六門竹圍城內，就開始放火燒城。〔註24〕

千總陳玉威派遣他的兒子去向臺灣鎮總兵求救，求救信在 11 月 20 日才送到劉廷斌手中。隨後陳玉威與外委朱承恩、許國寶、林登超、蔡大貴、額外陳騰輝、朱萬斗等官兵在巷戰中喪生。縣丞方振聲與守備馬步衢拒絕逃亡，點火藥自焚，但是沒有死，不久，就與方振聲的妻子張氏、幼女、陳玉威的妻子唐氏等人被黃城所捉，被殺。〔註25〕斗六門戰役中被黃城軍隊殺死的官兵共有 200 多名。〔註26〕

任命黃雖萊爲斗六門縣丞之後，黃城率軍南下與張丙會合。

12 月初，黃城兵敗被捉，遭到剖心極刑，以祭斗六之役兩百多名殉難滿清官兵亡魂。

### （2）茅港尾、鐵線橋

11 月 3 日，馬濟勝以貢生陳廷祿爲嚮導，從臺灣府城整軍出發，前往嘉義縣城。

11 月 5 日，馬濟勝的軍隊進兵曾文溪北岸的西港仔（今台南縣西港鄉），11 月 7 日，到達茅港尾（今台南縣下營鄉茅港村）〔註27〕，與張丙的股眾兩

---

～139。）

〔註24〕據《大清宣宗成皇帝實錄》道光 13 年 3 月 22 日諭內閣：「據瑚松額等馳奏……乃千總許荊山，首先畏怯，黃夜砍開營後竹圍逃逸，賊匪乘間攻入，守城之方振聲等均被戕害。」（臺灣銀行經濟研究室/編，《清宣宗實錄選輯》，南投：臺灣省文獻委員會/印行，1997.6.30，p.139。）

〔註25〕周凱〈記臺灣張丙之亂〉：「馬步衢無眷屬，或勸之走。屬聲叱之，歛所餘火藥，與方振聲自焚，不死，遂與方振聲妻張氏并幼女、玉威之妻唐氏被執，皆罵賊死。賊醢之。」（周凱，《內自訟齋文集》，臺灣銀行經濟研究室/編輯，臺灣文獻叢刊第 82 種，台北：臺灣銀行/發行，1960.5，pp.40～41。）又據《大清宣宗成皇帝實錄》道光 13 年 3 月 23 日諭內閣：「馬步衢、方振聲、張氏、唐氏因罵賊，致被剜割鼻舌，罹禍尤爲慘烈。」（臺灣銀行經濟研究室/編，《清宣宗實錄選輯》，南投：臺灣省文獻委員會/印行，1997.6.30，p.140。）

〔註26〕關於斗六門戰況及陣亡情形，參見《大清宣宗成皇帝實錄》卷 234，道光 13 年 3 月 22 日諭內閣、道光 13 年 3 月 23 日諭內閣。（臺灣銀行經濟研究室/編，《清宣宗實錄選輯》，南投：臺灣省文獻委員會/印行，1997.6.30，pp.138～140。）

〔註27〕茅港尾港口在清領時期是臺灣府城（今台南市）與嘉義縣之間必經的官道。見國史館臺灣文獻館採集組（編輯）《臺灣地名辭書：卷七台南縣》（南投：

千人交戰，官軍戰勝後，馬濟勝決定在茅港尾紮營屯兵。

11月8日，有五、六千名張丙的股眾進攻茅港尾，馬濟勝先是按兵不動，等到張丙的軍隊氣竭，才兵分多路出擊，殺了張丙的股眾約 300 人，而馬濟勝的軍隊只有一名受槍傷。

11月10日，張丙的軍隊又攻茅港尾，兩軍都使用大礮交戰，後來，張丙的股眾有數百人被殺，張丙的軍師林洛沂等十餘名被捉，林洛沂被斬首示眾。

11月12日，馬濟勝進兵前往鐵線橋（在今台南縣新營市鐵線里）〔註28〕，因為張丙的股眾在橋的北邊埋伏，加上橋長而狹，溪流湍急。馬濟勝又退兵回茅港尾，派兵建築三層濠溝護營。

11月18日，張丙、陳連、黃城、劉港、蔡恭、劉仲、江七、黃番婆等人帶領一萬多名股眾，從茅港分三路進攻，馬濟勝兵分三路擊敗張丙的軍隊，殺張丙手下 300 多人。張丙的軍隊被馬濟勝的軍隊追擊到灣裡溪（曾文溪的上游），溺死很多人。〔註29〕

張丙的軍隊謠傳馬濟勝的軍營中有 20 萬兩銀子，因此號召不少游民跟隨。11月22日上午巳時（9～11點），張丙再度率軍兩萬進攻，槍礮與呼聲響震山谷，馬濟勝一直按兵不動，到下午酉時（17～19點），才出兵。結果，張丙的軍隊敗逃，50 多人被活捉，七、八百人被殺，溺斃與逃竄中被踩死的人很多。張丙領兵一萬多人，屯兵在鐵線橋北邊。〔註30〕

國史館臺灣文獻館，2002.12），p.733。

〔註28〕見國史館臺灣文獻館採集組（編輯）《臺灣地名辭書：卷七台南縣》（南投：國史館臺灣文獻館，2002.12），p.145。

〔註29〕茅港尾與鐵線橋戰況，參見《大清宣宗成皇帝實錄》卷234，道光13年1月8日諭軍機大臣等：「本日據馬濟勝由驛馳奏『行抵茅港尾地方，連獲勝仗及再獲勝仗』各摺片，……該提督自台郡拔營領兵勦賊，行抵嘉義縣屬茅港尾，遙見竹圍中有賊旗數面、賊匪二千餘人，旋揮兵勇上前接仗，槍斃賊匪數名。次日該匪劉仲、劉港、江七、蔡恭、黃番婆等賊眾五、六千人，四面包裹而來，該提督待其鼓譟疲乏，即分撥兵勇四面攻擊，槍礮疊發，擊斃賊馬賊一名、步賊 300 餘名，生擒21名，奪獲槍礮器械多件，賊匪潰散。……其查點兵勇、義民，祇一名身受槍傷，尤屬難得。……我兵追逐十餘里，沿途殺斃賊數十名，生擒偽軍師林洛沂等十餘名。……（11月）18日，陳連、黃城、張丙、劉港、劉仲、江七、蔡恭、黃番婆等同賊夥一萬餘人，由茅港三面蜂湧而來。……我兵追勦，共計殺賊三百餘名，內有賊目吳姓一名，為屯番所殺，呈繳首級。又追至灣裡溪一帶，斃賊一百餘名、生擒30餘名、溺死者不可勝數。」（臺灣銀行經濟研究室/編，《清宣宗實錄選輯》，南投：臺灣省文獻委員會/印行，1997.6.30，pp.123～125。）

〔註30〕據周凱〈記臺灣張丙之亂〉，11月18日「賊眾訛傳馬公營有銀二十萬，諸無

11 月 23 日黎明，出其不意，馬濟勝親自率軍渡過鐵線橋，張丙的軍隊奔逃，活捉李武松、詹通。馬濟勝發布告示，解散張丙的股眾，民眾也紛紛表態支持官兵，豎「義民旂」，並四處捉張丙的股眾獻官，於是張丙的股眾逃竄到山蔗林中。〔註31〕

### （3）鹽水港

11 月 26 日，福建陸路提督馬濟勝的軍隊抵達鹽水港，與金門鎮總兵寶振彪的軍隊以及副將謝朝恩的軍隊會合。馬濟勝命副將謝朝恩率領 200 名兵力，出兵鳳山縣；其餘軍隊往嘉義城前進。

### 3. 嘉義縣城戰況

11 月 28 日，福建陸路提督馬濟勝率軍進入嘉義城，命臺灣鎮總兵劉廷斌與金門鎮總兵寶振彪四處搜捕張丙的股眾。士紳與義民紛紛捉「賊」來獻，或密報「賊」蹤，黃番婆、劉仲、劉港被戮於軍前。〔註32〕

道光 12 年（1832）12 月初，張丙、蔡恭、江七、莊文一、陳辦、陳連、陳開陶、黃元德、許六、吳貓、梁辦、曾吉、歐宗、劉邦頂、吳扁、侯虎等人被捕，其中張丙、詹通、陳辦、陳連四人被押送臺灣府治罪，李武松等人被斬首示眾，黃城等人被開胸剖心以祭斗六門死亡官兵。〔註33〕

### 4. 臺灣縣戰況

12 月 2 日許成的軍隊攻擊臺灣縣羅漢門（今內門鄉），遭到羅漢門「義民」

---

賴思得銀，躡賊後，賊藉以張其勢。22 日，張丙擁眾 2 萬，自搏戰，氣銳甚。馬公曰：吾欲其集而殲焉。在此舉也。……生擒 50 餘人，斬殺 7、8 百餘人。……」（周凱，《內自訟齋文集》，臺灣銀行經濟研究室/編輯，臺灣文獻叢刊第 82 種，台北：臺灣銀行/發行，1960.5，p.38。）

〔註31〕據周凱〈記臺灣張丙之亂〉，11 月「23 日昧爽，馬公親督大軍，出不意，過鐵線橋。賊望風走，搗其巢，生擒李武松，獲詹通，賊大潰。乃大張曉示，解散其黨。向之買旂保莊派飯從賊者，本懷二心，賊至則賊旂，賊退自稱義民。間有搶略者，至是皆豎義民旂，縛賊以獻。賊益窘，竄伏近山蔗林中。」（周凱《內自訟齋文集》，臺灣銀行經濟研究室/編輯，臺灣文獻叢刊第 82 種，台北：臺灣銀行/發行，1960.5，p.38。）

〔註32〕各地莊民鄉勇捕獲陳連、劉仲、黃番婆、劉港、詹通詳情，請參見《大清宣宗成皇帝實錄》卷 228，道光 12 年 12 月 24 日諭軍機大臣等。（臺灣銀行經濟研究室/編，《清宣宗實錄選輯》，南投：臺灣省文獻委員會/印行，1997.6.30，pp.110～111。）

〔註33〕捕獲張丙、陳辦、黃城……等人詳情，請參見《大清宣宗成皇帝實錄》卷 228，道光 12 年 12 月 28 日諭內閣。（臺灣銀行經濟研究室/編，《清宣宗實錄選輯》，南投：臺灣省文獻委員會/印行，1997.6.30，pp.114～115。）

全力抵抗，先後犧牲義首劉元明及義民等 51 人，最年輕的爲 18 歲。

### 5. 南路：鳳山縣戰況

道光 12 年（1832）11 月 26 日，福建陸路提督馬濟勝命副將謝朝恩率領 200 名兵力，出兵鳳山縣。謝朝恩在距離鳳安縣城尚有四、五十里的二濫塘（在今高雄縣路竹鄉）逗留多日。鳳山縣知縣託克通阿命令副貢劉伊仲募鄉勇協防。

#### （1）福佬人「許成」被俘

11 月中旬，許成攻再攻鳳山縣城，被礮擊退，逃到臺灣縣界。

12 月初，馬濟勝平定嘉義縣張丙的反抗軍隊，在 12 月 7 日揮軍南下，前往鳳山縣。進軍到楠梓阬（在今高雄市楠梓區），許成的股首李來、甘旦被擒，在軍營前斬首示眾。

12 月 8 日許成被副將謝朝恩捉到，蔡臨被擊斃。南路鳳山縣的福佬人反抗軍被清軍平定。

#### （2）客家人「李受」假「義民」之名作亂

11 月，李受舉「義民旂」在鳳山縣四處劫毀福佬人村庄，包含阿猴、萬丹、東港、港裡，福佬人競相西渡淡水溪（今高屏溪），逃到鳳山縣城，客家「義民」渡河追擊，還強暴福佬婦女，屍橫遍野，難民苦不堪言，「冤上加冤，慘中更慘。」〔註34〕

12 月 2 日李受等人攻擊在嘉義縣界的噍吧哖等福佬人村莊。

12 月，臺灣道台平慶，親自前往阿猴，會同副將謝朝恩，用計捉到李受，押送臺灣府。

## 四、結案與影響：道光 13 年（1833）1 月——

道光 13 年（1833）1 月，閩浙總督程祖洛抵達臺灣府城。道光 13 年（1833）2 月，欽差大臣福州將軍瑚松額抵臺灣。程祖洛與瑚松額渡台主要是奉命徹底清查張丙事件的導火線，並查清相關官員的功過。

### 1. 追捕臺灣逆匪殘餘勢力

道光 13 年（1833）1 月，程祖洛命福建陸路提督馬濟勝在鳳山縣坐鎮，

---

〔註34〕 這兩句是鄭蘭親見災民慘況後的評語。見鄭蘭〈勦平許逆紀事（並序）〉，盧德嘉，《鳳山縣採訪冊》〈藝文二・兵事（下）〉（1894 年（光緒 20 年），《臺灣方志集成・清代篇——第一輯》，高賢治/主編，第 28 冊，台北：宗青圖書出版公司/印行（轉印自：臺灣銀行「臺灣文獻叢刊第 73 種」），p.428。

負責搜捕攻擊福佬人村莊的客家人各股首、旅首。

　　道光 13 年（1833）7 月，周凱到臺灣接掌道台，與臺灣鎮總兵張琴搜斬餘匪逸盜 40 多人。

## 2. 懲治罪犯〔註 35〕

　　道光 12 年（1832）12 月，劉仲被押往周承恩墳前，凌遲處死，因為他是戕害游擊周承恩的首犯；劉港、黃番婆被凌遲處死；吳貂、柯和尚、賴牛、林世治、黃寅、邱樣，及其他被捉股眾，在嘉義城被處死。〔註 36〕

　　道光 13 年（1833）1 月，張丙、詹通、陳辦、陳連四人，從臺灣府被押往北京治罪，道光 13 年（1833）6 月 26 日伏法。〔註 37〕

　　道光 13 年（1833）1 月，閩浙總督程祖洛在臺灣府城審問李受，將李受陵遲處死。李受一案，共有 200 多名「粵匪」被處斬。

　　道光 13 年（1833）6 月，雙溪口張阿凜糾眾與陳辦互攻，引發動亂，將與隨同陳辦攻雙溪口的吳萊，發放四千里外邊疆充軍。生員吳贊誣陷張丙，激成事端，但是因為他事後募義民協守嘉義城，只被革去生員。〔註 38〕

---

〔註35〕關於清廷對參加張丙武裝革命者的處置，可參見楊明宗《從歉收搶米到聚眾抗官——清代張丙事件之研究》（國立台南師範學院教師在職進修社會碩士學位班，2003.6），pp.68～69。

〔註36〕詳見《大清宣宗成皇帝實錄》卷 228，道光 12 年 12 月 26 日諭內閣：「據魏元烺奏：『12 月 12 日，接獲馬濟勝 12 月 3 日函報，捕獲股首黃番婆、劉港 2 名，賊夥謝成、陳清山 2 名，大賊目戴閭 1 名，匪犯黃水來等 64 名。查明前獲劉仲係疊次嘉義戕害游擊周承恩之兇要首犯，押赴周承恩墳前，凌遲立決，現獲劉港係在店仔口與詹通等戕害知府呂志恒要犯、黃番婆係在府城西關外行劫肇釁謀逆要犯，均應凌遲，俟該提督前往南路時，帶至店仔口等處辦理。其餘各犯，同劉廷斌捕獲偽帥吳貂、柯和尚、賴牛、偽軍師林世治、黃寅、偽先鋒邱樣，並逆夥一百數十名，均就嘉義正法。』」（臺灣銀行經濟研究室/編，《清宣宗實錄選輯》，南投：臺灣省文獻委員會/印行，1997.6.30，p.113。）

〔註37〕據《大清宣宗成皇帝實錄》卷 239，道光 13 年 6 月 26 日：「福建臺灣逆犯張丙、詹通、陳辦、陳連伏法。」（臺灣銀行經濟研究室/編，《清宣宗實錄選輯》，南投：臺灣省文獻委員會/印行，1997.6.30，p.148。）

〔註38〕張阿凜與吳贊的懲治，見《大清宣宗成皇帝實錄》卷 239，道光 13 年 6 月 29 日諭內閣：「張阿凜本係被搶事主，既經控縣，復因陳辦聞拏逃逸、焚其房屋，並誤牽陳實牛隻作抵，致陳辦藉口攻莊，張阿凜復糾眾回攻，未便因被賊滋擾，稍從末減，應與隨同陳辦攻雙溪口之吳萊發極邊足四千里充軍。生員吳贊（即吳化育）雇募義勇，協守嘉義，並捐助賞番銀二千圓，本可錄取微勞，惟以生員代人包送米石，被搶後並不查明搶犯，輒將張丙牽控，激成事端，實為此案肇釁之人。著革去生員，從寬免其置議。」（臺灣銀行經

所有戕官謀逆者的家屬被連帶處罰，知情者斬首；不知情的男性子孫被送內務府閹割，以斷絕子嗣，並發往新疆給官兵爲奴。〔註39〕

### 3. 懲處失職官員〔註40〕

臺灣鎮總兵劉廷斌，在任多年，荒廢兵務，不知振作，本應發配邊疆充當苦差；念在他守嘉義城數月，尚有微勞，僅被免職處分。〔註41〕

臺灣道台平慶，加按察使銜，負有奏事的責任，卻沒有舉發劉廷斌荒廢軍務，以致後來禍及地方，有失職守，本應革職處分；但因「操守清廉，官聲尚好；且逆匪滋事，該員守禦郡城，亦有微勞。平慶著加恩以六部主事用。」僅被降職。〔註42〕清廷後來調派興、泉、永道周凱接掌臺灣道台一職，於道光13年（1833）7月到任，12月回任興、泉、永道台。

都司周進龍戰守無方，被革職，並遣戍新疆。〔註43〕

福建臺灣北路中營千總護理淡水營都司陳起鳳，庇惡縱兇，放任客家人

濟研究室/編，《清宣宗實錄選輯》，南投：臺灣省文獻委員會/印行，1997.6.30，p.149。）

〔註39〕 關於張丙等人家屬被連帶治罪的情形，見《大清宣宗成皇帝實錄》，卷240，道光13年7月15日諭內閣：「此等叛逆荼毒一方，並有官員親屬全家被害者，實屬罪大惡極，其子孫不概予駢誅，貸其一死，已屬寬之又寬。若如刑部所議，到配後禁其婚娶，不過徒託空言，有名無實，必致孳種潛生，殊非所以示懲創。……嗣後逆案，律應問擬凌遲之犯，其子孫訊明實係不知謀逆情事者，無論已未成丁，均請照乾隆54年之例，解交內務府閹割，發往新疆等處，給官兵爲奴。其年在10歲以下者，令往該省牢固監禁，俟年屆11歲時，解交內務府照例辦理，再行發往。此次臺灣逆匪張丙等家屬，即請照辦。」（臺灣銀行經濟研究室/編，《清宣宗實錄選輯》，南投：臺灣省文獻委員會/印行，1997.6.30，p.154。）

〔註40〕 關於張丙事件而被清廷議處的名單與詳情，在楊明宗《從歉收搶米到聚眾抗官——清代張丙事件之研究》一書中有詳細的整理（國立台南師範學院教師在職進修社會碩士學位班，2003.6，pp.62～68）。

〔註41〕 在張丙事件前夕，劉廷斌剛被升爲廣東提督，而被免職處分時，劉廷斌已因病在軍中過世。劉廷斌被革職處分，見《大清宣宗成皇帝實錄》卷240，道光13年7月2日諭內閣。（臺灣銀行經濟研究室/編，《清宣宗實錄選輯》，南投：臺灣省文獻委員會/印行，1997.6.30，p.152。）

〔註42〕 平慶被處分，詳見《大清宣宗成皇帝實錄》卷240，道光13年7月5日諭內閣。（臺灣銀行經濟研究室/編，《清宣宗實錄選輯》，南投：臺灣省文獻委員會/印行，1997.6.30，p.152。）

〔註43〕 周進龍之處分，見《大清宣宗成皇帝實錄》卷240，道光13年7月13日上諭。（臺灣銀行經濟研究室/編，《清宣宗實錄選輯》，南投：臺灣省文獻委員會/印行，1997.6.30，p.155。）

李受勾結生番，搶掠福佬人村莊。被革職，發配邊疆充軍。臺灣鎮中營把總署南路營石井汛把總陳高山，守城不力，緝賊無方，又有貪瀆行為；與其子南路營外委陳光隆，假公濟私。父子二人被革職，重打 40 棍，驅逐回籍。〔註44〕

　　千總護理嘉義都司許荊山在斗六門臨陣先逃，並破壞斗六門汛竹圍，為黃城軍隊開殺戮之路，清宣宗下令通緝，一旦生擒，就招集各營將弁兵及斗六門陣亡官兵家屬，先將許荊山重責四十板，立刻斬首，並在斗六門懸首示眾。〔註45〕

### 4. 論功行賞〔註46〕

　　原嘉義縣知縣邵用之、原臺灣府知府呂志恒，辦事不力，釀成巨禍，有失職守。因為二人官聲平常，又死事，所以加恩照例賜卹。但若事後查有貪瀆實據，將嚴懲。〔註47〕

　　福建陸路提督馬濟勝，賞戴雙眼花翎，二等男爵世職，獲頒御書「忠勇嚴明」匾額。道光 14 年 1 月入京覲見清宣宗，在御前侍衛行走，紫禁城騎馬。〔註48〕半個月後，回任福建提督。

---

〔註44〕陳起鳳、陳高山、陳光隆之處分，見《大清宣宗成皇帝實錄》卷 241，道光 13 年 7 月 20 日諭內閣。（臺灣銀行經濟研究室/編，《清宣宗實錄選輯》，南投：臺灣省文獻委員會/印行，1997.6.30，p.155。）

〔註45〕懲治許荊山的詳情，見《大清宣宗成皇帝實錄》卷 239，道光 13 年 6 月 29 日諭軍機大臣等：「臺灣營伍廢弛已極，許荊山臨難先逃，賊匪得肆其荼毒，其罪尤擢髮難數。倘任令逃在內地，擒獲較難，必須就臺灣嚴挐務獲。如已就擒，亦不值遠道解送。即著程祖洛得集各營將弁兵及斗六門陣亡官兵家屬，將該犯先行重責四十板，即行斬決，仍傳首斗六門懸竿示眾，以昭炯戒。」（臺灣銀行經濟研究室/編，《清宣宗實錄選輯》，南投：臺灣省文獻委員會/印行，1997.6.30，p.150。）

〔註46〕關於清廷對平定張丙等人的獎勵，在楊明宗《從歉收搶米到聚眾抗官——清代張丙事件之研究》一書中有詳細的整理（國立台南師範學院教師在職進修社會碩士學位班，2003.6，pp.51～56）。

〔註47〕邵用之、呂志恒之撫卹，見《大清宣宗成皇帝實錄》卷 239，道光 13 年 6 月 29 日諭內閣，（臺灣銀行經濟研究室/編，《清宣宗實錄選輯》，南投：臺灣省文獻委員會/印行，1997.6.30，pp.148～149。）及《大清宣宗成皇帝實錄》卷 240，道光 13 年 7 月 1 日諭內閣。（臺灣銀行經濟研究室/編，《清宣宗實錄選輯》，南投：臺灣省文獻委員會/印行，1997.6.30，p.151。）

〔註48〕對馬濟勝的獎勵，參見《大清宣宗成皇帝實錄》卷 246，道光 13 年 12 月 5 日諭內閣。（臺灣銀行經濟研究室/編，《清宣宗實錄選輯》，南投：臺灣省文獻委員會/印行，1997.6.30，pp.159～160。）

　　前任浙江提督王得祿，召募義勇五百隨水師渡臺，助戰有功，加太子少保銜。

　　閩浙總督程祖洛，賞戴花翎。

　　福建巡撫魏元烺，賞戴花翎。

　　鳳山縣知縣託克通阿陞直隸州同知。

　　守城殺賊的文武官弁及士紳義勇，有的獲賞戴花翎、藍翎，各有不同升遷獎賞。

### 5. 死者撫卹〔註49〕

　　在張丙起事攻擊過程中死亡的諸臣與兵丁，都蒙受撫卹。

　　嘉義縣斗六門汛的縣丞方振聲、守備馬步衢、千總陳玉威入祀京師昭忠祠，方振聲妻張氏、陳玉威妻唐氏均建坊旌表，並在斗六門建專祠，祀方振聲、馬步衢、陳玉威於前楹，死難的官弁、幕友配祀，兵丁、家人從祀兩廊；祀張氏、唐氏於後楹，以方姑配祀，地方官春秋致祭。〔註50〕

　　臺灣縣羅漢內門莊監生游思賢於紫竹寺內立義民祠錄祀死難義民，在每年的農曆十二月初三日主持祭典，儀式頗爲隆重。

### 6. 安頓災民

　　道光13年1月20日清宣宗諭軍機大臣等：「此時大局既定，當以招集流亡、安撫難民爲第一要務。」〔註51〕

　　道光13年（1833）1月閩浙總督程祖洛抵達臺灣府城時，臺灣府內尚有1800多名鳳山縣的福佬人災民，無家可歸。於是程祖洛命士紳捐錢，在阿里港（今屏東縣里港鄉）各莊爲災民搭建草寮居住。

　　道光13年（1833）2月24日，清宣宗諭：妥善撫卹客家與福佬難民，使其返鄉安居，不論是極貧或次貧，一律賞給3個月的食糧。〔註52〕

---

〔註49〕關於清廷張丙事件的撫卹，在楊明宗《從歡收搶米到聚眾抗官——清代張丙事件之研究》一書中有詳細的整理（國立台南師範學院教師在職進修社會碩士學位班，2003.6，pp.56～62）。

〔註50〕關於斗六門死者撫卹情形，參見《大清宣宗成皇帝實錄》卷234，道光13年3月23日諭內閣。（臺灣銀行經濟研究室/編，《清宣宗實錄選輯》，南投：臺灣省文獻委員會/印行，1997.6.30，pp.140～141。）

〔註51〕見《大清宣宗成皇帝實錄》卷229，道光13年1月11日諭軍機大臣等。（臺灣銀行經濟研究室/編，《清宣宗實錄選輯》，南投：臺灣省文獻委員會/印行，1997.6.30，p.126。）

〔註52〕關於難民撫卹，參見《大清宣宗成皇帝實錄》卷232，道光13年2月24日諭

### 7. 臺灣建設

道光 13 年（1833）　11 月 14 日閩浙總督程祖洛上奏〈臺灣善後事宜〉20 條〔註53〕，其中第 6 條為：「修建城牆、竹圍、礮臺，增設月城、兵房，以資捍衛。請於臺灣府城之西北以迄西南擴一外城，將西門外市集民居悉行圍繞在內，擇要建造礮臺；並於各城門添築月城，城上各垛增蓋兵房。其沿海地勢低窪之處，開空濠溝，栽種刺竹。其嘉義縣城垣、礮臺，亦應分別修築。」

清廷應閩浙總督程祖洛之請，為了強化保衛臺灣鄉鎮，於各城添加半月城（或稱外城與甕城），建於道光 15 年（1835），於道光 16 年（1836）完成。臺灣府城在道光 15 年（1835）擴建外城，從小西門經大西門至小北門止，將西門外之市集、民居皆圍繞在內。道光 16 年（1836），又於大東門外另築外郭一座。

嘉義縣城在道光 13 年（1833）6 月開始進行大整修，增築四門月城，並築砲台四座。

程祖洛飭速議將鳳山縣署遷回舊城，但是直到道光 27 年（1847）仍無定議。

## 第二節　《新刊臺灣陳辦歌》版本比較與文字校對

### 一、《新刊臺灣陳辦歌》版本比較

以發生於 1832～1833 年的「張丙武裝抗清事件」為主題的歌仔冊，據筆者目前所見，有三種版本，封面都題名為《新刊臺灣陳辦歌》。陳健銘在 1996 年發表〈從歌仔冊看臺灣早期社會〉〔註54〕，文中指出：《新刊臺灣陳辦歌》是「清道光年間木刻本」，典藏地點有三：「（1）英國牛津大學鮑德林圖書館藏本。（2）中央圖書館臺灣分館藏本。（3）楊氏習靜樓藏本。」（「楊氏習靜樓」指的就是臺灣文學作家「楊雲萍」的書齋。）接著陳健銘摘錄 14 句歌詞，

---

軍機大臣等。（臺灣銀行經濟研究室/編，《清宣宗實錄選輯》，南投：臺灣省文獻委員會/印行，1997.6.30，p.135。）

〔註53〕〈臺灣善後事宜〉20 條，收在《清宣宗實錄選輯》（臺灣銀行經濟研究室/編，南投：臺灣省文獻委員會/印行，1997.6.30），pp.162～165。

〔註54〕陳健銘〈從歌仔冊看臺灣早期社會〉，《臺灣文獻》v47n3（南投：臺灣省文獻委員會，1996.9），pp.61～110。

但是沒有交代他所依據的是那一個藏本。

　　從《新刊臺灣陳辦歌》的內容與立場來看，作者應是臺灣人。清領時期臺灣出版印刷業不發達，即使是臺灣人的著作，臺灣人創作的「歌仔冊」也都是在清國內地出版，《新刊臺灣陳辦歌》也是如此。

　　筆者所見的三種《新刊臺灣陳辦歌》，封面標題字都是「新刊臺灣陳辦歌」，其中「歌」採用俗字的「 」，都將「新刊臺灣」與「陳辦歌」拆爲兩行，字體滿版，沒有插畫。都沒有交代該歌的出版日期和出版者。字數和句數完全相同，共189句，其中180句爲每句七字，而有9句爲每句8字，共計1332字。內容絕大多數相同，只有極少部份用字有所出入。在版面安排上，可分爲兩式：一是每行3句，有兩種版本；二是每行4句，有一種版本。

　　以下將這三種《新刊臺灣陳辦歌》加以說明與比較。

　　第一種版本，摺葉中間的題名爲《陳辦歌》。除封面半葉外，內容共三葉半，每半葉9行，每行3句。該歌的影本全文收在李李1985年的碩士論文《臺灣陳辦歌研究》〔註55〕，該論文第一章緒論指出該論文所引用的《新刊臺灣陳辦歌》來自「牛津大學 Bodleian Library 東方圖書館」，據張秀蓉的說法，「牛津大學 Bodleian Library 東方圖書館」所藏的歌仔冊應是「清道光年間流行於閩南地區的民間歌謠。」〔註56〕李李後來又發表〈一首抗清歌謠——「臺灣陳辦歌」〉〔註57〕，將《新刊臺灣陳辦歌》全文重新打字，筆者比對李李〈一首抗清歌謠——「臺灣陳辦歌」〉與其碩士論文《臺灣陳辦歌研究》，認爲其所採用的《新刊臺灣陳辦歌》應該是同一版本。1993年張秀蓉發表〈牛津大學所藏有關臺灣的七首歌謠〉〔註58〕，介紹十九本藏於英國「牛津大學 Bodleian Library 東方圖書館」的「歌仔冊」，據張秀蓉的比對，

〔註55〕李李《臺灣陳辦歌研究》（台北：中國文化大學中文所碩士論文，1985.6）。

〔註56〕張秀蓉指出：「牛津大學 Bodleian Library 東方圖書館藏有一批清代歌謠。該批歌謠均無作者署名，有些有清道光某某年鐫刻之字樣，又從刻印之字體、黃色草紙之紙質、歌詞之模拙、對男歡女愛赤裸裸之描述以及用閩南語發音才能讀出歌詞之意境等判斷，應屬清道光年間流行於閩南地區的民間歌謠。」詳見張秀蓉〈牛津大學所藏有關臺灣的七首歌謠〉，《臺灣風物》v43n3（台北：臺灣風物雜誌社，1993.9.30），p.196。

〔註57〕李李〈一首抗清歌謠——「臺灣陳辦歌」〉，《臺灣風物》v42n4（台北：臺灣風物雜誌社，1992.12），pp.28～30。

〔註58〕張秀蓉〈牛津大學所藏有關臺灣的七首歌謠〉，《臺灣風物》v43n3（台北：臺灣風物雜誌社，1993.9.30），pp.188～185。

她發現李李〈一首抗清歌謠 ——「臺灣陳辦歌」〉所引用的歌仔冊版本與「牛津大學 Bodleian Library 東方圖書館」所藏「仍有稍些出入」。在文中張秀蓉提及她將向「牛津大學 Bodleian Library 東方圖書館」訂製整批「歌仔冊」的微捲，並贈與國立臺灣大學圖書館收藏，但是，經筆者查詢臺灣大學圖書館館藏，至今尚未發現此一館藏記錄。本論文暫以「李李版」來稱呼此一歌仔冊。

　　第二種版本，摺葉中間的題名爲《陳辦歌》。除封面半葉外，內容也是三葉半，每半葉 9 行，每行 3 句。收藏在國立中央圖書館臺灣分館的《臺灣俗曲集》中。本論文暫以「臺灣俗曲版」稱之。版面格式與用字習慣與「李李版」幾乎一樣，內容有八句與「李李版」略有不同。筆者推測這兩個版本應屬同一個刊刻時期。

　　第三種版本，影本收藏在國立臺灣圖書館（原名：國立中央圖書館臺灣分館），影本最後加註「中華民國柒拾玖年玖月拾伍日採購」，但是沒有註明購自何處。本論文以「台分館影本」簡稱此一版本。〔註 59〕筆者比對歌詞用字，發現與 1959 年賴建銘〈清代臺灣歌謠〉〔註 60〕一文中所介紹的《臺灣陳辦歌》打字版，可能是同一個版本；後經陳兆南指出確實是同一版本，正本原收藏在南投縣中興新村的臺灣省文獻會圖書館。這一批歌仔冊由賴建銘在台南地區搜集，交由臺灣省文獻會收藏，並影印副本供國立臺灣圖書館（原名：國立中央圖書館臺灣分館）收藏。省文獻會的正本已經遺失多年。〔註 61〕

　　除了用字習慣不同之外，以下條列三種版本的內容相異處，不同之字以「」表示。在「文字校注」一欄中，必要時以臺灣羅馬字（白話字）標明該字詞的字音，讀者如果需要臺灣羅馬字與其他台語拼音符號的對照，請見本論文「附錄一台語音標對照轉換表」。

---

〔註 59〕 該書的藏書碼爲「T 539.1232/4370/79」，登錄碼爲「302101」，書名登錄爲「新刊臺灣陳辦歌」。影本以精裝本樣式的封面裝訂。

〔註 60〕 賴建銘（收藏、註解）《臺灣陳辦歌》，收錄在賴建銘〈清代臺灣歌謠（中）〉，《台南文化（舊刊）》v6n4（台南市文獻委員會，1959.10.1），pp.87～89。

〔註 61〕 陳兆南指出這一影本封面有「T33/31」的編號，與他在 1983、1984 年間在臺灣文獻會圖書館所見到的版本一樣（當時他曾影印封面，因此可以確知），「T」就是「臺灣（Taiwan）」的代號。後來陳兆南又到省文獻會查閱這一批「歌仔冊」，館員告知已經遺失。詳見逢甲大學中文系：陳兆南〈臺灣省文獻會藏善本歌仔冊及通俗讀物敘錄〉（未刊稿）。

| 句序 | 李李版 | 臺灣俗曲版 | 台分館影本 | 文　字　校　注 |
|---|---|---|---|---|
| 3. | 一位姓陳名「辦」兄 | 一位姓陳名「辦」兄 | 一位姓陳名「辦」兄 | 「辨」是錯字。 |
| 6. | 庄老「叫」著牛還伊 | 庄老「毋」著牛還伊 | 庄老「毋」著牛還伊 | 「叫」是「叫」的俗字。此處用「叫」文意才能通順，用「毋」文意不順。 |
| 9. | 老「天」一時有主意 | 老「夫」一時有主意 | 老「夫」一時有主意 | 李李認爲「『老天』：疑作『老夫』。」〔註62〕從文意看來，用「老夫」方能通順。或許是刻印過程造成的不清晰，使「夫」變成「天」。 |
| 10. | 回家「問」著陳「辦」兄 | 回家「問」著陳「辦」兄 | 回家「門」著陳「辨」兄 | 「台分館影本」封面用字爲「陳辦」，內容與版心用字都是「陳辨」，「陳辨」應是誤刻。「門」應該也是誤刻。 |
| 12. | 一時受氣沖「起天」 | 一時受氣沖「起天」 | 一時受氣沖「天起」 | 「歌仔冊」文字爲「韻文」。「天」的韻母爲「iⁿ」與上句「兄」、「驚」的韻母「iaⁿ」不同韻；「起」的韻母「i」，和前兩句以其後兩句的韻母也不同，但是與歌中前18句末字的「詩」、「氏」、「伊」、「世」、「意」、「兒」、「遲」等字同韻。 |
| 13. | 「招」集人馬攻客庄 | 「和」集人馬攻客庄 | 「和」集人馬攻客庄 | 此處用「招」或「和」文意都通。 |
| 30. | 請出「吳三江」商議 | 請出「吳三江」商議 | 請出「吳士超」商議 | 李李指出：「『吳三江』：史料中無此名，其生平不可考。」〔註63〕經筆者查尋，也不見「吳士超」的記載。 |
| 44. | 張丙就「來」審問伊 | 張丙就「力」審問伊 | 張丙就「力」審問伊 | 「力」就是「掠」，讀做「liảh」，此處以音近字「力」代替「掠」，就是「捉」的意思。此處用「來」或「力」，文意都通。 |
| 70. | 「礼」在西門城牆邊 | 「札」在西門城墙邊 | 「札」在西門城墙邊 | 李李認爲：「『礼』：爲『札』之誤，即駐紮也。」〔註64〕從文意來看，以「札」爲通順。 |

〔註62〕見李李《臺灣陳辦歌研究》（台北：中國文化大學中文所碩士論文，1985.6），p.79。

〔註63〕見李李《臺灣陳辦歌研究》（台北：中國文化大學中文所碩士論文，1985.6），p.86。

〔註64〕見李李《臺灣陳辦歌研究》（台北：中國文化大學中文所碩士論文，1985.6），p.93。

| | | | | |
|---|---|---|---|---|
| 72. | 蘇半城查「ㄙ」「未」進影 | 蘇半城查「出」「來」進影 | 蘇半城查「出」「來」進影 | 1.「ㄙ」：民間最早作「ㄙ」，見《荔鏡記》（1566年出版）〔註65〕。「查ㄙ」又寫作「查某」，就是「女人」。此處用「查ㄙ」文意才通順。<br>2.「未見影」李李寫成「來進影」，他認為：「『來進影』：意義不明。或為『未見影』（不見人影）之誤。」〔註66〕從上下文意來看，「未進影」確實應指「不見人影」。 |
| 110. | 圍困脫「迯」被賊追 | 圍困脫「迯」被賊追 | 圍困脫「処」被賊追 | 李李指出：「『迯』：逃之俗字。『正字通』：迯，俗逃字。」〔註67〕此處應為「迯」，「処」應是誤刻。 |
| 112. | 「大」老一時無思「量」 | 「大」老一時無思「量」 | 「入」老一时無思「良」 | 「入老」應是誤刻。「量」讀為「liông」或「niû」，「良」讀「liông」，應是「量」的借音字。「台分館影本」都以「良」來取代「思量」的「量」，以下不一一列舉。 |
| 123. | 蔡恭賊夥眞不「是」 | 蔡恭賊夥眞不「早」 | 蔡恭賊夥眞不「早」 | 從文意來看，用「是」才恰當。 |
| 124. | 直「徃」「下」門配船企 | 直「徃」「下」門配船企 | 直「往」「廈」門配船企 | 「徃」就是「往」的俗寫，「下」與「廈」此處都唸「ē」。此處應為中國福建地名「廈門」。 |
| 131. | 拔營遇「的」劉仲哥 | 拔營遇「的」劉仲哥 | 拔營遇「著」劉仲哥 | 「的」讀「tek」，「著」讀「tio̍h」。「的」若為「得」的借字，「得」讀「tit」、「tek」。此處用「得」或「著」意思一樣。「遇得」、「遇著」都是「遇到」的意思。 |
| 144. | 連連敗的「一」三陣 | 連連敗的「二」三陣 | 連連敗的「二」三陣 | 從歌詞刻寫的其他「一」字的筆跡來看，此處的「一」很可能是「二」字筆畫的脫漏，或印刷不夠明顯。 |
| 171. | 「玉」大老頭功來解伊 | 「玉」大老頭功來解伊 | 「王」大老頭功來解伊 | 李李將「玉」抄為「王」，並解釋：「『王大老』：指護理府事王衍慶。」〔註68〕 |

〔註65〕施師炳華指出：民間最早作「ㄙ」見《荔鏡記》（2004.10.14）。《荔鏡記》的出版年代見施師炳華《《荔鏡記》音樂與語言之研究》（台北市：文史哲出版社，2000.1），pp.7～8。
〔註66〕見李李《臺灣陳辦歌研究》（台北：中國文化大學中文所碩士論文，1985.6），p.94。
〔註67〕見李李《臺灣陳辦歌研究》（台北：中國文化大學中文所碩士論文，1985.6），p.100。
〔註68〕見李李《臺灣陳辦歌研究》（台北：中國文化大學中文所碩士論文，1985.6），p.111。

　　從以上內容相異的句子看來,「李李版」與「臺灣俗曲版」的《新刊臺灣陳辦歌》用字有八句不同,「李李版」的用字比較符合整首歌的上下文意,而「臺灣俗曲版」的用字,除了「老『夫』一時有主意」這句以外,其它七句的用字造成文意不順,顯然「李李版」應早於「臺灣俗曲版」。再來,「台分館影本」的內容與用字與「臺灣俗曲版」及「李李版」有較多的歧異,除去用字習慣的不同之外,在內容上,「台分館影本」與「臺灣俗曲版」比較類似,而與「李李版」差別較大。筆者據此推測這三個版本刻行的先後順序應爲「李李版」最早,「臺灣俗曲版」晚於「李李版」,但應屬同一時期;而「台分館影本」不論是用字習慣或是版面型式,都比較特別,而在內容上又是誤刻最多的版本,所以應該是比較後出的版本。可惜,這三種版本都沒有交代出版者與出版年代,因此,無法再進一步探究其版本來源。

　　以上三種《新刊臺灣陳辦歌》的版本,以「李李版」爲最早,誤刻字最少,因此,以下的論述,以「李李版」爲主要文本。

## 二、《新刊臺灣陳辦歌》文字校對

　　由於不同版本的《新刊臺灣陳辦歌》文字略有出入,加上有許多用字爲簡體字、俗字、今日罕用字、借音字、誤字,爲了方便讀者閱讀與理解,本小節將對《新刊臺灣陳辦歌》的文字加以校對、改寫。爲求文字校對易於閱讀,本節的校對以表格呈現,分三個欄位,第一欄是原始用字,此處採用「李李版」。第二欄是文字校改說明,第三欄是校改後的文字。至於《新刊臺灣陳辦歌》內容解說與史事出處,則留待下一節處理。

　　在「李李版漢字」欄,筆者將原版用字重新打字,但是,少部分文字無法以電腦打字呈現,因此,筆者易以電腦中現有的通行字體。讀者如果需要檢視原文影本,請見本論文「附錄三」。

　　「校改版漢字」說明:如果字詞用字有疑問,無法確知者,在該字詞後面加上「(?)」,並在該字詞下方加上橫線,方便辨識。

　　「文字校改說明」欄的處理原則如下:

1.「:」之前的文字是原稿用字。

2.「:」之後爲校改新字及補充說明。又分爲三種,各以「。」加以區隔。

　　(1) 先列出該原稿用字的校改新字;尚有疑問的用字,則在字後加上「(?)」。

（２）必要時，以臺灣羅馬字（白話字）標明字音。如果該字有兩種字音，中間以「／」加以區隔。讀者如果需要臺灣羅馬字與其他台語拼音符號的對照，請見本論文「附錄一台語音標對照轉換表」。

（３）若該校改字詞如果需要再說明，則在置於校改新字或字音後面。

| 李李版漢字 | 漢字校改說明 | 校改版漢字 |
|---|---|---|
| 听唱新編一歌詩 | 听：聽。 | 聽唱新編一歌詩 |
| 正是加義崙仔人氏 | 加義：嘉義。 | 正是嘉義崙仔人氏 |
| 一位姓陳名辦兄 | | 一位姓陳名辦兄 |
| 平生風流結朋友 | 凨：風。 | 平生風流結朋友 |
| 粵庄牽伊個牛牯 | 伊個：伊的。音 i ê。 | 粵庄牽伊的牛牯 |
| 庄老叫著牛還伊 | 叫：叫。 | 庄老叫著牛還伊 |
| 客仔就請吃牛肉 | | 客仔就請吃牛肉 |
| 若卜活牛再出世 | | 若卜活牛再出世 |
| 老天一時有主意 | 老天：老夫。「天」應爲誤字。 | 老夫一時有主意 |
| 回家問著陳辦兄 | | 回家問著陳辦兄 |
| 漳泉人人受著驚 | | 漳泉人人受著驚 |
| 一時受氣沖起天 | | 一時受氣沖起天 |
| 招集人馬攻客庄 | | 招集人馬攻客庄 |
| 双溪客仔驚惶惶 | 総：總。 | 双溪客仔驚惶惶 |
| 請出總理來主意 | 力：掠。音 liàh。　児：兒。 | 請出總理來主意 |
| 整頓器械力妻児 | 伊母：個母。個，音 in。 | 整頓器械掠妻兒 |
| 陳辦伊母受迫辱 | 伊妻：個妻。 | 陳辦個母受迫辱 |
| 伊妻客庄慢凌遲 | 屢：屢。音 lí/lú。 | 個妻客庄慢凌遲 |
| 屢次攻庄庄不入 | | 屢次攻庄庄不入 |
| 客仔守庄修竹圍 | 挪帖：搣帖。搣,音 thèh。 | 客仔守庄修竹圍 |
| 陳辦一時無計智 | 張丙：張丙。 | 陳辦一時無計智 |
| 挪帖請出張丙兄 | 并：並。音 pēng。 | 搣帖請出張丙兄 |
| 詹通黃城并黃奉 | 劉：劉。　与：與。音 í / ú。 | 詹通黃城並黃奉 |
| 劉港劉仲与蔡恭 | 候：侯。侯在此當姓氏用，「候」疑是錯寫。 | 劉港劉仲與蔡恭 |
| 陳連江七連候虎 | 劉邦睸：劉邦頂。人名。 | 陳連江七連侯虎 |
| 番婆劉邦睸歐綜 | | 番婆劉邦頂歐綜 |
| 咬指插血盟兄弟 | | 咬指插血盟兄弟 |
| 若得諸羅做帝都 | | 若得諸羅做帝都 |
| 張丙一時有主意 | | 張丙一時有主意 |
| 請出吳三江商議 | | 請出吳三江商議 |

| | | |
|---|---|---|
| 若還謀乱只事志 | 乱：亂。 | 若還謀亂只事志 |
| 須著陳水來幫伊 | | 須著陳水來幫伊 |
| 泥鰍無水不成龍 | 泥鰍：雨鰡。音 hō-liu。 | 雨鰡無水不成龍 |
| 封了三江做軍師 | | 封了三江做軍師 |
| 諸羅太爺聞反意 | 爷：爺。　　　聞：聞。 | 諸羅太爺聞反意 |
| 就吊衙役來查伊 | 吊：召。音 tiō。 | 就召衙役來查伊 |
| 張丙用銀買足伊 | | 張丙用銀買足伊 |
| 回覆並無只事志 | | 回覆並無只事志 |
| 朱太爷一時有主意 | | 朱太爺一時有主意 |
| 点起義民卜力伊 | 點：點。 | 點起義民卜掠伊 |
| 義民一時到伊庄 | 伊庄：個庄。 | 義民一時到個庄 |
| 殺死一半归陰司 | 归：歸。 | 殺死一半歸陰司 |
| 朱太爷一時無主意 | | 朱太爺一時無主意 |
| 張丙就來審问伊 | | 張丙就來審問伊 |
| 貪官污吏正名字 | | 貪官污吏正名字 |
| 若還不寫大旗字 | | 若還不寫大旗字 |
| 叫出刀手來砍伊 | | 叫出刀手來砍伊 |
| 寫出復漢滅滿字 | | 寫出復漢滅滿字 |
| 奸貪狗官無道理 | | 奸貪狗官無道理 |
| 剮心剜肉痛半死 | | 剮心剜肉痛半死 |
| 一條性命归陰司 | | 一條性命歸陰司 |
| 邵太爺眞正是賢 | | 邵太爺眞正是賢 |
| 整起民壯來救伊 | 壯：壯。 | 整起民壯來救伊 |
| 賊馬兴旺救不起 | 兴：興。 | 賊馬興旺救不起 |
| 請賊來殺伊忠義 | | 請賊來殺伊忠義 |
| 报馬一時飛來到 | 报：報。 | 報馬一時飛來到 |
| 报得太爺得知机 | 机：機。 | 報得太爺得知機 |
| 新旧二官屍已死 | 旧：舊。 | 新舊二官屍已死 |
| 加義無県障行宜 | 県：縣。 | 嘉義無縣障行儀 |
| 呂府一時有主意 | 障行宜：障行儀。音 chiùⁿ kiâⁿ-gî。障，這樣，泉州音詞。行儀，就是儀態、情況。如：南管散曲〈想起當初〉：「見伊障行儀」。 | 呂府一時有主意 |
| 點起民壯及軍馬 | | 點起民壯及軍馬 |
| 連夜趕到店仔口 | 趕：趕。趕是俗字。 | 連夜趕到店仔口 |
| 賊馬追趕迫半死 | | 賊馬追趕迫半死 |
| 民壯軍馬死一半 | | 民壯軍馬死一半 |
| 呂府一命归陰司 | | 呂府一命歸陰司 |
| 張丙一時思量智 | | 張丙一時思量智 |
| 坐篙鑼牌印連起 | 礼：札。音 chah。「礼」應爲誤字。 | 坐篙鑼牌印連起 |

| | | |
|---|---|---|
| 斬殺自由在伊 | 札，文言音 chat，白話音 chah。札 | 斬殺自由在伊 |
| 即差詹通來攻城 | （chah）有束、紮之義，如：「札褲」。 | 即差詹通來攻城 |
| 礼在西門城墻邊 | 蘇半城：搜半城。（臧汀生意見） | 札在西門城墻邊 |
| 百姓家內著大驚 | 查厶：查某。音 cha-bó。「某」，民間 | 百姓家內著大驚 |
| 蘇半城查厶未進影 | 最早作「厶」，見《荔鏡記》（1566 | 搜半城查某無看見影（？） |
| 詹通一時有主意 | 年出版）。 | 詹通一時有主意 |
| 一千錢銀來買命 | 未進影：無看見影。「進」疑爲「看 | 一千錢銀來買命 |
| 查厶顧我來開封 | 見」（khòaⁿ-kìⁿ）的合音，音 khòaiⁿ。 | 查某閣予我來開封 |
| 將銀來送賊兵餉 | 錢：錢。 | 將銀來送賊兵餉 |
| 張丙大哥自思量 | 顧：「閣予」的合音。音「koh hō」。 | 張丙大哥自思量 |
| 點起賊馬到鹽水 | （臧汀生意見） | 點起賊馬到鹽水 |
| 得了一位大龍砲 | | 得了一位大龍砲 |
| 六七十人扛進城 | | 六七十人扛進城 |
| 大砲一放轟天响 | 响：響。 | 大砲一放轟天響 |
| 砲子一粒八九斤 | | 砲子一粒八九斤 |
| 墜落北城倒一角 | | 墜落北城倒一角 |
| 百姓哀怨哭連天 | | 百姓哀怨哭連天 |
| 劉鎭听說整軍馬 | | 劉鎭聽說整軍馬 |
| 殺的數陣退入城 | 殺的：刣得。音 thâi-tit。 | 刣得數陣退入城 |
| 守的加義是功勞 | 守的：守得。得，音 tit。 | 守得嘉義是功勞 |
| 溫陵一品來助戰 | 戰：戰。 | 溫陵一品來助戰 |
| 城上盡是女英靈 | 尽：盡。 | 城上盡是女英靈 |
| 賊仔一時無計智 | | 賊仔一時無計智 |
| 連圍一月不下伊 | | 連圍一月不下伊 |
| 張丙一時有主意 | | 張丙一時有主意 |
| 請出沙連九龍庄 | | 請出沙連九龍庄 |
| 黃城黃奉兄弟知 | | 黃城黃奉兄弟知 |
| 先打斗六可便宜 | 可便宜：較便宜。音 khah pān-gî。 | 先打斗六較便宜 |
| 黃城招集張洪知 | | 黃城招集張洪知 |
| 若破斗六通義民 | | 若破斗六通義民 |
| 義民先入營盤內 | 營：營。 | 義民先入營盤內 |
| 馬步衢實是不知智 | 實：實。 | 馬步衢實是不知智 |
| 眞心用了義民伊 | | 眞心用了義民伊 |
| 黃城打入營盤去 | | 黃城打入營盤去 |
| 力得馬總焚半死 | | 掠得馬總焚半死 |
| | | |
| 一條性命归陰司 | | 一條性命歸陰司 |

| | | |
|---|---|---|
| 張丙大哥思量智 | | 張丙大哥思量智 |
| 請出南路許成兄 | | 請出南路許成兄 |
| 白良柯神庇名字 | | 白良柯神庇名字 |
| 相共攻城得城池 | | 相共攻城得城池 |
| 開國功臣有名字 | | 開國功臣有名字 |
| 澎湖大老無計智 | | 澎湖大老無計智 |
| 圍困脫迯被賊追 | 迯：逃。音 tô。 | 圍困脫逃被賊追 |
| 曾門軍馬死一半 | | 曾門軍馬死一半 |
| 大老一時無思量 | | 大老一時無思量 |
| 一條性命归陰司 | | 一條性命歸陰司 |
| 安平大人有主意 | | 安平大人有主意 |
| 排兵佈陣慢慢追 | | 排兵佈陣慢慢追 |
| 追至城下救劉鎮 | | 追至城下救劉鎮 |
| 賊馬暗埋文昌祠 | | 賊馬暗埋文昌祠 |
| 橫腰斬殺不由伊 | | 橫腰斬殺不由伊 |
| 单刀匹馬扶国主 | 单：單。　国：國。 | 單刀匹馬扶國主 |
| 可憐性命归陰司 | | 可憐性命歸陰司 |
| 平道一時商議智 | | 平道一時商議智 |
| 寫出表文奉圣旨 | 圣：聖。 | 寫出表文奉聖旨 |
| 調撥三馬去平台 | | 調撥三馬去平台 |
| 直徃下門配船企 | 徃：往。 | 直往廈門配船企 |
| 順風順水駛鹿耳 | 下門：廈門。音 Ē-mn̂g。福建省沿海大城市名。 | 順風順水駛鹿耳 |
| 登岸府城去看伊 | | 登岸府城去看伊 |
| 義民軍兵面失色 | | 義民軍兵面失色 |
| 城垛點火暗守更 | | 城垛點火暗守更 |
| 大隊操練的精熟 | 操練的：操練得。得，音 tit。 | 大隊操練得精熟 |
| 直攻西港斬添福 | | 直攻西港斬添福 |
| 拔營遇的劉仲哥 | 遇的：遇得。「的」在此處應作「得」（tit/tek）或「著」（tiòh）。 | 拔營遇得劉仲哥 |
| 蔡恭賊夥眞不是 | | 蔡恭賊夥眞不是 |
| 艷雲小旦排計智 | | 艷雲小旦排計智 |
| 一位阿玉背印綬 | 印綬：印綬。 | 一位阿玉背印綬 |
| 一位阿月背龍旗 | | 一位阿月背龍旗 |
| 軍師欲沂調賊馬 | 欲沂：洛沂。姓林。 | 軍師洛沂調賊馬 |
| 敗陣來營審問伊 | | 敗陣來營審問伊 |
| 過去未來尔総知 | 尔：你。音 lí。 | 過去未來你總知 |
| 今日生死如何筭 | 筭：算。音 sǹg。 | 今日生死如何算 |
| 啞口無言归陰司 | | 啞口無言歸陰司 |

| | | |
|---|---|---|
| 劉仲一時思量智 | | 劉仲一時思量智 |
| 整頓札營帳房起 | | 整頓札營帳房起 |
| 整起土垛鎮鎗子 | | 整起土垛鎮鎗子 |
| 連連敗的二三陣 | | 連連敗得二三陣 |
| 賊馬驚惶當不起 | 當：當。音 tng。 | 賊馬驚惶當不起 |
| 蔡恭劉仲有主意 | | 蔡恭劉仲有主意 |
| 飛报諸羅張丙知 | | 飛報諸羅張丙知 |
| 大哥若要唐山錢 | | 大哥若要唐山錢 |
| 馬大人唐山運銀米 | | 馬大人唐山運銀米 |
| 若得銀米見太平 | | 若得銀米見太平 |
| 個個賊仔携布袋 | | 個個賊仔携布袋 |
| 小刀竹透相隨侍 | | 小刀竹透相隨侍 |
| 詹通一時思量智 | | 詹通一時思量智 |
| 戰書十八午時刻 | | 戰書十八午時刻 |
| 戰敗屢次無体面 | 体：體。 | 戰敗屢次無體面 |
| 姦淫鹽水人婦女 | | 姦淫鹽水人婦女 |
| 賊夥個個出氣伊 | | 賊夥個個出氣伊 |
| 姿娘罵的賊小子 | 罵的：罵得。得,音 tit。 | 姿娘罵得賊小子 |
| 酗撻風流無久長 | 酗撻：雄踢（？）。音 hiông-that。 | 雄踢（？）風流無久長 |
| 腳帛截布撤吐伊 | 粗暴亂踢。 | 腳帛截布迌（？）伊 |
| 撤吐恁厶做身邊 | 撤吐：迌迌（？）。 | 迌迌（？）恁某做身邊 |
| 招集十二賊夥伴 | 音 thit-thô/chhit-thô。 | 招集十二賊夥伴 |
| 札在竹仔宿竹边 | 這裡當「調戲」解。 | 札在竹仔歇竹邊 |
| 官兵追趕無主意 | 边：邊。 | 官兵追趕無主意 |
| 豬肉米飯泮半天 | 宿：歇。音 hioh。 | 豬肉米飯泮半天 |
| 賊仔大半归陰司 | | 賊仔大半歸陰司 |
| 安溪寮一時有思量 | | 安溪寮一時有思量 |
| 办棹就請詹通兄 | | 辦棹就請詹通兄 |
| 灌酒醉醉梱縛伊 | 梱：綑。 | 灌酒醉醉綑縛伊 |
| 解功叫賞上下庄 | 解：解。 | 解功叫賞上下庄 |
| 玉大老頭功來解伊 | | 玉大老頭功來解伊 |
| 詹通黃掛稱先鋒 | | 詹通黃掛稱先鋒 |
| 賜的酒肉醉半死 | 賜的：賜得。 | 賜得酒肉醉半死 |
| 張舉人一時有計智 | | 張舉人一時有計智 |
| | | 請得宗兄來商議 |
| 請的宗兄來商議 | 請的：請得。 | 掠得張丙劉港兄 |
| 力的張丙劉港兄 | 力的：掠得。 | 番婆坐簥畏人驚 |

| | | |
|---|---|---|
| 番婆坐籤畏人驚 | | 斗六黃城不知死 |
| 斗六黃城不知死 | | 張洪掠伊來凌遲 |
| 張洪力伊來凌遲 | | 黃奉江七並侯虎 |
| 黃奉江七幷侯虎 | | 個個英雄刣半死 |
| 個個英雄殺半死 | 殺半死：刣半死。刣，音thâi。 | 張丙詹通並陳連 |
| 張丙詹通幷陳連 | | 觧京攣肉慢凌遲 |
| 觧京攣肉慢凌遲 | | 陳辦割肉分身屍 |
| 陳辦割肉分身屍 | | 勸恁世上忍一時 |
| 勸恁世上忍一時 | 勸：勸。 | 不通思量只謀意 |
| 不通思量只謀意 | | 八月間內回榜止 |
| 八月間內回榜止 | | 骨肉慢慢痛半死 |
| 骨肉慢慢痛半死 | | 正是臺灣反意歌 |
| 正是臺灣反意歌 | | |

下節的內容解析，將採用筆者校改後的版本，以利讀者理解文意。

# 第三節　《新刊臺灣陳辦歌》的內容解析

《新刊臺灣陳辦歌》共 189 句，其中 180 句爲每句七字，而有 9 句爲每句 8 字，共計 1332 字。第一句爲「聽唱新編一歌詩」，這是早期「歌仔」常用的開場語，也顯示「歌仔冊」是用耳朵來「聽」的，而不是用眼睛來「看」的；是用「唱」的，而不是用「說」的；「歌仔冊」的內容既是「歌」又是「詩」，而且是「新編」的歌詩。

最後一句爲：「正是臺灣反意歌」，點名題旨，並重申這是一首「歌」。

第 2 句開始進入主題，從陳辦寫起，以下分述其內容。

## 一、嘉義縣：陳辦與張阿凜的福客械鬥

《新刊臺灣陳辦歌》第 2 句到第 34 句描寫張丙等人起義抗清的導火線。在這首歌仔中，認爲張丙武裝抗清的起因在於福客械鬥，由於官方（地方總理）站在客家人那一邊，導致福佬人中漳州人與泉州人的團結攻打客家庄，由於客家庄久攻不下，爲了壯大力量，最後演變成異姓兄弟結盟的革命組織。以下先列出歌詞，再分段落解說：

### 1. 陳辦的基本資料

> 正是嘉義崙仔人民　一位姓陳名辦兄　平生風流結朋友

第 2 句到第 4 句歌詞交代陳辦的居住地與性情。據史書所載，陳辦住在嘉義縣打貓西堡「北崙仔莊」，位在今天的嘉義縣新港鄉北崙村。這裡指出陳辦的個性風流，為人四海，廣交朋友。

### 2. 客家庄民欺凌陳辦及其庄民

> 粵庄牽伊的牛牯　庄老叫著牛還伊　客仔就請吃牛肉
>
> 若卜活牛再出世　老夫一時有主意　回家問著陳辦兄

這裡的「粵庄」，就是客家人的村莊，因為客家人多來自廣東，粵是廣東的簡稱。「伊」就是他。因為客家庄的人將北崙仔庄老農民的牛牽走，牛的主人去客家庄討牛，結果客家人竟然請牛主人吃牛肉，擺明牛已被殺，無法還牛。因為牛是農民賴以為生的重要伙伴，失去牛的老先生一氣之下，回村庄向陳辦告狀，請陳辦替他主持公道。

### 3. 陳辦招集福佬莊民預備攻打客家庄

> 漳泉人人受著驚　一時受氣沖起天　招集人馬攻客庄

當陳辦與庄民知道牛被殺的事件後，大家怒火中燒，打算聚眾前去攻打客家庄。從「漳泉人人受著驚」這句，可以得知，陳辦的村莊是一個福佬人的聚落，居民包含漳州與泉州的移民。福客械鬥即將展開。

### 4. 客家庄民請出地方總理當靠山，欺凌陳辦家人

> 雙溪客仔驚惶惶　請出總理來主意　整頓器械掠妻兒
>
> 陳辦個母受迫辱　個妻客庄慢凌遲

「雙溪客仔」指出「粵庄」位在「雙溪」，據史書，與陳辦村莊直接衝突的客家庄民是張阿凜，他住在嘉義縣打貓南堡「雙溪口」，位於今日嘉義縣溪口鄉。

「總理」是多由地方耆老擔任，官方任命總理以管理鄉裏的事務。〔註69〕依據戴炎輝的研究，「總理本為地方自治團體的首席，且為其執行人，以辦理自治的事務為其專責。」〔註70〕總理的職務分為「自治的職務」與「官治的職務」，自治的職務又分分：約束境內民人以維持、增進福利而捐建並維持公

---

〔註69〕林豪：「總理即該地耆老，官給戳記，使理一鄉之事，多係土豪為之。」（林豪，《東瀛紀事》，台銀行經濟研究室/編，臺灣文獻史料叢刊第七輯，臺灣大通書局/印行，1997.6.30，p.4）。

〔註70〕見戴炎輝《清代臺灣的鄉治》（臺北：聯經出版事業公司，1979.7），pp.21～22。

共事務；官治的職務又分爲：行政的職務、司法的職務。〔註71〕

　　這裡指出：客家人情急之下求助於地方總理，將官方代表拉進這一場福客械鬥。有官保護的客家庄民，再度攻入陳辦的村莊，這次將陳辦的妻兒捉走，陳辦的母親受到侮辱，陳辦的妻子在客家庄被凌虐。

### 6. 陳辦等人無法攻破客家庄，因此與張丙等人結盟革命

　　　　屢次攻庄庄不入　　客仔守庄修竹圍　　陳辦一時無計智
　　　　摕帖請出張丙兄　　詹通黃城並黃奉　　劉港劉仲與蔡恭
　　　　陳連江七連侯虎　　番婆劉邦頂歐綜　　咬指插血盟兄弟
　　　　若得諸羅做帝都　　張丙一時有主意　　請出吳三江商議
　　　　若還謀亂只事志　　須著陳水來幫伊　　雨鰡無水不成龍
　　　　封了三江做軍師

陳辦等福佬人攻打客家莊，但是因爲客家莊護莊的竹圍綿密，久攻不下。顯然，到此，福客的械鬥，客家人始終佔在贏的這一方。因此，陳辦寫信向張丙求助。「張丙」原文寫成「張炳」，住在嘉義縣下茄冬南堡「店仔口」，位在今天今台南縣白河鎮白河里〔註72〕，祖先來自福建省漳州府。

　　陳辦和「張丙」、「詹通」、「黃城」、「黃奉」（疑爲史書的「王奉」）、「劉港」、「劉仲」、「蔡恭」、「陳連」、「江七」、「候虎」、「番婆」（應爲史書的「黃番婆」）、「劉邦頂」、「歐綜」共 13 位兄弟，異姓結拜以壯勢力。「咬指插血盟兄弟」就是「歃血爲盟」，「插」應是「歃」的俗字，「歃血」就是喝下彼此的血。「謀亂只事志」的「只事志」音「chí tāi-chì」，意即「這件事情」。「只」是泉州音詞，意即「這」。

　　這裡指出陳辦等人的結盟已不只是攻家庄而已，而是要「謀亂」，這是一個武裝軍隊，打算推翻滿清統治者，自立王朝。武夫要坐上「龍椅」需要軍師協助，於是請「吳三江」當軍師。

## 二、陳辦與張丙的起義抗清

### 1. 張丙等人戕殺貪官，高舉「復漢滅滿」旗幟

　　　　諸羅太爺聞反意　　就召衙役來查伊　　張丙用銀買足伊

---

〔註71〕詳見戴炎輝《清代臺灣的鄉治》（臺北：聯經出版事業公司，1979.7），pp.30～32。
〔註72〕見國史館臺灣文獻館採集組（編輯）《臺灣地名辭書：卷七台南縣》（南投：國史館臺灣文獻館，2002.12），p.184。

回覆並無只事志　　朱太爺一時有主意　　點起義民卜掠伊

義民一時到個庄　　刣死一半歸陰司　　朱太爺一時無主意

張丙就來審問伊　　貪官污吏正名字　　若還不寫大旗字

叫出刀手來砍伊　　寫出復漢滅滿字　　奸貪狗官無道理

剾心剜肉痛半死　　一條性命歸陰司

「諸羅」是「嘉義」的舊名，當時的嘉義縣知縣是邵用之，當張丙等人起事之初，邵用之曾派衙役查案，結果，衙役被張丙收買，回報張丙等人沒有要謀反。「朱大爺」指的或許就是當時彰化縣的南投縣丞「朱戀」，但是，張丙與陳辦都是嘉義縣人，輪不到南投縣丞插手。據史書所載，張丙等人所要對付的第一貪官就是嘉義縣知縣邵用之，在道光 12 年（1832）10 月 1 日，張丙率軍搶奪官汛武器，嘉義縣知府邵用之領官兵追逐張丙的軍隊，在店仔口，邵用之等官兵被張丙的軍隊包圍，邵用之慘遭毒打羞辱一番後，還被分屍而死。

　　「義民」是清領時期臺灣民變的衍生人物，「義」是指站在「官方」這一邊，協助官方打擊謀反者，而且不是官方的「兵」，而是臺灣本地的「民」。「義民」是官方所賞賜的名稱。雖然歌仔冊將「邵用之」誤稱為「朱太爺」，但是也寫出張丙等人羞辱貪官的經過。官兵和義民攻打張丙等人，結果官兵和義民被「刣死一半」，「朱太爺」是「貪官污吏」、「奸貪狗官」，因此，合理化了張丙等人的起義。

　　「復漢滅滿」表明張丙等人認為滿清政府的統治者是「異族」，也就是與「漢人」不同種的「滿人」，「復漢」要恢復漢人對臺灣的統治權，從歷史來看，在滿人以前曾經統治過臺灣的漢人就是「明鄭王朝」，因此，張丙等人的起義，起因於殺貪官，進一步全面否定滿清對臺灣的合理統治權，最後走向「舊政權」明鄭勢力的復興，而沒有創立一個全新的王朝的構想。

## 2. 張丙等人攻嘉義城，官兵及義民敗亡

邵太爺真正是賢　　整起民壯來救伊　　賊馬興旺救不起

請賊來殺伊忠義　　報馬一時飛來到　　報得太爺得知機

新舊二官屍已死　　嘉義無縣障行儀　　呂府一時有主意

點起民壯及軍馬　　連夜趕到店仔口　　賊馬追趕迫半死

民壯軍馬死一半　　呂府一命歸陰司　　張丙一時思量智

坐籤鑼牌印連起　　斬殺自由由在伊

這裡指出「邵太爺」先去救「朱太爺」，也被殺，接著臺灣府知府「呂府」趕到「店仔口」，結果被「賊馬」追趕，「民壯軍馬」半數死亡。「賊馬」指的是張丙的軍隊，「民壯軍馬」指的是呂府所率領的軍隊與義民。「嘉義無縣」指出嘉義縣知縣已死，也點明嘉義縣城即將被攻陷。「障行儀」音「chiúⁿ kiâⁿ-gî」。「障」，這樣。泉州音詞。「行儀」，原文作「行宜」，就是「儀態、情況」。如：南管散曲〈想起當初〉：「見伊障行儀」。

據史書記載，是「朱懋」和「呂志恒」領兵一起去救「邵用之」。在道光12年（1832）10月2日，臺灣府知府呂志恒爲了解救邵用之，前往店仔口，南投縣丞朱懋隨行，後來呂志恒和朱懋也都陣亡。當張丙等人殺了臺灣府知府呂志恒之後，張丙坐上呂志恒的官轎，封官刻印，掌握生殺大權，大有革命必成，開國在望的氣勢。

### 3. 張丙命詹通攻嘉義城，詹通藉機勒索百姓與姦淫民女

　　即差詹通來攻城　札在西門城墻邊　百姓家內著大驚
　　搜半城查某未進影　詹通一時有主意　一千錢銀來買命
　　查某閣予我來開封　將銀來送賊兵餉

張丙等人計畫攻下嘉義城當「帝都」，派詹通駐軍在嘉義城西門城牆邊，城內人心惶惶，詹通要百姓付出「一千錢銀」當作軍餉，以求保命。「查ㄙ」就是「查某」，音「cha-bó」，是台語對女人的稱呼。

「搜半城查某未進影」是指詹通等人在城內四處搜查掠奪女人，但是找了大半個城卻沒有看到女人的身影。〔註73〕可能是躲起來了。

「閣予我來開封」的「閣予」音「koh hō」，就是「再讓、再給」。「開封」是指對姦淫處女。從此處可知，詹通的軍隊不但勒索百姓，還姦淫婦女，難怪百性要「大驚」。

### 4. 張丙從鹽水運來大砲攻嘉義城，百姓受苦

　　張丙大哥自思量　點起賊馬到鹽水　得了一位大龍砲
　　六七十人扛進城　大砲一放轟天響　砲子一粒八九斤
　　墜落北城倒一角　百姓哀怨哭連天

張丙帶兵攻打鹽水，獲得一座大砲，大砲要六、七十人才扛得動，砲彈一粒重達八、九斤。結果嘉義縣城的北門被轟出一個缺口，受害的還是無辜的百

---

〔註73〕「搜半城查某未進影」的解釋引用臧汀生教授意見（2005.1.13 口試）。

姓。「大龍砲」音「tōa lòng-phàu」。

## 5. 臺灣鎮總兵劉廷斌固守嘉義城

> 劉鎮聽說整軍馬　　殺得數陣退入城　　守的嘉義是功勞
> 溫陵一品來助戰　　城上盡是女英靈　　賊仔一時無計智
> 連圍一月不下伊

臺灣鎮總兵劉廷斌正巧北巡，帶兵前往嘉義城救援，途中被張丙的軍隊圍堵，幾番交戰後，劉廷斌的軍隊退逃進入嘉義城，此後劉廷斌困守嘉義，直到 11 月 28 日，福建陸路提督馬濟勝率軍進入嘉義城。因此，才會有「守得嘉義是功勞」這句歌詞。

「溫陵一品」指的是前福建水師提督王得祿，不過來助戰的其實是王得祿的從弟王得蟠，他率領本地鄉勇，一路保護劉廷斌進入嘉義縣城。

「城上盡是女英靈」，「女英靈」應是指女人的鬼魂，可能是被詹通等人強姦死去的女人的鬼魂。〔註74〕道光 13 年（1833）1 月 5 日清宣宗據臺灣鎮劉廷斌奏摺，指出：「該逆每至城濠，見城上竟有紅面及婦女持刀拋石，近城匪賊一見生畏。」〔註75〕清宣宗懷疑這是神明顯靈。

「連圍一月不下伊」，是說張丙的軍隊從 10 月 3 日圍攻嘉義縣城，到 10 月 30 日，張丙從嘉義縣城敗退。

## 6. 張丙請黃城攻打斗六門汛，斗六門官兵被義民出賣

> 張丙一時有主意　　請出沙連九龍庄　　黃城黃奉兄弟知
> 先打斗六較便宜　　黃城招集張洪知　　若破斗六通義民
> 義民先入營盤內　　馬步衢實是不知智　真心用了義民伊
> 黃城打入營盤去　　掠得馬總焚半死　　一條性命歸陰司

這一段歌詞描寫張丙邀請住在彰化縣水沙連九龍庄的黃城、黃奉兄弟攻打斗六門汛的戰況。

因為嘉義城久攻不下，張丙便請黃城和黃奉（史書寫成「王奉」）攻打嘉義縣的大汛斗六門。「張洪」或許就是指斗六門街富戶監生張清紅，人稱張紅頭（又稱張彩五），斗六門汛的守備馬步衢擔憂賊眾兵單，曾召張紅頭募鄉勇協守，張紅頭是「義民」的「義首」，結果，張紅頭因為與馬步衢意見不合，

---

〔註74〕「女英靈」的解說，引用臧汀生教授意見（2005.1.13 口試）。
〔註75〕見《大清宣宗成皇帝實錄》（臺灣銀行經濟研究室／編，《清宣宗實錄選輯》，南投：臺灣省文獻委員會／印行，1997.6.30，p.121）。

因此，與黃城合作，裡應外合，讓黃城攻入斗六門汛。「馬總」就是馬步衢，被黃城燒死。

「馬步衢實是不知智，眞心用了義民伊。」這兩句與史書的記載有出入。

據《大清宣宗成皇帝實錄》道光 13 年 3 月 22 日 諭內閣：「據瑚松額等馳奏……該縣監生張彩五（即張紅頭），經千總馬步衢令其雇募鄉勇，張紅頭既不允從，輒敢起意糾集無賴，幫同圍攻，致賊勢既潰復熾；……乃千總許荊山，首先畏怯，乘夜砍開營後竹圍逃逸；賊匪乘間攻入，守城之方振聲等均被戕害。」〔註 76〕

在黃城的軍隊攻打斗六門汛時，守備馬步衢擔憂賊眾兵單，曾請張紅頭募鄉勇協守，張清紅不從，與馬步衢發生衝突，依此看來，馬步衢並沒有「不知智」，也沒有「眞心」信任義民，而是一開始就無法得到義民的協助。據史書所記，促使斗六門汛被攻下的肇事者是到斗六門避難的護嘉義都司事千總許荊山，在 11 月 3 日晚上，許荊山懼怕黃城攻入竹圍，竟然破壞竹圍而逃走，結果，使黃城的軍隊長驅直入竹圍內。

「掠得馬總焚半死」認爲馬步衢被黃城等人燒死，與史書文獻記載有出入。據周凱〈記臺灣張丙之亂〉記載，當黃城的軍隊攻入斗六門汛時，「馬步衢無眷屬，或勸之走。厲聲叱之，歛所餘火藥，與方振聲自焚，不死，遂與方振聲妻張氏並幼女、玉威之妻唐氏被執，皆罵賊死。賊醢之。」〔註 77〕又據《大清宣宗成皇帝實錄》道光 13 年 3 月 23 日諭內閣：「馬步衢、方振聲、張氏、唐氏因罵賊，致被剜割鼻舌，罹禍尤爲慘烈。」〔註 78〕

### 7. 張丙請南路鳳山縣許成共同攻城開國

> 張丙大哥思量智　　請出南路許成兄　　白良柯神庇名字
> 相共攻城得城池　　開國功臣有名字

《新刊臺灣陳辦歌》歌唱南路鳳山縣許成的句子就這五句而已，指出張丙邀

---

〔註 76〕 詳見《大清宣宗成皇帝實錄》卷 234，道光 13 年 3 月 22 日諭內閣（臺灣銀行經濟研究室/編，《清宣宗實錄選輯》，南投：臺灣省文獻委員會/印行，1997.6.30，pp.138～139。）

〔註 77〕 見周凱《内自訟齋文集》（1840 年（道光 40 年）印行）（臺灣銀行經濟研究室/編輯，臺灣文獻叢刊第 82 種，台北：臺灣銀行/發行，1960.5），pp.40～41。

〔註 78〕 見《大清宣宗成皇帝實錄》卷 234，道光 13 年 3 月 23 日諭內閣。（臺灣銀行經濟研究室/編，《清宣宗實錄選輯》，南投：臺灣省文獻委員會/印行，1997.6.30，p.140。）

約許成共同攻取城池，事成之後，將名列開國功臣。

「柯神庇」是許成的先鋒，據周凱〈記臺灣張丙之亂〉，許成「封吳歐先偽軍師、柯神庇偽先鋒」〔註79〕。

### 8. 海防同知王衍慶派蔡長青往救劉廷斌，官兵在曾文溪被張丙軍隊追殺

| 澎湖大老無計智 | 圍困脫逃被賊追 | 曾門軍馬死一半 |
| 大老一時無思量 | 一條性命歸陰司 | 安平大人有主意 |
| 排兵佈陣慢慢追 | 追至城下救劉鎮 | 賊馬暗埋文昌祠 |
| 橫腰斬殺不由伊 | 單刀匹馬扶國主 | 可憐性命歸陰司 |

「澎湖大老」，李李認為：「或指澎湖協標左營署都司蔡長青，其在道光12年10月19日，在曾文溪被張丙所擊斃。」〔註80〕據《大清宣宗成皇帝實錄》道光12年12月26日 諭內閣：「都司蔡長青、守備陳雲蛟帶兵前赴軍營，行至嘉義縣曾文溪地方，遇賊截殺，蔡長青被戕，礮位、鳥槍、火藥、鉛子、旗幟、軍裝均被搶去；守備陳雲蛟、把總陳高陞及兵丁五百餘人退回郡城，其餘弁兵不知下落。」〔註81〕又據周凱〈記臺灣張丙之亂〉記載：「（10月）19日，賊大至。官兵返走，溪不得渡，為賊所擊，死者蔡長青等18員、兵200餘，軍火器械又失。」〔註82〕「門」與「文」都音「bûn」，「曾門」與「曾文」的台語發音相同，「曾文」應是「曾文溪」的省略，曾文溪位在臺灣縣與嘉義縣的交界處。〔註83〕

〔註79〕見周凱《內自訟齋文集》（臺灣銀行經濟研究室/編輯，臺灣文獻叢刊第82種，台北：臺灣銀行/發行，1960.5，p.36。）又，鳳山縣鄭蘭〈勦平許逆紀事（並序）〉（1835）對南路鳳山縣的記載最為詳細，但是卻沒有見到「柯神庇」此人的相關記載。

〔註80〕見李李《臺灣陳辦歌研究》（台北：中國文化大學中文所碩士論文，1985.6），p.101。

〔註81〕見臺灣銀行經濟研究室（編）《清宣宗實錄選輯》（南投：臺灣省文獻委員會/印行，1997.6.30），p.111。

〔註82〕見周凱《內自訟齋文集》（臺灣銀行經濟研究室/編輯，臺灣文獻叢刊第82種，台北：臺灣銀行/發行，1960.5），p.37。

〔註83〕「曾門」一詞也見於《大清宣宗成皇帝實錄》卷228，道光12年12月29日諭軍機大臣等：「茅尾港至曾門十里，曾門至府城北門外小較場三十里。」（臺灣銀行經濟研究室/編，《清宣宗實錄選輯》，南投：臺灣省文獻委員會/印行，1997.6.30，p.117。）

「安平大人」，李李認爲：「指福建陸路提督馬濟勝。」〔註84〕道光12年（1832）11月1日，福建陸路提督馬濟勝率領2000名兵力，在鹿耳門上岸。並隨後在臺灣府城誓師，前往嘉義縣城，因此李李認爲他就是「安平大人」。但是，若從「新刊臺灣陳辦歌」的上下文看來，這裡的「安平大人」或許另有所指，因爲下一段歌詞才寫到「平道」（臺灣道台平慶）向朝廷求救，然後馬濟勝帶兵才到臺灣。

賴建銘認爲「安平大人」指的是「海防同知王衍慶，護理府事。」〔註85〕比較可信，因爲蔡長青是王衍慶派去嘉義的救兵，所以說安平大人「排兵佈陣」。「單刀匹馬」寫出蔡長青兵力單薄，因此張丙的軍隊埋伏在文昌祠，蔡長青被殺。官方史料只寫道蔡長青在曾文溪被殺，沒有提到「文昌祠」戰役。

## 三、清廷派兵來台平亂

### 1. 臺灣道台平慶向朝廷討救兵

　　　　平道一時商議智　　寫出表文奉聖旨　　調撥三馬去平台

「平道」指的是臺灣道台平慶。

平慶在張丙反抗事件發生之後，馳奏清宣宗：「請遴員調兵來台勦辦。」〔註86〕

### 2. 福建省陸路提督馬濟勝帶兵到達臺灣府城，整軍前往嘉義縣城

　　　　直往廈門配船企　　順風順水駛鹿耳　　登岸府城去看伊
　　　　義民軍兵面失色　　城垛點火暗守更　　大隊操練得精熟
　　　　直攻西港斬添福

這一段寫馬濟勝的軍隊從廈門出發，一路順風到達鹿耳門。

當馬濟勝進入臺灣府城時，府城內的「義民」與「軍兵」都已神色憔悴，毫無鬥志。於是馬濟勝整頓士氣，連夜操練軍隊。

在11月3日，馬濟勝從臺灣府城整軍出發，前往嘉義縣城。11月5日，

〔註84〕見李李《臺灣陳辦歌研究》（台北：中國文化大學中文所碩士論文，1985.6），p.101。

〔註85〕見賴建銘（註解）《臺灣陳辦歌》，賴建銘，〈清代臺灣歌謠（中）〉，《台南文化（舊刊）》v6n4（台南市文獻委員會，1959.10.1），p.89。

〔註86〕見《大清宣宗成皇帝實錄》卷234，道光12年10月26日諭軍機大臣。（臺灣銀行經濟研究室/編，《清宣宗實錄選輯》，南投：臺灣省文獻委員會/印行，1997.6.30，pp.85～86。

馬濟勝的軍隊進兵曾文溪北岸的西港仔（今台南縣西港鄉），斬殺「添福」，贏得初次勝利。

「添福」應是張丙的手下，但是史書文獻中未見「添福」二字。李李指出「『添福』，人名，爲張丙轄下的旗首。」〔註87〕不知李李所據爲何。

### 3. 馬濟勝在茅港尾與鐵線橋擊敗劉仲、蔡恭軍隊

| 拔營遇得劉仲哥 | 蔡恭賊夥眞不是 | 艷雲小旦排計智 |
| 一位阿玉背印綬 | 一位阿月背龍旗 | 軍師洛沂調賊馬 |
| 敗陣來營審問伊 | 過去未來你總知 | 今日生死如何算 |
| 啞口無言歸陰司 | 劉仲一時思量智 | 整頓札營帳房起 |
| 整起土垜鎮鎗子 | 連連敗得二三陣 | |

「遇得」就是遇到。以上這段寫馬濟勝的軍隊拔營前往嘉義縣城的途中，與張丙的股首劉仲、蔡恭的軍隊交戰。「艷雲小旦排計智，一位阿玉背印綬，一位阿月背龍旗。」這三句寫的應該是張丙的軍隊陣容，「小旦」也許是指戲班中扮演小旦的演員，「阿月」、「阿玉」應該都是女性，這三句歌詞在史書文獻中未見。

這一段戰事應該是發生在茅港尾。11月7日，馬濟勝到達茅港尾（今台南縣下營鄉茅港村），與張丙的股眾兩千人交戰，官軍戰勝後，馬濟勝決定在茅港尾紮營屯兵。11月10日，張丙的軍隊又攻茅港尾。據《大清宣宗成皇帝實錄》道光13年（1833）1月8日 諭軍機大臣等：「該提督自台郡拔營領兵勦賊，行抵嘉義縣屬茅港尾，……次日該匪劉仲、劉港、江七、蔡恭、黃番婆等賊眾五、六千人，四面包裹而來，……賊匪潰散。……我兵追逐十餘里，沿途殺斃賊數十名，生擒僞軍師林洛沂等十餘名。」〔註88〕張丙的軍師林洛沂等十餘名被捉，林洛沂被斬首示眾。

「軍師洛沂調賊馬，敗陣來營審問伊：過去未來你總知，今日生死如何算。啞口無言歸陰司。」「洛沂」，或許就是「林洛沂」。這五句寫張丙的軍師被捉，人算不如天算，再怎麼會運籌算計的軍師，一旦被捉，也難逃一死。

「劉仲一時思量智，整頓札營帳房起，整起土垜鎮鎗子。連連敗得二三

〔註87〕見李李《臺灣陳辦歌研究》（台北：中國文化大學中文所碩士論文，1985.6），p.104。

〔註88〕見臺灣銀行經濟研究室（編）《清宣宗實錄選輯》（南投：臺灣省文獻委員會/印行，1997.6.30），p.123～124。

陣。」這四句歌詞以張丙的股首劉仲爲主角，敘述劉仲連吃敗仗。據清廷官方文獻，11 月 12 日，馬濟勝進兵前往鐵線橋（在今台南縣新營市），因爲張丙的股眾在橋的北邊埋伏，加上橋長而狹，溪流湍急。馬濟勝又退兵回茅港尾。

### 4. 蔡恭、劉仲爲提振士氣，傳假訊息請張丙帶兵來助攻

> 賊馬驚惶當不起　　蔡恭劉仲有主意　　飛報諸羅張丙知
> 大哥若要唐山錢　　馬大人唐山運銀米　　若得銀米見太平
> 個個賊仔攜布袋　　小刀竹透相隨侍

馬濟勝在 11 月 7 日抵達茅港尾，到 11 月 23 日才往北前進，渡過鐵線橋。他的軍隊在茅港尾附近停留了 16 天，與張丙的軍隊有多次的對陣，雖然馬濟勝打贏的次數較多，但是也不敢輕舉妄動。

而張丙並不是一開始就親自領兵作戰，據周凱〈記臺灣張丙之亂〉，張丙在 11 月 18 日，才親率萬餘兵力挑戰馬濟勝。從《新刊臺灣陳辦歌》的「飛報諸羅張丙知」這句，可知張丙原本在嘉義縣城攻城，因爲劉仲與蔡恭連吃敗仗，爲了鼓舞士氣，請人飛報張丙，謊稱馬濟勝的軍隊內有從「唐山」運來的「銀」和「米」，聽到這個消息，軍中士氣大振，每個人都備好武器，要去搶奪馬濟勝軍中的銀和米。

「小刀透竹」可能就是俗語「竹篙鬥菜刀」之意。「透」（音「thàu」），可能是「鬥」（音「tàu」）的音近借字。據周凱〈記臺灣張丙之亂〉：馬濟勝在廈門購買數千個空的麻布米袋，到臺灣府城後也繼續搜購，因爲他要用這些麻布米袋裝土，「步步爲營」〔註89〕，但是張丙的軍中卻謠傳這些袋子裝著銀米。〔註90〕

### 5. 詹通的軍隊戰敗多次，姦淫民女出氣

> 詹通一時思量智　　戰書十八午時刻　　戰敗屢次無体面
> 姦淫鹽水人婦女　　賊夥個個出氣伊　　姿娘罵得賊小子
> 雄踢風流無久長　　腳帛截布迌迌伊　　迌迌恁某做身邊

---

〔註89〕見周凱《內自訟齋文集》（臺灣銀行經濟研究室/編輯，臺灣文獻叢刊第 82 種，台北：臺灣銀行/發行，1960.5），p.38。

〔註90〕周凱〈記臺灣張丙之亂〉：「賊眾詭傳馬公營有銀二十萬，諸無賴思得銀，躡賊後，賊藉以張其勢。」（周凱，《內自訟齋文集》，臺灣銀行經濟研究室/編輯，臺灣文獻叢刊第 82 種，台北：臺灣銀行/發行，1960.5，p.39。）

這幾句先寫詹通，再寫「賊夥」，「賊夥」就是張丙這邊的股眾。「戰書十八午時刻」，李李解釋爲：「『戰書十八』：十八戰書也。形容戰況激烈緊急。『午時』：時辰名，自上午 11 點到下午 1 點，叫午時。形容時間短暫也。」〔註91〕據此可知戰況激烈，而詹通連連敗陣，逃到鹽水港後，竟然將氣發洩在當地民女身上。除了詹通，張丙的股眾也有不少人強姦民女洩憤。

「姿娘罵得賊小子，酗撻風流無久長」寫出被強暴女性的反抗。「雄踢」原文作「酗撻」，應是就是粗暴亂踢。「迌迌」（音「thit-thô」）原文作「撤吐」（音「thiat-thó」），疑爲戲弄、褻玩之意。「腳帛截布迌迌伊，迌迌恁某做身邊。」意思可能是說：截取腳帛當綁人的布，戲弄（奸淫）婦女。奸淫你的妻子，在我的身邊。這段歌詞，描繪出一幅草莽社會，也寫出當時女性的弱勢處境。

### 6. 詹通的軍隊被殺，詹通被百姓擒獲

招集十二賊夥伴　　札在竹仔歇竹邊　　官兵追趕無主意
豬肉米飯泮半天　　賊仔大半歸陰司　　安溪寮一時有思量
辦棹就請詹通兄　　灌酒醉醉細縛伊　　解功叫賞上下庄
玉大老頭功來解伊　　詹通黃掛稱先鋒　　賜得酒肉醉半死

據官方史料文獻，11 月 23 日黎明，馬濟勝親自率軍渡過鐵線橋，張丙的軍隊奔逃，活捉李武松，獲詹通。馬濟勝發布告示，解散張丙的股眾，民眾也紛紛表態支持官兵，豎「義民旂」，張丙的股眾逃竄到山蔗林中。〔註92〕「招集十二賊夥伴，札在竹仔歇竹邊，官兵追趕無主意。」寫的應該就是 11 月 23 日左右，張丙的軍隊潰敗逃亡躲在竹林中的慘狀。

「豬肉米飯泮半天，賊仔大半歸陰司。」「安溪寮一時有思量，辦棹就請詹通兄。」指出「安溪寮」（在今台南縣後壁鎮大集村）〔註93〕庄民「辦棹」

---

〔註91〕見李李《臺灣陳辦歌研究》（台北：中國文化大學中文所碩士論文，1985.6），P.108。

〔註92〕據周凱〈記臺灣張丙之亂〉：「23 日昧爽，馬公親督大軍，出不意，過鐵線橋。賊望風走，搗其巢，生擒李武松，獲詹通，賊大潰。乃大張曉示，解散其黨。向之買旂保莊派飯從賊者，本懷二心，賊至則賊旂，賊退自稱義民。間有搶略者，至是皆豎義民旂，縛賊以獻。賊益窘，竄伏近山蔗林中。」（周凱《內自訟齋文集》，臺灣銀行經濟研究室/編輯，臺灣文獻叢刊第 82 種，台北：臺灣銀行/發行，1960.5，p.39。）

〔註93〕安溪寮居民多來自福建省泉州府安溪縣，爲泉州移民的聚落。見國史館臺灣文獻館採集組（編輯）《臺灣地名辭書：卷七台南縣》（南投：國史館臺灣文獻館，2002.12），p.166。

宴請詹通與其他「賊仔」，所以「豬肉米飯泮半天」，酒菜中可能被下毒，或是，趁酒醉之際，莊民下手殺人，才會造成「賊仔」多數身亡，詹通因爲是股首，是官方要緝拿的罪犯，因此將他灌醉，活捉送官。

「玉大老」，賴建銘的藏本爲「王大老」，賴建銘註：「王大老，即護理府事王衍慶，行賞擒詹通有功之義民。」〔註94〕李李也將「玉」抄爲「王」，並解釋：「『王大老』：指護理府事王衍賡。」〔註95〕王衍賡應是王衍慶的誤寫。

但是，據李李版的《新刊臺灣陳辦歌》原文影本看來，是「玉大老」而非「王大老」。據《大清宣宗成皇帝實錄》卷234，道光13年1月7日 諭軍機大臣等：「所有此次擒獲股首詹通之同安營參將玉明等，已明降諭旨，先行分別賞給花翎、藍翎；……至擒獲詹通之武生林騰瑞……」〔註96〕同安營參將玉明應該就是「玉大人」，「玉大老頭功來解伊」是指擒獲詹通功勞首推玉明，而安溪寮的上、下莊民，也都各有功勞。

「詹通黃掛稱先鋒，賜得酒肉醉半死。」寫出詹通雖稱爲先鋒，但是遇到酒肉就身陷其中，顯見詹通的有勇無謀。

### 7. 張丙、劉港被擒，黃番婆、黃城、張洪、黃奉、江七、侯虎被殺

張舉人一時有計智　請得宗兄來商議　掠得張丙劉港兄

番婆坐轎畏人驚　斗六黃城不知死　張洪掠伊來凌遲

黃奉江七並侯虎　個個英雄刣半死

這一段唱詞的前三句，說明張丙與劉港是被「張舉人」設計抓到，「張舉人」或許就是被清宣宗賞戴藍翎的「義首武舉張連捷」，他的「宗兄」也許就是「武生張景星」，也被賞戴藍翎。〔註97〕

---

〔註94〕見賴建銘（註解）《臺灣陳辦歌》，賴建銘，〈清代臺灣歌謠（中）〉，《台南文化（舊刊）》v6n4（台南市文獻委員會，1959.10.1），p.89。

〔註95〕見李李《臺灣陳辦歌研究》（台北：中國文化大學中文所碩士論文，1985.6），p.111。

〔註96〕詳見《大清宣宗成皇帝實錄》卷229，道光13年1月7日諭軍機大臣等（臺灣銀行經濟研究室/編，《清宣宗實錄選輯》，南投：臺灣省文獻委員會/印行，1997.6.30，p.123）。

〔註97〕筆者之所以推測「張舉人」或許就是「義首武舉張連捷」，他的「宗兄」也許就是「武生張景星」，見《大清宣宗成皇帝實錄》卷228，道光12年12月28日諭內閣：「馬濟勝渡台後，在茅港尾屢獲勝仗，生捦股首詹通、陳連、陳皎、黃綱、林景和，拔營進屯鹽水港，會同劉廷斌分派弁兵四處截擒，獲股首黃番婆、賊夥謝成、陳清山，起股首劉港、劉仲，經官兵等先後縛送。又獲賊目戴閩、匪犯黃水來等64名、逆首張丙、黃城、賊目廖花、匪夥李略等11名。……

「番婆」應是「黃番婆」。據《大清宣宗成皇帝實錄》卷 228，道光 12 年12 月 26 日諭內閣：「黃番婆係在府城西關外行劫肇釁謀逆要犯，均應凌遲。」〔註 98〕

「黃城」是戕殺斗六門汛官兵的首領，「斗六黃城不知死」是反話，意思是說黃城將為他殺害斗六門汛官兵一事付出代價，最後黃城被剖心以祭斗六門死亡官兵。

「張洪」可能是斗六門監生「張彩五」，又名「張紅頭」。「紅」與「洪」同音。「張紅頭」因為協助黃城攻斗六門汛，而被清廷追緝。

「黃奉」，在官方史書上查無此人，或許就是「黃鳳」〔註 99〕或「王奉」〔註 100〕。

以上幾人，除了「張丙」是主謀，要被押往北京之外；劉港、黃番婆、黃城、黃奉、張洪、江七、侯虎〔註 101〕等股首，都在臺灣被凌遲處決。〔註 102〕

## 四、結尾：勸戒世人不要謀反

張丙詹通並陳連　解京臠肉慢凌遲　陳辦割肉分身屍

---

義首武舉張連捷、武生王得蟠、張景星、林騰瑞……均著加恩賞戴藍翎。」（臺灣銀行經濟研究室/編，《清宣宗實錄選輯》，南投：臺灣省文獻委員會/印行，1997.6.30，p.115。）在以上這段上諭的最後，對捉賊有功的人予以賞賜。

〔註 98〕見臺灣銀行經濟研究室（編）《清宣宗實錄選輯》（南投：臺灣省文獻委員會/印行，1997.6.30），p.113。

〔註 99〕「奉」與「鳳」同音，《大清宣宗成皇帝實錄》卷 224，道光 12 年 10 月 28日諭軍機大臣等：「嘉義賊匪陳辦、黃鳳、張丙、詹通等分三股分擾，道路梗塞。」（臺灣銀行經濟研究室/編，《清宣宗實錄選輯》，南投：臺灣省文獻委員會/印行，1997.6.30，p.88。）

〔註 100〕「黃」與「王」古同音，周凱〈記臺灣張丙之亂〉有「王奉」之名。（周凱，《內自訟齋文集》，臺灣銀行經濟研究室/編輯，臺灣文獻叢刊第 82 種，台北：臺灣銀行/發行，1960.5，p.33。）

〔註 101〕《大清宣宗成皇帝實錄》卷 230，道光 13 年 1 月 26 日諭軍機大臣等：「據嘉義廩生蘇克誠等拿獲偽帥曾吉、廩生王源懋拿獲侯虎。」（臺灣銀行經濟研究室/編，《清宣宗實錄選輯》，南投：臺灣省文獻委員會/印行，1997.6.30，p.128。）

〔註 102〕《大清宣宗成皇帝實錄》卷 228，道光 12 年 12 月 26 日諭內閣：「據魏元烺奏：『12 月 12 日，接獲馬濟勝 12 月 3 日函報，捦獲股首黃番婆、劉港 2 名，賊夥謝成、陳清山 2 名，大賊目戴閣 1 名，匪犯黃水來等 64 名。查明前獲劉仲係疊次嘉義戕害游擊周承恩之黨要首犯，押赴周承恩墳前，凌遲立決，現獲劉港係在店仔口與詹通等戕害知府呂志恒要犯、黃番婆係在府城西關外行劫肇釁謀逆要犯，均應凌遲。』」（臺灣銀行經濟研究室/編，《清宣宗實錄選輯》，南投：臺灣省文獻委員會/印行，1997.6.30，p.113。）

　　　　勸恁世上忍一時　　不通思量只謀意　　八月間內回榜止

　　　　骨肉慢慢痛半死　　正是臺灣反意歌

這一段寫出張丙、詹通、陳辦、陳連四位起義抗清的主謀，被押往北京城問刑處決。在《大清宣宗成皇帝實錄》與官員的奏摺中，指出張丙、詹通、陳辦、陳連是四大「逆首」〔註103〕。道光 13 年（1833）1 月 5 日清宣宗接獲總兵劉廷斌奏報：「嘉義縣新南港總理林振賢等督率莊民林欽瑞等生擒逆首陳辦」〔註104〕，可見陳辦是被臺灣人捉拿去獻給清國統治者；清宣宗數次強調要將張丙、詹通、陳辦、陳連押解到京城，「盡法懲治」，「以彰國憲而快人心」。〔註105〕道光 13 年（1833）6 月 26 日張丙、詹通、陳辦、陳連在北京「伏法」〔註106〕。

　　　「臠肉慢凌遲」、「割肉分身屍」、「骨肉慢慢痛半死」這三句話都是在說這四人在北京被凌遲處死的慘狀，重複說了三次，呼應作者「勸恁世上忍一時」的規勸心態，意在希望世人不要心存「反」意，不要造反。「八月間內回榜止」意指造反很快就被清廷平定，造反者如果無法忍氣吞聲，將會導致自己「骨肉慢慢痛半死」的下場。〔註107〕

　　　從「勸恁世上忍一時，不通思量只謀意，八月間內回榜止，骨肉慢慢痛半死」這四句歌詞看來，也可以發現這首歌詩的作者之所以勸人不要造反，並不是因爲統治者至高無上，也不是要臺灣人尊敬、服從清國天子；而是因爲統治者的武力與軍隊遠勝過臺灣人，臺灣人如果想要反抗，無異是「以卵擊石」，白白犧牲生命而已。也就是說，如果臺灣人的武力眞得能贏過統治者，那麼，這首歌詩的作者，可能就會贊成臺灣人起來反抗清國統治者。

　　　世事無法盡如人意，世間事總有「知其不可而仍爲之」的情況。正如楊碧

---

〔註103〕見《大清宣宗成皇帝實錄》（臺灣銀行經濟研究室/編，《清宣宗實錄選輯》，
　　　　南投：臺灣省文獻委員會/印行，1997.6.30，pp.118、120～123、127、135、
　　　　139、148）。

〔註104〕見《大清宣宗成皇帝實錄》（臺灣銀行經濟研究室/編，《清宣宗實錄選輯》，
　　　　南投：臺灣省文獻委員會/印行，1997.6.30，p.120）。

〔註105〕見《大清宣宗成皇帝實錄》（臺灣銀行經濟研究室/編，《清宣宗實錄選輯》，
　　　　南投：臺灣省文獻委員會/印行，1997.6.30，pp.120、127、135、139）。

〔註106〕見《大清宣宗成皇帝實錄》（臺灣銀行經濟研究室/編，《清宣宗實錄選輯》，
　　　　南投：臺灣省文獻委員會/印行，1997.6.30，p.148）。

〔註107〕關於張丙等人武裝革命失敗的原因，可參見楊明宗《從歡收搶米到聚眾抗官
　　　　—— 清代張丙事件之研究》第四章第一節（國立台南師範學院教師在職進修
　　　　社會碩士學位班，2003.6，pp.71～81）。

川所說：「只要有壓迫，就有反抗；有反抗，就會累積革命的能量。」〔註 108〕臺灣人不是不怕死，然而，在清國統治期間卻始終「三年一小反，五年一大亂」，這實在是因為清國統治者將臺灣人當作不可信任的次等國民；於是臺灣漢人的起義層出不窮，發動革命的人總是以自己生命為賭注，號召臺灣群眾，企圖推翻清國政權，直到 1895 年大清帝國將臺灣永久割讓給日本國。

〔註 108〕見楊碧川《革命的故事》（台北：一橋出版社，2000.5），p.405。